投资者情绪对股市收益波动影响研究

贺 刚◎著

中国财经出版传媒集团
经济科学出版社
Economic Science Press

图书在版编目（CIP）数据

投资者情绪对股市收益波动影响研究/贺刚著. —北京：经济科学出版社，2020.12

（序伦财经文库）

ISBN 978 – 7 – 5218 – 1436 – 1

Ⅰ.①投⋯ Ⅱ.①贺⋯ Ⅲ.①投资者 – 情绪 – 影响 – 股票市场 – 研究 – 中国 Ⅳ.①F832.51

中国版本图书馆 CIP 数据核字（2020）第 053078 号

责任编辑：刘　丽
责任校对：刘　昕
责任印制：王世伟

投资者情绪对股市收益波动影响研究
贺　刚　著

经济科学出版社出版、发行　新华书店经销
社址：北京市海淀区阜成路甲 28 号　邮编：100142
总编部电话：010 – 88191217　发行部电话：010 – 88191522
网址：www.esp.com.cn
电子邮箱：esp@esp.com.cn
天猫网店：经济科学出版社旗舰店
网址：http://jjkxcbs.tmall.com
固安华明印业有限公司印装
710×1000　16 开　14 印张　250000 字
2020 年 12 月第 1 版　2020 年 12 月第 1 次印刷
ISBN 978 – 7 – 5218 – 1436 – 1　定价：68.00 元
（图书出现印装问题，本社负责调换。电话：010 – 88191510）
（版权所有　侵权必究　打击盗版　举报热线：010 – 88191661
QQ：2242791300　营销中心电话：010 – 88191537
电子邮箱：dbts@esp.com.cn）

前言

中国证券市场作为一个新兴的高速成长的证券市场，通过为实体经济载体企业提供直接融资通道，从而为实体经济发展提供了重要支持功能，短短30年的时间里取得了举世瞩目的成就。截至2020年10月，沪深股市已有4082家A股上市公司，总市值735808.39亿元。相比于发达国家，中国股票市场依然是一个新兴市场，在很多方面存在着较大的差距。2019年第一季度A股投资者结构中，散户投资者市值占比为31.4%，依然为最大比例。从行为金融学的角度来看我国资本市场，许多制度仍不健全，市场信息不对称；投资者受教育程度有限，对信息的理解与消化存在差异和时滞，过度反应现象极为严重，追涨杀跌、盲目跟风、羊群效应等非理性特征极其明显，致使证券价格常不能及时反映新信息，大量的噪声交易者和内幕信息交易者从中牟取暴利。我国证券市场并不符合传统金融学的两个假设：市场的有效性假设和投资者的"完全理性人"假设。中国股市呈现的投资者非理性情绪已成为常态，它将使中国股市收益产生较大不确定性，这种不确定性将对中国股市的健康稳定发展造成较大的负面影响，从而不利于中国股市对实体经济融资支持功能的发挥。

本书以投资者情绪为研究主题，改进投资者情绪代理指标的优化方法，并比较分析主成分分析法、偏最小二乘法、LASSO算法这三种方法构建投资者情绪综合指数的优劣，从而达到改进合理测度投资者情绪指数的目的，这是研究投资者情绪最为关键的问题。之后，通过构建数理模型理论分析投资者情绪对股市收益波动的影响机理，以此来提出实证研究的基本假设。在此基础上，实证分析二元市场结构下投资者情绪对股市收益波动的影响。

本书主要包括以下内容。

1. 噪声交易理论模型推导投资者情绪对股市收益的影响机理

以 DSSW 噪声交易模型为基础，通过调整股市投资者结构，增加卖空限制，考虑基本面变动引起的系统性风险，从而构造一个更符合我国股票市场的噪声交易模型。基于改进后的噪声交易模型具体探讨在风险资产与无风险资产共存，且噪声交易者主导的中国股票市场环境下，推导投资者情绪对股市收益及其波动的影响机理。投资者情绪对股市收益波动影响具体表现为"持有更多效应""价格压力效应""弗里德曼效应"以及"创造空间效应"四种效应。"持有更多效应"和"创造空间效应"则倾向于提高噪声交易者的相对预期收益水平，支持噪声交易者的存在；"价格压力效应"和"弗里德曼效应"倾向于降低噪声交易者的相对期望收益水平，抑制噪声交易者的回报。没有哪一种效应占据显著优势。

2. 构建投资者情绪指标监控体系，优化筛选投资者情绪代理指标

在构造投资者情绪综合测度指数之前，首要问题是选择哪种情绪代理指标能够更准确地表征投资者情绪。本书提出了一套更为合理的投资者情绪代理变量筛选的客观评判程序，从而更恰当地对投资者情绪进行描述，以期为投资者情绪综合指数构建前的指标优选提供方法参考，以及为投资者情绪领域的未来研究提供一定的参考。首先，本章从情绪的传导机制入手，确定情绪代理变量的选取范围，并将所有入选的 20 个指标按市场行为、市场结构及特殊股组合表现等类别进行划分。其次，基于格兰杰因果关系检验结果来判断投资者情绪代理变量入选的合理性。然后，基于互相关分析法，分别对各投资者情绪代理变量与股票收益间的"领先—滞后"关系进行分析，从而筛选出对股市收益率影响较大的情绪指标同步项以及"领先—滞后"项。最后，从两个层面进行相关性分析，第一个层面是基于投资者情绪代理变量与中证流通指数间的相关性分析，剔除了与中证流通指数相关性较弱的原始代理变量，第二个层面是基于投资者情绪代理变量间的相关性分析，剔除了与其他变量相关性较强的代理变量，以此得到最终入选的投资者情绪代理变量。

3. 基于不同方法构建投资者情绪综合测度指数

在解决单个情绪代理指标的筛选问题之后，如何构造投资者情绪综合测度指数，可准确地跟踪市场中投资者的情绪变动便成了本书需要解决的核心问题。关于投资者情绪综合测度指数的构造，多数的学术研究以及金融机构的投资策略中，主要是选取情绪代理指标的月度数据，采用主成分分析法构造情绪综合测度指数。主成分分析法虽然能最大限度地提取出变量中非重复的信息，但也存在弊端，由于合成主成分因子的代理指标中，可能仍混杂着大量与投资者真实情绪无关的偏差信息，导致模型的精度降低。考虑到主成分析法所存在的局限性和情绪变化较为频繁的个体投资者在中国股市中占较大比重，本书创新地采用信息颗粒度更小、更高频的周度数据，分别基于 PCA 法、PLS 法以及创新性使用了 LASSO 回归法来构建投资者情绪综合测度指数。并从三个方面，即合理性检验、稳健性对比以及对中证流通指数收盘价的解释能力对以上三种方法所构建的投资者情绪综合指数进行对比。对比结果发现，三种方法在合理性及稳健性层面上并不存在显著的差异，但在对中证流通指数收盘价的解释能力方面，基于 LASSO 回归法构造的投资者情绪综合测度指数，其解释效果要明显优于其余两种方法。因此，相比主成分分析法和偏最小二乘法来说，LASSO 回归法更适合用于构造投资者情绪综合测度指数。它的主要优势在于，在拟合广义线性模型的同时还可进行变量筛选和复杂度调整，从而在降低模型复杂程度的同时，最大限度地保证所构建的情绪综合测度指数能够真实地衡量投资者情绪。

4. 基于 OLS 回归法和分位数回归法实证检验二元市场结构下投资者情绪对股市收益波动的影响所具体表现的效应

基于最小二乘法和分位数回归法，分别实证分析均态市场环境下和极端市场环境下投资者情绪对国内股市收益波动的影响，并对比分析中美股票市场，以论证投资者情绪对股市收益的影响是否仅存在于新兴市场中。研究发现：均态市场环境下，中美两国股市中均存在着"持有更多效应"和"价格压力效应"。中国股市存在着明显的"弗里德曼效应"和"创造空间效应"，美国股市则两种效应都不显著。在极端市场环境下，中国股市中仍存在着明显的"持有更多效应"和"价格压力效应"，且"持有更多效应"要强于"价格压力效应"。美国股市中的"持有更多效应"与"价格压力效应"则并不明显。而只有当股市超额收益处于极低水平时,中国股市才存在"弗里德曼效应",只有中国股市波动较为平缓时,悲观的投资者情绪波动对股市波动有显著的影响,而美国股市中始终不存在明显的"弗里德曼效应"和"创造空间效应"。对比中美两国的实证结果,相比于美国股市,中国股市对于噪声交易者的情绪更为敏感。

目录

第1章 绪论 ··· 1
  1.1 研究背景与研究意义 ··· 1
    1.1.1 研究背景 ·· 1
    1.1.2 研究意义 ·· 3
  1.2 国内外研究现状 ·· 4
    1.2.1 投资者情绪度量 ·· 4
    1.2.2 投资者情绪对股市收益及波动的影响 ····················· 17
    1.2.3 现有研究不足与研究问题 ····································· 22
  1.3 研究内容、研究框架与研究方法 ··· 23
    1.3.1 研究内容与研究框架 ·· 23
    1.3.2 研究方法 ·· 25
  1.4 创新之处 ··· 26

第2章 相关理论基础 ·· 28
  2.1 投资者情绪的理论渊源 ··· 28
    2.1.1 行为金融的产生 ·· 28
    2.1.2 行为金融理论与传统金融理论的对比 ····················· 30
    2.1.3 行为金融学的主要内容 ··· 32
    2.1.4 投资者情绪的界定 ··· 34
  2.2 投资者情绪形成的理论基础 ·· 36
    2.2.1 个体情绪形成的理论基础 ····································· 36
    2.2.2 群体情绪形成的理论基础 ····································· 38
    2.2.3 投资者情绪影响决策的理论分析 ···························· 41
  2.3 投资者情绪对股票收益影响的理论模型 ······························ 43
    2.3.1 基于异质投资者的模型 ·· 43
    2.3.2 基于不同信念的模型 ··· 45

2.3.3　基于不同偏好的模型 …………………………………… 47
　2.4　本章小结 ……………………………………………………… 48

第3章　投资者情绪对股市收益波动影响的理论分析 …………… 49
　3.1　股市收益波动的内生逻辑 …………………………………… 50
　　3.1.1　噪声交易与噪声交易者 …………………………………… 50
　　3.1.2　DSSW噪声交易模型 ……………………………………… 53
　　3.1.3　噪声交易者情绪与股市收益波动 ………………………… 56
　3.2　改进的DSSW噪声交易模型 ………………………………… 60
　　3.2.1　假设条件 …………………………………………………… 60
　　3.2.2　模型构建及求解 …………………………………………… 62
　3.3　基于改进模型的影响机理诠释 ……………………………… 65
　　3.3.1　持有更多效应 ……………………………………………… 66
　　3.3.2　价格压力效应 ……………………………………………… 66
　　3.3.3　弗里德曼效应 ……………………………………………… 67
　　3.3.4　创造空间效应 ……………………………………………… 67
　3.4　本章小结 ……………………………………………………… 69

第4章　投资者情绪综合测度指数的构建研究 …………………… 70
　4.1　投资者情绪代理变量的筛选 ………………………………… 71
　　4.1.1　优化程序 …………………………………………………… 71
　　4.1.2　变量界定 …………………………………………………… 75
　　4.1.3　合理性检验 ………………………………………………… 82
　　4.1.4　领先—滞后关系检验 ……………………………………… 87
　　4.1.5　相关性检验 ………………………………………………… 99
　　4.1.6　入选指标预处理 …………………………………………… 103
　4.2　投资者情绪综合测度指数构建 ……………………………… 106
　　4.2.1　基于主成分分析法 ………………………………………… 107
　　4.2.2　基于偏最小二乘法 ………………………………………… 113
　　4.2.3　基于LASSO回归法 ……………………………………… 118
　4.3　实证性对比检验分析 ………………………………………… 123
　　4.3.1　模型合理性检验 …………………………………………… 123
　　4.3.2　模型稳健性检验 …………………………………………… 125

| 4.3.3 模型解释能力检验 ……………………………… 130
| 4.4 本章小结 ……………………………………………… 133

第5章 均态市场下投资者情绪对股市收益波动影响 ………… 136
   5.1 OLS 回归模型构建 …………………………………… 136
   5.2 基于 OLS 模型的回归分析 …………………………… 140
      5.2.1 "持有更多效应"与"价格压力效应"检验 ……… 141
      5.2.2 "弗里德曼效应"检验 ………………………… 142
      5.2.3 "创造空间效应"检验 ………………………… 144
   5.3 中美股票市场对比分析 ……………………………… 145
   5.4 本章小结 ……………………………………………… 151

第6章 极端市场下投资者情绪对股市收益波动影响 ………… 153
   6.1 分位数回归模型构建 ………………………………… 154
      6.1.1 分位数回归法简介 ……………………………… 154
      6.1.2 实证模型构建 ………………………………… 157
   6.2 基于分位数模型的回归分析 ………………………… 159
      6.2.1 "持有更多效应"与"价格压力效应"检验 ……… 159
      6.2.2 "弗里德曼效应"检验 ………………………… 164
      6.2.3 "创造空间效应"检验 ………………………… 169
   6.3 中美股票市场对比分析 ……………………………… 175
   6.4 本章小结 ……………………………………………… 181

第7章 总结与展望 ……………………………………………… 183
   7.1 主要结论 ……………………………………………… 183
   7.2 对策建议 ……………………………………………… 186
      7.2.1 实证结果原因分析 ……………………………… 186
      7.2.2 相关建议 ……………………………………… 188
   7.3 研究展望 ……………………………………………… 190

参考文献 ……………………………………………………… 192

第1章 绪　　论

1.1　研究背景与研究意义

1.1.1　研究背景

传统金融理论框架以有效市场假说为出发点，认为理性投资者会合理配置投资组合以达到最优化，并且投资者相互竞争，因此股票价格会达到理性均衡。即使市场上存在噪声交易者，其噪音交易需求也会被套利者迅速抵消，因此投资者情绪不会对股票价格产生显著影响。

然而对于这样的论断，股票市场中的反例不胜枚举。从成熟股票市场来看，美国股票市场作为最发达市场的代表也不可避免地出现暴涨暴跌事件，例如：2002 年和 2003 年由于互联网泡沫的破灭，美国股市经历了剧烈的动荡；2008 年金融危机期间美国股市暴涨暴跌的幅度最厉害，2008 年 10 月最大单周跌幅达到 18.2%，投资者信心一泻千里，市场情绪极度悲观。

与发达资本市场暴涨暴跌相类似，新兴市场国家的股票市场则更为严重：1997 年 3 月 11 日是巴西股票历史上令人震惊的一天，3 月 10 日开盘时为 94230 点，3 月 11 日收盘时仅剩 9565 点。中国 A 股 2008 年有 4 次大跌，2015 年也有 4 次大跌，而更为极端的是 2016 年，在短短两周的时间内就有两次 9% 左右的下跌。这些较为极端的例子都说明股票市场除了基本面因素可以决定资产价格之外，还有一系列非基本面因素在影响着资产价格。其中最受理论界关注的便是心理学意义上的投资者情绪因素。华尔街投资大师伯纳德·巴鲁克说过，股票市场波动印证的并不是事件本身，而是人们对事件的反应，是数百万人对这些事件将会如何影响他们未来的认识。史莱佛在

《并非有效的市场》一书中曾指出:"行为金融学研究的是激烈竞争市场中人性的弱点"。投资者情绪被视为个人如何形成对市场和未来证券价格的信念,是现代行为金融的重要理论支柱之一。投资者情绪是否会通过影响股票估值水平的变化,进而影响其价格,便成为传统金融理论和行为金融理论争论的焦点。德龙和史莱佛(De Long & Shleifer,1990)建立噪声交易者模型,认为投资者情绪是系统性风险,承担该风险的投资者应获得相应的回报。在实际的股票市场中,人们不一定完全依据股票的基本面信息作买卖决定,他们更多依赖于自身的直觉及其他投资者的观点等非理性因素作决策。因此,越来越多的研究人员开始关注投资者情绪对股票市场收益影响的研究。

1990年12月和1991年7月上海证券交易所、深圳证券交易所的分别成立标志着我国证券市场开始发展。中国证券市场作为一个新兴的高速成长的证券市场,短短30年的时间里取得了举世瞩目的成就。截至2020年10月,沪深股市已有4082家A股上市公司,总市值735808.39亿元。但是中国股票市场依然是一个新兴市场,相比于发达国家,在很多方面存在着较大的差距。比如,中国股票投资者结构虽然机构投资者占比不断增加,个人投资者占比在减少,但是2019年第一季度A股投资者结构中,散户投资者市值占比为31.4%,依然为最大比例。从行为金融学的角度来看我国资本市场,许多制度仍不健全,市场信息不对称;投资者受教育程度有限,对信息的理解和消化存在差异和时滞,过度反应现象极为严重,"追涨杀跌、盲目跟风、羊群效应"等非理性特征极其明显,致使证券价格常不能及时反映新信息,大量的"噪声交易者"和"内幕信息交易者"从中牟取暴利。我国证券市场并不符合传统金融学的两个假设:市场的有效性假设和投资者的"完全理性人"假设。这些都决定了在中国目前的资本市场上,投资者情绪中扮演着比在西方国家更为重要的角色。短短十几年中国股票市场,牛熊更替却是以多次经历,究其最本质的原因,是投资者情绪的过度恐慌、过度乐观造成股市的巨幅波动。虽然2010年我国推出了融资融券和股指期货两项稳定股票市场的业务,然而由于大部分投资者参与这两项业务的程度非常有限,再加上对套利行为的各种限制影响了理性投资者对市场错误定价的修正,股票市场中暴涨暴跌现象依然频繁出现。

投资者情绪理论主要基于市场是非完全有效的和投资者是非完全理性的两个假设,对于像中国股市这样新兴的股票市场而言,用投资者情绪理论更能客观准确地发现影响股市收益波动的深层次原因,为投资决策的实际操作提供理论支持。鉴于此，本书以投资者情绪为研究主题，通过构建数理模型探讨投资者情绪对股票市场收益的影响机理，从而为实证研究提供理论依据。设计投资者情绪代理指标的优化方法，比较分析三种方法构建投资者情绪综合指数的优劣，从而达到改进合理测度投资者情绪指数的目的。在此基础上，实证检验投资者情绪对股市收益波动的影响，试图为明晰投资者情绪在股票市场收益波动过程中所起的作用提供坚实证据。

与以往研究不同的是，本书将研究二元市场结构下投资者情绪对股票市场收益波动影响。所谓的二元市场结构本书定义为：二元市场结构主要分为均态市场和极端市场这两种市场状态，如果股票市场的超额收益基本处于样本期间超额收益的平均水平，则此状态下的股市可被视为均态市场；如果股票市场的超额收益低于样本期间超额收益的下 10% 分位数（股市行情极度低迷），或者高于样本期间超额收益的上 10% 分位数（股市行情极度高涨），则此状态下的股市可被视为极端市场。

1.1.2 研究意义

1. 理论意义

在行为金融学框架下，投资者情绪是决定股票市场收益的重要因素。在投资者情绪度量的理论研究方面，本书改进了投资者情绪代理源指标的筛选优化方法，提出了一种新的投资者情绪综合测度指数方法，并与已有的测度方法进行比较，从而希望可以解决投资者情绪测量的难题。在投资者情绪对股市收益影响的理论研究方面，本书基于噪声交易模型，根据中国股市具体特征，数理推导投资者情绪对中国股票市场收益的影响机理，为未来进行类似的研究提供了新的方法和理论支持。

2. 实际意义

从实际应用价值来看，本书的部分研究成果可直接对投资者的投资股票业务提供指导策略。例如，本书分析了不同分位点下，投资者情绪变动对股市收益及其波动的影响，尤其是对于投资者情绪尾部分布与股市收益、波动分布尾部的相互关系，那么在对应的情绪状态下，投资者可有选择地关注某些类型的股票，因此可提高市场的定价效率和运行效率。同时，对于市场监管部门为维护市场健康发展制定监管政策时，可以结合投资者情绪指标，加强风险教育，抑制投资者追涨杀跌的情绪动能与投机性泡沫的膨胀，引导投资者形成价值投资理念。

1.2 国内外研究现状

1.2.1 投资者情绪度量

投资者情绪是一个综合、复杂而又有弹性的概念，不同的人对于情绪的理解各有不同，即使同一个人，在不同的市场背景下，同样使用情绪一词也可能有不同的含义。因此研究投资者情绪的关键在于投资者情绪的测度。投资者情绪度量的重要意义在于，可以通过真实的数据来刻画投资者情绪的基本趋势，使得实证研究投资者情绪与资产价格之间的关系成为可能。另外，构建投资者情绪指数可以帮助投资者更好地把握市场的心理走向，为决策者和监管者提供重要的参考依据。因此，对投资者情绪的准确度量是开展后续实证研究工作的关键。

迄今为止，对于投资者情绪度量的文献成果已经非常的丰富，本研究基于测量数据来源和构建方法的不同，把它们划分为单一情绪指标和复合情绪指标两种。

1. 单一情绪指标

单一情绪指标可以包含主观情绪指标、客观情绪指标和网络情绪指标三种指标。

（1）主观情绪指标。主观情绪指标是指通过问卷等形式直接调查得到的能直接反映投资者对市场总体的悲观、乐观看法，或看涨、看跌的数据比例，它具有事前性和主观性等特点。

①个体投资者协会指数。美国个体投资者协会（American Association of Individual Investors，AAII）指数是由 AAII 自 1987 年 7 月以来通过对其会员的情绪调查得来的。AAII 每周发出调查问卷，并于星期四记录当周收回的问卷。调查样本平均每周收回的数量为 137 份。调查的内容是要求参与者对未来六个月的股市进行预测：看涨、看跌或者看平。平均而言，36% 的被调查者选择看涨；28% 选择看跌；36% 选择看平。由于调查主要针对个人，所

以该指标一般被用来衡量个体投资者情绪。

费舍尔和斯塔曼（Fisher & Statman, 2000）通过把该调查结果中持牛市观点的人数百分比作为情绪指标，通过回归检验指出，该指标是一个预测 S&P500 未来收益率的有效的反向指标，在统计上可以通过检验。当情绪指数每上涨 1% 时，下月的 S&P500 指数的收益率平均将下降 0.1%。布朗和克里夫（Brown & Cliff, 2005）在文章中首先用看涨看跌人数百分比的差构造出情绪指标，随后又构造出以下 4 种指数。

a. 看涨人数/(看涨人数 + 看跌人数)。

b. 把看平人数作为第二个变量和看涨看跌人数百分比的差结合在一起。构造该指数的原因在于：如果全部投资者都看平，或者看涨看跌的投资者各占 50%，在这两种情况中看涨看跌人数百分比的差虽然相等，但投资者情绪结构显然不一样。

c. 看平人数/(看涨人数 + 看跌人数)，与看涨看跌人数百分比的差结合在一起。

d. 把看涨看跌人数百分比的差按正负值分为两部分。实证显示：情绪指标的构造结构不同并不对分析结果产生影响。

②投资者智能指数。投资者智能指数是 Chart Craft 公司从 1964 年开始编制，基于对超过 130 家报纸股评者关于股票市场未来走势看涨、看跌或看平的调查数据，比较其看涨百分比数看跌百分比数之差编制而成的一个反映投资者情绪的周指数，它主要反映机构投资者的情绪。1965 年以后该公司开始提供此数据的月指标，并推荐读者将这种指数当作反向预测指标来使用。当该指标过高，投资者则被推荐应该卖出股票，反之亦然。西格尔（Siegel, 1992）研究发现该指数对市场收益具有一定的预测能力。李、江和因德罗（Lee, Jiang & Indro, 2002）应用 GARCH - M 来检验条件变异和预期报酬结构下的噪声交易者风险，实证表明该情绪指标为解释股票超额报酬均数和条件变异的显著因子，超额报酬和情绪的改变是正相关的，而并非如李、史莱佛和塞勒（Lee, Shleifer & Thaler, 1991）、尼尔和惠特利（Neal & Wheatley, 1998）所发现的封闭型基金折价情绪只影响小型股而是影响所有股票，即情绪是一个普遍性的影响因子，但对小型股影响较大。布朗和克里夫（2004）采用该指数作为情绪指标，通过检验指出投资者情绪可以影响资产定价，并且构造了一个资产定价模型说明定价错误与投资者情绪正相关，而且未来 1~3 年收益与情绪负相关。

③友好指数。友好指数是美国哈达迪（Hadady）公司的产品。该公司

统计全国主要报刊、基金公司及投资机构等每周的买进卖出建议，通过打分评估它们的乐观程度。分数从负3到正3。负3表示极度悲观，0表示中立，正3表示极度乐观。根据报刊的销量对分数进行加权得出情绪指数，指数由零开始到100%，0即所有人都绝对看空，100%即人人看涨，情绪高涨。该指数每周一在美国证券交易所闭市后公布。绍尔特和斯特曼（Solt & Statman, 1988）利用好友指数情绪指标检验 S&P500 报酬率，样本期间为1963—1985年，发现该情绪指标对未来 S&P500 收益的预测能力并不显著。而在期货市场上，桑德、艾尔文和莱乌托尔（Sander, Irwin & Leuthold, 1997）发现友好指数有预测能力。以上三种情绪指数是国外学者在研究中比较广泛的投资者情绪指数。国内学者也通过构建相似的指数进行实证研究。

④证券分析师情绪指数。布莱克（Black, 1973）、科普兰和迈耶斯（Copeland & Mayers, 1982）等研究认为，股票分析师评级对股票年平均收益存在一定影响。斯蒂克尔（Stickel, 1985）运用事件研究方法发现股票评级调整存在显著的公告效应。劳埃德-戴维斯和凯尼斯（Lloyd - Davies & Canes, 1978），刘、史密斯和塞耶德（Liu, Smith & Syed, 1990）发现华尔街日报证券分析师所推荐的股票在推荐的当天平均上涨117%，即具有明显的推荐效应。艾尔顿、格鲁伯和格罗斯曼（Elton, Gruber & Grossman, 1986）观察到在证券分析师更换推荐的股票的当月和随后一个月都存在显著的超常收益。沃马克（Womack, 1996）发现推荐卖出的股票比推荐买入的股票价格移动更为显著，且均存在显著的公告期后价格漂移现象（Post - Announcement Drift）。费舍尔和斯塔曼（2000）通过对个体投资者、股评人士、华尔街分析家三种情绪指标作相关性检验发现，代表小投资者的个体投资者情绪和代表中等规模投资者的股评人士情绪之间的相关系数为0.47，并且统计上显著；而代表大投资者的华尔街分析家情绪和其他两者均不存在显著的相关关系。耶加德（Jegadees, 2004）的研究表明证券分析师推荐的股票能获得超额收益。而国内学者宋军和吴冲锋（2001）、徐凌峰和叶庆祥（2003）等对国内证券分析师的情绪进行了分析，结果发现国内证券分析师情绪指数预测能力并不显著。

⑤央视看盘指数。中央电视台网站中的"央视看盘"栏目，从2001年4月16日开始对证券公司和咨询机构进行调查，这些机构要将自己对后市的预测分为看涨、看跌或者看平。"央视看盘"的预测可以分为基于天和基于周两种。基于天的预测是根据机构在每日开盘发布的对当日股市看涨、看

跌及看平预测得到的；基于周的预测则根据机构在每周一开盘前发布的对本周股票看涨、看跌及看平预测得到的。从 2004 年 8 月 16 日起，央视财经频道开始发布个人看盘指数，该指数能够反映个体投资者情绪。

饶育蕾和刘达锋（2003）根据"央视看盘"的预测数据构造了 BSI（Bullish Sentiment Index）指标。BSI 被定义为看涨投资者人数除以看涨与看跌投资者总数。通过对上证综合指数和上证 30 指数在 1、2 和 4 周的时期进行回归得出：基于周预测的 BSI 水平与这两种指数在不同时期均不具有回归关系。同时根据《中国证券报》"券商看市"和"咨询机构看市"栏目中券商和证券机构对市场的看法分为看涨、看跌和看平三种，同样构建 BSI 指标，称为"中证报机构看市"，实证发现"央视看盘"BSI 和"中证报机构看市"BSI 与未来收益率之间并不存在显著的关系，投资者无法基于 BSI 信息来预测股市走势。王美今和孙建军（2004）以央视看盘指数作为情绪指标发现投资者情绪是一个可以影响股票市场收益的系统性因素。投资者情绪变化不仅能显著影响收益，而且显著反向修正收益波动，并通过风险奖励影响收益，这表明沪深两市具有较为相同的投资者行为和风险收益特征，投资者情绪是一个影响收益的系统性因子。而刘超和韩泽县（2006）则发现央视看盘指数的机构看盘指数具有一定的预测能力，而个体看盘指数没有预测收益的能力。

⑥消费者信心指数和投资者信心指数。消费者信心指数是先行经济预测指标之一，用来预测家庭消费支出。消费者信心指数由消费者信心指数、消费者预期指数和消费者满意指数构成，它被用来测度大众对于经济的信心程度。在经济高涨期，宏观经济状况较好，各公司经营业绩普遍很好，相应地作为经济晴雨表的股票市场当然会反映出来。美国主要有两个机构编制消费者信心指数：一个是密歇根大学消费者信心指数（Michigan Consumer Sentiment Index，MCSI），另一个是会议委员会消费者信心指数（Conference Board Consumer Confidence Index，CBCCI）。这两个指数都衡量公众对于目前和未来经济的信心程度。密歇根大学消费者信心指数是美国密歇根大学研究人员利用对 500～600 名成年人原始调查数据，计算出经过季节调整后的消费者信心、现况指数（包括财务状况与购买状况）和预期指数（包括未来一年和五年的预期财务状况与经济状况）。将被调查人对问题的回答分别归类于"肯定"或"否定"并计数，继而用其平均数计算出消费者信心指数值，出于指数计算的需要，研究人员设定 1966 年第一季度的结果为 100。长期以来，该数据为消费者态度变化的把握提供了一个有价值的指引，进而

可以较好地预测消费行为。另外，与其他同类用途的数据相比，该数据波动性更小，表现更为稳定。与经济咨商会的消费者信心指数相比，密歇根大学消费者信心指数与消费者支出之间的相关性更为密切。会议委员会消费者信心指数是从5000个美国家庭的抽样调查中得出的，是反映消费者信心指标的最准确指标。美国会议委员会从每个月的最后一个星期二，东部时间早上10：00公布当月数据。会议委员会消费者信心指数是美联储决定利率的重要依据之一。由于个人消费支出开支占据美国经济总量的2/3，信心指数对于市场的影响很大。此数据对于美国经济和国际现货黄金走势起到一定的预判和影响作用，经常被作为投资参考。密西根指数更侧重于个体的财务状况；而会议委员会指数更侧重于宏观经济状况。费舍尔和斯塔曼（2003）发现密歇根大学消费者信心指数虽然对 S&P500 收益不具有显著的影响，但是该指数却可以预测对小盘股收益。邱和韦尔奇（Qiu & Welch，2004）研究发现该指数能够解释小市值股票的超额收益。莱蒙和波尼吉纳（Lemmon & Portniaguina，2006）的研究也得出了类似的结论，即用消费者信心指数来度量投资者情绪，发现该指数能预测小盘股和机构持股比例低的股票收益，与噪声交易者情绪模型预测一致。施梅林（Schmeling，2009）应用该指数则发现投资者情绪和股票收益显著负相关。

  投资者信心指数是指投资者对未来投资前景是否具有信心所持有的主观态度。目前中国有三个机构分别推出了自己的投资者信心指数。2003年8月，深圳证券信息公司推出巨潮投资者信心指数；2005年7月起，由北京大学中国经济研究中心（China Center for Economic Research，CCER）和耶鲁大学国际金融研究中心共同研究发布了"耶鲁-CCER投资者信心指数"；2007年上海财经大学发布上海投资者信心指数。国内学者薛斐（2005）应用中国股票市场数据研究发现消费者信心指数能比封闭式基金折价可以更准确地衡量投资者情绪。同时发现，相对于大公司的股票收益，消费者信心指数对于小规模公司股票收益的解释能力更大一些。

  ⑦好淡指数。与美国的友好指数相似，《股市动态分析》杂志社每周五对被访者关于未来股市涨跌的看法进行调查，周六在《股市动态分析》公布好淡指数，中间从未间断，数据完整。它将好淡指数分为短期指数和中期指数，短期指数反映被访者对未来一周的多空意见；中期指数反映被访者对未来一个月内的多空意见。被访对象由50人组成，涉及不同区域与各类人员，以证券从业人员为主。因此也被认为是机构投资者情绪的代表。程昆和刘仁和（2005）通过构造情绪指标 S_t = 看涨人数/（看涨人数 + 看跌人数）

分析表明投资者中期情绪指数对股市的收益率波动的影响要远强于投资者短期情绪指数的影响，而且中期情绪指数是股市收益率的格兰杰原因；投资者中期情绪指数基本上不受股市收益率与短期指数的影响；投资者短期情绪指数明显受到市场收益率波动的冲击，市场收益率是短期情绪指数的格兰杰原因，而中期情绪指数对短期情绪影响很小。

投资者主观情绪指标主要实证文献见表1－1。

表1－1　　　　　　　投资者主观情绪指标主要实证文献

指标名称	来源	实证文献
个体投资者协会指数	观点分类	费舍尔和斯塔曼（2000）； 布朗和克里夫（2005）
投资者智能指数	观点分类	西格尔（1992）； 布朗和克里夫（2004）
友好指数	观点分类	绍尔特和斯特曼（1988）； 桑德、艾尔文和莱乌托尔（1997）
证券分析师情绪指数	观点收集	布莱克（1973）； 科普兰和迈耶斯（1982）； 劳埃德-戴维斯和凯尼斯（1978）； 刘、史密斯和塞耶德（1990）； 费舍尔和斯塔曼（2000）； 耶加德（2004）； 宋军和吴冲锋（2001）； 徐凌峰和叶庆祥（2003）
央视看盘指数	多空调查	王美今和孙建军（2004）； 刘超和韩泽县（2006）
消费者信心指数和投资者信心指数	多空调查	费舍尔和斯塔曼（2003）； 邱和韦尔奇（2006）； 莱蒙和波尼吉纳（2006）； 施梅林（2009）； 薛斐（2005）
好淡指数	多空调查	程昆和刘仁和（2005）

通过直接对投资者情绪进行度量，并构造情绪指数可以直观地反映投资者情绪。但在投资决策中，情绪虽然可以影响投资行为，但是并不是说所有的投资者都会按照其情绪进行投资。前面提到的AAII除对个体投资者情绪

进行调查外，还调查个体投资者的资产配置情况。AAII 每月月初向个体投资者发送 600 份问卷，并于当月收回。被调查者要将其实际的资产组合分为股票、债券和现金。费舍尔和斯塔曼（2000）通过研究发现，投资者情绪的变化与他们的股票投资在全部资产组合中的比例的变化正相关，并统计上显著，然而调整后的可决系数 R^2 仅为 0.02。尽管费舍尔等发现个体投资者情绪与未来 S&P500 收益显著负相关，但是实际个体投资者的股票分配比例与未来 S&P500 正相关（虽然这种关系统计上并不显著）。这说明投资者在其实际投资行为上要比在情绪的变化上明智。这可能是由于"后悔厌恶"，人们不愿意接受新信息并继续维持自己的信念和假设。也就是说，虽然投资者预期未来看涨或者看跌，但是在实际投资行动中，他们并不会按照情绪行事。因此，通过直接度量而获取的投资者情绪指数虽然可以反映投资者情绪，但在以分析投资者情绪对市场的影响为目的的研究中，其有效性有待于进一步考证。

因此，主观情绪指标虽然具有事前性的优点，可以直观地反映投资者的情绪，针对情绪的直接调查的数据，本身可能就存在着有偏误的特点。对个体投资者来说，个体投资者开始的情绪和后来实际的行为可能不一致，这可能导致应用投资者情绪直接指标进行研究在起初就会有偏差；对机构投资者来说，针对他们的调查结果经常是从其本身利益进行权衡的结果，这样调查结果就失去真实性。部分学者研究结果不一致可能就是由于以上原因造成的。

（2）客观情绪指标。客观情绪指标是通过分析整理股票市场中交易的公开数据，试图从侧面能够客观地反映投资者情绪的指标。

①封闭式基金折价。封闭式基金折价是指基金的价格小于其单位资产净值（Net Asset Value，NAV）的情况。该数据可由每周公布的 NAV 得到。封闭式基金折价率（Closed End Fund Discount，CEFD）=（NAV – Price）/NAV。通常认为，封闭式基金折价率上升（或下降）意味着投资者情绪相对悲观（或乐观）。茨威格（Zweig，1973）最早发现封闭式基金折价能够测度投资者情绪。德龙等（1990）发现封闭式基金折价能够反映噪声交易者情绪的变化。布朗（1999）、坡尼夫（Pontiff，1997）也发现封闭式基金折价能够测度投资者情绪。艾米莉·黄（Emily J Huang，2015）用封闭式基金作为单独的研究工具来探讨机构投资者是否是在金融市场的一个稳定或不稳定的力量。

国内学者黄少安和刘达（2005）、伍燕然和韩立岩（2007）研究发现投资者情绪理论可以解释国内封闭式基金折价的现象。张强和杨淑娥（2009）等在研究中均以封闭式基金折价率作为投资者情绪测度指标。杨元泽（2010）在前人研究的基础上，以深市的29只封闭式基金为研究对象，进一步系统地探讨了封闭式基金折价能否作为投资者情绪的有效衡量，发现2005年中期以后，封闭式基金折价仅仅衡量机构投资者的情绪变化。赵文和刘菊芹（2014）发现投资者情绪对基金折价率的大小有着比较大的影响。

然而，陈（Chen，1993）等则质疑封闭式基金折价与小公司股票收益之间的正相关关系。布朗和克里夫（2004）通过分别对小盘股和大盘股的收益与折价进行回归，发现折价并不能预测股票未来收益。张俊生等（2001）发现投资者情绪假说不能解释我国封闭式基金折价问题。

②IPO发行量及首日收益。由于IPO市场一直被认为对投资者情绪很敏感，因此股票发行的相关数据常被用来作为测度投资者情绪的指标。贝克和沃格勒（Baker & Wurgler，2006），林奎斯特、南达和辛格（Ljungqvist、Nanda & Singh，2006）的研究结果进一步支持了IPO行为反映了投资者情绪的观点。

王春峰（2007）发现IPO发行的价格以及上市首日的股票价格与投资者情绪具有显著的正相关关系。韩立岩和伍燕然（2007）实证发现投资者情绪可全面解释IPO抑溢价现象。俞红海和李心丹（2015）发现投资者情绪对IPO首日超额收益的影响显著正相关，并且长期看如果在IPO首日的投资者情绪越高，那么股票超额收益可能会越低。

③交易量。通常认为投资者情绪乐观或悲观时，交易量会相应地增加或减少。使用交易量作为情绪表征的知名研究者以及研究成果有贝克和斯坦（Baker & Stein，2004）、贝克和沃格勒（2006）、易志高和茅宁（2009）、杨春鹏和闫伟（2012）等。贝克和斯坦（2004）详细论证了投资者情绪与成交量之间的关系。布朗和克里夫（2004）、贝克和沃格勒（2006）等也发现交易量能够成为测度投资者情绪的良好指标。辽（Liao，2011）等用散户交易股票成交量和S&P500指数交易量作为投资者情绪指标。杨和张（Yang & Zhang，2014）用调整过的成交量作为投资情绪指标。

④市场换手率。换手率是指在某一段时间内股票成交量与股票总量的比率，比率越低，则可认为投资者交易的活跃度越低，投资者情绪就越悲观，投资者情绪和换手率具有正相关的关系。申克曼和熊（Scheinkman & Xiong，2003）、布朗和克里夫（2004）、贝克和斯坦（2004）、贝克和沃格勒

(2006)等都用换手率作为情绪代理变量。梅、申克曼和熊(Mei, Scheinkman & Xiong, 2009)用换手率作为情绪代理变量解释了中国 A 股和 B 股的价差。

⑤新增开户数。席勒(Shiller, 2009)认为开户数的急剧增多与形成股票牛市行情是一致的。伍燕然和韩立岩(2007)认为对于中国股票市场，每月新增投资者开户数可以间接地反映投资者情绪：投资者情绪高涨时，A 股的新增开户数同时也会急剧增长。

⑥相对强弱指标。相对强弱指标(Relative Strength Index, RSI)是一定时期内市场的涨幅与涨幅加上跌幅的比值来反映多空力量的强弱。金和哈(Kim & Ha, 2010)、陈、崇和段(Chen, Chong & Duan, 2010)选用相对强弱指标作为情绪代理变量去构建投资者综合情绪指标。

投资者间接情绪指标主要实证文献见表 1-2。

表 1-2　　　　　　　投资者间接情绪指标主要实证文献

指标	指标描述	计算方法	实证文献
CEFD	封闭式基金折价率	每月封闭式基金折价率的等权平均数	茨威格(1973); 德龙等(1990); 布朗(1999); 坡尼夫(1997); 贝克和沃格勒(2006); 艾米莉·黄(2015); 史莱佛(1991); 黄少安和刘达(2005); 伍燕然和韩立岩(2007); 张强和杨淑娥(2009); 杨元泽(2010); 赵文和刘菊芹(2014)
TR	换手率	每月换手率的算术平均数	申克曼和熊(2003); 布朗和克里夫(2004); 贝克和斯坦(2004); 贝克和沃格勒(2006); 梅、申克曼和熊(2009)

续表

指标	指标描述	计算方法	实证文献
NIPO	首日上市股票数	每月公告日为基准的 IPO 数量	贝克和沃格勒（2006）； 林奎斯特、南达和辛格（2006）； 王春峰（2007）； 韩立岩和伍燕然（2007）； 俞红海和李心丹（2015）； 贝克和斯坦（2004）； 易志高和茅宁（2009）； 杨春鹏和闫伟（2012）； 布朗和克里夫（2004）； 辽（2011）； 杨和张（2014）
RIPO	上市首日涨幅	$RIPO_t = \dfrac{\sum_{i=1}^{n} \dfrac{P_i}{P'_i - 1} \times LSN_i}{\sum_{i=1}^{n} LSN_i}$ 式中，n 为第 t 周新股发行数量，P_i 为新股 i 上市首日的收盘价，P'_i 为其发行价格，LSN_i 为新股 i 上市首日发行的流通股数	王春峰（2007）； 伍燕然和韩立岩（2007）
NAA	新增开户数	每月新增开户数	席勒（2005）； 伍燕然和韩立岩（2007）
RSI	相对强弱指标	$RSI(N) = A/(A+B)$ 式中，A 表示 N 天中股价向上波动的幅度大小，B 表示 N 天中股价向下波动的幅度大小，$(A+B)$ 表示股价在此期间总的波动幅度大小	金和哈（2010）； 陈、崇和段（2010）

客观情绪指标往往会对某些特定的股票市场现象具有较好的解释作用，但是其在测度投资者情绪时经常会缺乏全面性，所选择的某个客观情绪指标可能就是为解释某一个股票市场现象去设定的。

（3）网络媒体情绪指标。投资者的网络搜索行为反映出其对搜索内容的关注和兴趣，其本质上也对应着一种情绪状态。同理可知，社会大众对特定内容的搜索行为也反映了他们对搜索内容存在的兴趣，因此网络舆情数据也可以作为大众社会情绪的一种代理指标。随着互联网大数据时代的到来，投资者情绪度量方法有了新的进展，最新的研究开始采用数据挖掘技术从网络用户行为中提取更为客观、实时、高频和精准的情绪度量指标，这方面的研究也推动现代金融学实证研究进入大样本甚至全样本时代。

波伦、毛和曾（Bollen，Mao & Zen，2011）的文章是最早通过微博研究公众情感与股票市场关系的文章，他们利用 Opinion Finder 和 GPOS（Goole – Profile of Mood States）对有关道琼斯指数的微博进行情感测度，并将测度得到的不同维度的情感值与道琼斯工业指数进行相关性分析，发现平静维度的情感值滞后三天后与道琼斯工业指数显著相关。张、付瑞斯和格洛尔（Zhang，Fuehres & Gloor，2011）利用 Twitter 对投资者的希望和恐惧程度进行了测度，并进一步分析了两个情绪指标与股票市场指数间的关系，得出情绪指数与市场指数呈负相关，但与市场波动率指数负相关。卡拉布吕特（Karabulut，2013）基于 Facebook 数据构建的国民幸福指数（Gross National Happiness，GNH）与股票收益间的关系，指出 GNH 指数对股票收益影响作用是短暂的。韦斯（Weiss，2013）等使用谷歌趋势（Google Trends）上的搜索量数据来估计市场层面危机情绪，发现市场层面危机情绪是一个高度显著的股票收益预测因子。达、埃尔伯戈和高（Da，Engelberg & Gao，2015）提出家庭用户的网络搜索行为可以直接衡量投资者情绪的假设，利用谷歌搜索得到的数百万家庭用户的日网络搜索量来揭示市场层面的情绪，通过合成与家庭用户关心话题（如危机、失业和破产）相关的咨询搜索量构建了一个新的投资者情绪度量指标——金融和经济态度揭示指数（Financial and Economic Attitude Revealed by Search，FEARS），发现 FEARS 能预测短期收益反转和暂时的波动增加以及共同基金从股权基金到债权基金流动变化。国内学者程琬芸和林杰（2013）也同样以新浪微博为数据来源，采用文本分析技术，得出投资者对未来市场走势的情绪倾向，进而构建了社交媒体的投资者涨跌情绪指数。赖凯声等（2014）使用协整分析方法发现，网络情绪指数与当日及下一个交易日的上证指数具有显著的均衡关系，验证了微博情绪与股票市场间的相关关系。段江娇等（2017）构建股票论坛关注度、投资者情绪一致性等指标，结合分析师的评级数据进行分析，发现股票收益受到网络论坛关注和情绪影响，而股票交易量受到情绪一致性影响。

但是，基于网络舆论对于投资者情绪的测评方法还不成熟，目前的研究从互联网的舆论中提取投资者情绪测评指标的方法还是比较简单，很难完全发掘网络舆论中颗粒度很细的投资者情绪信息。

2. 复合情绪指标

如前文所述，单一指标在测量投资者情绪时往往比较片面。为解决这个弊端，研究人员尝试利用特定的技术处理方法将多个单一指标组合起来形成综合情绪指数来反映投资者情绪。贝克和沃格勒（2006）应用主成分分析法把 IPO 数量、封闭式基金折价率、新股发行占比以及分红、IPO 首日收益率、换手率六个变量进行降维处理构建了综合投资者情绪指标。贝克和沃格勒（2006）采用的方法在后期的投资者情绪测量研究中被广泛应用，目前学术界在构建投资者情绪综合测度指标时大部分会采用他们的方法。贝克、沃格勒和于（2012）选取波动收益、交易量、IPO 数量及首日收益这四个单一指标，基于美国、英国、加拿大、法国、日本和德国这六个国家的数据，构建了一个国际性的复合情绪指标。他们首先借鉴 BW 指数方法为每个国家构建了一个本国的复合情绪指标（Local Sentiment Index，LSI），然后在各国测量指标的基础上再进行主成分分析，最后得全球情绪指数（Global Sentiment Index，GSI）。结果发现，当 LSI 或 GSI 高涨时，那些难于套利和难于估值股票的未来收益会相对较低；同时他们发现投资者情绪国际的传染在一定程度上促进了国际资本的流动。另外，国内学者易志高和茅宁（2008）基于封闭式基金折价、交易量、A 股新增开户数、消费者信心指数、IPO 发行量及首日收益构建了一个测量国内股票市场投资者情绪的月度复合指标（即 CICSI 指数），并剔除了宏观经济因素对情绪的影响。黄德龙、文凤华和杨晓光（2009）利用交易量、封基折价和 A 股新开比率构建了一个投资者情绪指数，并用之验证了情绪与投资收益间的关系。张强和杨淑娥（2009）、蒋玉梅和王明照（2010）、宋泽芳和李元（2012）、于和袁（Yu & Yuan，2011）、雷法尔（Rephael，2012）、马若微和张娜（2015）等的研究也基本采用了主成分分析法。

近年来，部分学者尝试使用主成分方法之外的方法来提取原始情绪代理指标中的共同主成分。布朗和克里夫（2004）同时采取卡尔曼滤波方法和主成分方法构建了投资者情绪综合测度指标，发现两种方法构造的情绪综合指标的相关系数为 0.7 左右，这充分说明两种方法提取的共同成分基本一致。池丽旭等（2012）、高大良（2013）采用了扩展卡尔曼滤波法把市场噪音过滤掉构建的综合情绪指标也得出类似的结论。黄（Huang，2014）应用偏最小二乘法构建了投资者情绪指数，消除多个情绪代理的常见的噪声分量，该指数大幅度提升了对规模异象、账面市值比异象和动量效应异象的预测能力。王镇和郝刚（2014）采用了偏最小二乘法（PLS）来重新构建投资者情绪综合指数，PLS 法的主要优势是尽可能提取与投资者情绪相关的信息，可以最大限度地保证所构建的投资者情绪接近于真实的投资者情绪，最后通过与易志高和茅宁（2009）采用主成分分析法构建的投资者情绪综合指数相比，PLS 法构建的综合指数在解释市场月度收益的变动趋势时，其效果要远远好于主成分分析法构建的情绪综合指数。

投资者综合测度情绪指标主要实证文献见表 1-3。

表 1-3　　　　　投资者综合测度情绪指标主要实证文献

方法	实证文献	选取指标	样本
主成分分析法	贝克和沃格勒（2006）	IPO 数量、封闭式基金折价率、新股发行占比以及分红、IPO 首日收益率、换手率	1963—2001 年 美国
	贝克、沃格勒和于（2012）	波动收益、交易量、IPO 数量及首日收益	1980—2005 年 美国、英国、加拿大、法国、日本和德国
	于和袁（2011）	封闭式基金折价率、换手率、IPO 数量、IPO 首日收益率、新股发行占比以及分红	1963—2004 年 美国
	黄德龙、文凤华和杨晓光（2009）	换手率、封闭式基金折价率、认购权证溢价率、A 股新开户比率、新浪多空指数	2005—2008 年 中国
	易志高和茅宁（2008）	封闭式基金折价、交易量、IPO 数量及上市首日收益、新增投资者开户数、消费者信心指数	1999 年 12 月—2007 年 8 月 中国
	蒋玉梅和王明照（2010）	封闭式基金折价率、IPO 发行数量、IPO 首日收益率、新增投资者开户数和市场换手率	1998 年 7 月—2009 年 6 月 中国
	宋泽芳和李元（2012）	封闭式基金折价率、月度 IPO 数量及上市首日收益、月新增开户数、交易量	2005 年 1 月—2010 年 12 月 中国
	张强和杨淑娥（2009）	封闭式基金折价、投资者开户增长率、股票换手率	1998 年 5 月—2006 年 12 月 中国
	马若微和张娜（2015）	IPO 首日平均收益（RIPO）、IPO 总量（NIPO）、总市值加权的换手率（TURN）及上证 A 股每月新增开户数	2013 年 1 月 1 日—2014 年 6 月 1 日 中国

续表

方法	实证文献	选取指标	样本
扩展卡尔曼滤波法	布朗和克里夫（2004）	封闭式基金折价率、共同基金净流量、ARMS指数、IPO数量、IPO首日收益	1963—2000年美国
	池丽旭等（2012）	封闭式基金折价率、IPO发行量与IPO首日收益率、消费者信心指数	2004年1月—2009年12月中国
	高大良（2013）	封闭式基金折价率（CEFD）、IPO数量（NIPO）、IPO首日收益（RIPO）、换手率（TURN）	2000年1月—2011年12月中国
偏最小二乘法	黄（2014）	封闭式基金折价率、换手率、IPO数量、IPO首日收益率、新股发行占比以及分红	1965—2010年美国
	王镇和郝刚（2014）	封闭式基金折价、股票交易量、IPO数量、上市首日收益、新增投资者开户数五个客观指标以及消费者信心指数一个主观指标	2006—2013年中国

综上所述，客观情绪指标虽然可以比较准确地测量投资者情绪，但其均是通过事后的信息去追踪的，不能用于提前预测；主观情绪指标虽然是可以直接事前调查，但是其往往有比较大的主观性因素，而股票市场变化莫测，再由于事前的情绪反应并不一定导致随后的行动，因而可能导致其测度误差会比较大。所以，对于绝大部分单一情绪指标来说，它们只能在某种程度上测度投资者情绪的变化，可能存在不完整性。而采用某种技术方法把众多单一情绪代理指标组合起来提取共同情绪成分，能够更为准确地测度投资者情绪的变化，因此研究人员逐渐转向研究如何构建综合投资者情绪指标以更为全面地测度投资者情绪。

1.2.2 投资者情绪对股市收益及波动的影响

1. 投资者情绪对股票市场收益的影响

投资者情绪对股票收益影响的理论模型已经被广泛地实证。现有的研究大部分都假设投资者情绪与股票市场之间存在线性关系。其中，多数文献认为投资者情绪与股票收益存在着负相关的线性关系，该结论背后的逻辑是如果投资者具有乐观的情绪，那么股票价格一开始会持续拉升，但是经过一段时间后，股票价格又会反转，最终将趋向其内在价值，从而导致投资者情绪与股票市场收益之间的关系为负相关。投资者情绪与股票收益负相关的关系也被 DSWW 模型"价格压力效应"所解释。

在实证研究中，大部分实证研究使用不同的情绪代理变量，不同的时间段、不同的频率和不同的股票市场验证了投资者情绪与股票收益存在着负相关的线性关系。贝克和斯坦（2004）采用交易量作为投资者情绪的代理指标，发现投资者情绪与随后的股票收益间存在负相关关系。布朗和克里夫（2005）发现噪声投资者情绪与未来 1~3 年的股票收益之间的关系是负相关。施梅林（2009）通过验证 18 个国家的投资者情绪对股票市场收益的预测能力发现投资者情绪与股票未来收益负相关性是显著的。本－雷斐（Ben－Rephael，2012）等通过研究得到的结论是：投资者情绪与股票市场后期的超额收益呈负相关。多尔夫和本·阿萨西亚（Dorsaf & BenAissia，2016）研究发现，本地和国外的投资者情绪都是强有力股票市场收益的反向预测指标。贝克和沃格勒（2006）通过主成分法构建的投资者综合情绪测度指数，分析了投资者情绪对不同横截面的股票造成的不同影响，结果显示投资者情绪对高波动性股票，小市值股、新兴股票等类型的股票未来预期收益之间有着更为显著的负相关关系。考雷德和桑塔马利亚等（Corredor & Santamaria，2013）研究分析了投资者情绪对四个欧洲主要国家股票市场的影响，也得出了相类似的结论。沙伊姆和拉赫曼（Sayim & Rahman，2015）分别考察了美国机构以及理性与非理性个体投资者情绪对伊斯坦布尔股票市场回报和波动性的影响，结果发现，美国投资者情绪和伊斯坦布尔股票市场收益波动率之间呈负相关关系。希拉德（Hilliard，2016）研究发现对情绪比较敏感的企业在情绪下降期间会获得较高的超额收益横截面效应。国内学者王美今和孙建军（2004）采用了央视看盘的数据作为机构投资者情绪实证发现机构投资者情绪变化与市场收益波动率负相关的关系并且对股票收益的影响非常显著。蒋玉梅和王明照（2010）也证实投资者情绪与长期的股票市场收益有着负相关的关系。

少数学者则通过研究证实投资者情绪与股票市场收益之间还可能存在着正向的因果关系。该结论背后的逻辑是投资者情绪是持续性的。例如，一段时期内投资者情绪是高涨的，会导致不断增加的股票购买行为，从而在当时和未来较长的时期推动股票价格上涨。投资者情绪与股票收益正相关的关系也被 DSWW 模型"持有更多效应"所解释。

费舍尔和斯塔曼（2003）发现投资者情绪和当期的 S&P500 指数月度收益成正相关关系，查鲁克（Charoenrook，2005）也证实了类似的结论。韦尔马（Verma，2007）将投资者情绪分为理性情绪和非理性情绪，分别探讨其对股票收益波动性的影响。结果发现无论理性情绪还是非理性情绪都对股票收益都有显著的正向影响。泰特洛克（Tetlock，2007）使用华尔街日报对股票市场的分析评论作为投资者情绪代理变量，研究表明华尔街日报对股票市场的悲观预期会与股票价格下降有着正相关的关系。蒋玉梅和王明照（2010）也发现短期内投资者情绪与市场收益呈正向关系。张宗新和王海亮（2013）应用多元回归法和脉冲响应函数检验投资者情绪、主观信念与股市波动之间的关系，结果发现投资者情绪对市场收益率和波动率存在着显著的正面冲击。董孝伍等（2013）从短期和中长期分析投资者情绪与股票市场收益率之间的关系，发现中长期的滞后情绪是市场收益率的格兰杰原因，而短期的滞后市场收益率是投资者情绪的格兰杰原因。

2. 投资者情绪变动对股市收益波动的影响

以上研究的共同点是着重分析情绪对股票市场的线性影响。此外，还有部分学者研究了投资者情绪变动对股票市场的非线性影响，即投资者情绪波动对股票市场收益及其波动的影响。而相关研究又主要分为两类：部分学者研究了投资者情绪的波动对股市收益波动的影响，部分学者研究了不同投资者情绪水平对股票收益波动的影响。

部分学者研究了投资者情绪的波动对股市收益波动的影响，布朗（1999）研究发现，平均情绪偏离和随后的收益波动之间存在正相关关系：看涨的投资者情绪会导致更大的股票价格波动，该观点与 DSSW 模型所指出的非理性交易活动增加会产生更高风险即"价格压力效应"相一致，王（Wang，2006）等也发现，投资者情绪及投资者情绪变动对股票市场收益波动具有正向影响。但是，还有些学者认为，情绪与股市收益变动并不是绝对的正相关关系，具体表现为悲观情绪波动会触发市场波动，乐观的情绪波动会导致随后的波动性降低。比如，李（2002）利用 GARCH 模型研究发现投资者情绪波动对股票收益的波动有显著的影响，投资者情绪的正向波动会对股票收益的波动产生负向影响，而投资者情绪的负向波动则会对股票收益的波动产生正向影响。克林和高（Kling & Gao，2008）也通过研究中国股票市场发现，投资者情绪变动和随后的股票市场收益波动负相关。博蒙特（Beaumont，2008）发现投资者情绪对股票收益有着显著的非对称影响，且情绪看跌时影响更大。也就是说，由于投资者情绪水平的下降而引起的情绪波动幅度增大似乎增加了投资者行为的不确定性，从而导致了更高的股票估值的不确定性和更高的股票收益波动。而由于投资者情绪水平的上升引起的情绪波动幅度增大似乎传递了投资者对股票市场的积极态度，导致了股票收益波动的下降。但总而言之，悲观情绪对股市波动的正向作用要大于乐观情绪对股市波动的负向作用。于和袁（2011）研究了投资者情绪在均值—方差交易中的影响，发现股票市场的超额收益在情绪低落区间与市场的条件方差呈正相关关系，然而在情绪高涨区间与市场的条件方差并不存在显著的相关关系。鲁兹（Lutz，2016）发现投资者情绪在情绪扩张时期对股票收益的影响是正相关的，但是影响不显著，而在情绪收缩时期则存在显著的负相关关系，研究表明投资者情绪和股票收益之间关系是不对称的。努伊仁（Nooijen，2016）等通过建立包含外部变量的马尔科夫转换模型，检验了在线投资者情绪对MSCI美国股票行业指数收益和波动率的预测能力，结果发现：情绪在下跌市场中的作用比在冷静市场更大，且不同行业的情绪敏感性有差异，表现为金融业最强，能源和信息技术行业则几乎不受情绪影响。国内学者也对此也有研究：张强和杨淑娥（2009）修正了DSSW理论模型并分析了投资者情绪对股票市场收益的影响，发现投资者情绪的变动对股票价格具有显著影响并且情绪的上涨和下跌对股票价格的影响具有不对称性，上涨的情绪对股票价格的影响要比下跌的情绪对股票价格的影响显著。陈军和陆江川（2010）将投资者情绪分为长期情绪和短期情绪研究情绪波动对股票价格的影响，结果发现长短期投资者情绪波动均是股票价格变动格兰杰原因，而股票价格变动仅是短期投资者情绪变动的格兰杰原因。胡昌生和池阳春（2013）发现在市场不同的估值阶段投资者情绪对波动性的影响有很大差异。当市场处于高估值期时，非理性情绪对波动性有显著的影响，而理性情绪的影响则不显著；当市场处于低估值期时，理性情绪对波动性有显著影响，非理性情绪的影响不显著。此外理性情绪对大盘股波动性的影响更大，而非理性情绪则对小盘股波动性的影响更大。

还有部分学者研究了乐观、悲观的投资者情绪对股市收益的非对称性影响，比如，斯皮罗（Spyrou，2012）通过实证发现，在美国股票市场中，投资者情绪变动对随后的股票市场收益也会产生同样的负向影响，悲观的投资者情绪会触发股票市场更大波动，而乐观的投资者情绪只会导致股票市场产生较小的波动。斯坦博（Stambaugh，2012）等研究在不同的投资者情绪特征下通过构建不同的投资组合策略所获得超额收益的特征，发现由于存在隐性或显性卖空限制，高涨的投资者情绪引起的股票价格被高估的程度远远超过低落情绪所引起的股票价格被低估的程度。陈（2013）使用面板数据门限模型研究投资者情绪对于股票收益率的非对称影响作用，发现，情绪在乐观和悲观两种状态下的影响程度是不对称的。拉比迪和雅库比（Labidi C & Yaakoubi S，2016）发现在投资者情绪悲观时时，股票波动率风险和股票收益显著负相关，但是在投资者情绪乐观时，股票波动率风险和股票收益没有显著关系。国内，薛文俊（2014）通过面板门限回归模型实证分析投资者情绪变动对我国股票收益率的非对称影响，实证结果表明，相比积极的投资者情绪，消极的投资者情绪波动对于股票收益率作用更大。文凤华和肖金利（2014）等构建虚拟变量回归模型、GARCH 模型及 RV – AR 模型考查投资者情绪特征对股票价格行为的非对称影响。发现在中国股票市场上，将积极与消极情绪分开考虑的模型对收益有更好的拟合；正向的情绪和情绪的向上变动都对股票收益有显著的正向影响，而负向的情绪和情绪向下变动对股票收益影响并不显著。金秀和邹吉娥（2014）发现在牛市和熊市状态下，投资者情绪与股票收益之间的线性和非线性因果关系表现的并不一致。王宜峰和王燕鸣（2014）发现在不同投资者情绪水平对市场收益和收益波动的影响程度是不一样的，当情绪水平低落时，投资者情绪变化对同期的市场收益和收益波动的影响不明显。史永东和王镇（2015）通过分析不同投资者情绪期内的股票收益波动率，发现只有在悲观情绪期内"风险 — 收益"的正向关系才存在。

综上所述，多数学者认为投资者情绪与市场收益率之间是负相关的，他们的理由是如果投资者情绪是乐观的，那么股票价格一开始会不断上涨，但是经过一段时间后，股票价格又会反转向其内在的价值靠拢，但是这时的市场收益率往往是经过较长时间调整后的未来市场收益率；而短期内的投资者情绪与股票市场收益率一般情况下是正向相关的。因此上文所列出的认为投资情绪对股票收益有正向关系的文献，基本研究的是当前投资者情绪对当期市场收益或短期市场未来收益的影响。近些年也有学者开始研究投资者情绪的波动对股市收益及波动的影响，研究结果大部分显示情绪的波动对股市收益及波动的影响具有不对称性，但更具体的影响研究结果则不尽相同。

1.2.3 现有研究不足与研究问题

1. 现有研究不足

国内外学者对投资者情绪的度量以及投资者情绪对股票收益的影响的研究已相当深入,且已经取得了大量具有理论价值和实际意义的研究成果。从实证效果来看,相比于单一代理指标来说,情绪综合指标能较好地反映投资者的情绪特征,且对当期或未来的股市收益具有显著的影响(张强和杨淑娥,2009;蒋玉梅和王明照,2009;贝克和沃格勒,2006;弗雷泽和拉蒙特,2008;施梅林,2009;等等)。但是,通过对已有的文献进行梳理可以发现,目前的研究中尚且存在着以下可以改进之处。

(1)构建投资者情绪综合测度指标是研究投资者情绪的重点。目前投资者情绪综合测度指标构建存在三方面的问题:一是选取情绪代理指标的问题,即要清楚选取的情绪代表指标是否适合表征投资者情绪;二是选取的情绪代理指标的时间频率问题,比较国内外相关文献可以发现选取月度、季度、年度的情绪代理指标的都有,需要进一步研究到底哪种频率的情绪代理指标更适合新兴的中国股票市场;三是投资者综合情绪指标构造方法的问题,需要进一步研究到底哪种方法更适合构造投资者情绪测度指标。

(2)在投资者情绪对股票市场的影响实证研究上。大部分学者研究了投资者情绪对股票市场收益波动的影响,近年来也有部分学者开始研究投资者情绪波动对股票市场收益波动的影响,但较少有学者同时研究投资者情绪及情绪波动对股市收益波动的影响。并且多数学者在研究情绪与股市收益波动之间的相互关系时,仅关注在均态市场环境下,投资者情绪对股市收益波动的影响,而没有去研究极端市场情况下,投资者情绪对收益波动的影响。

2. 研究问题

结合投资者情绪的研究现状与不足,本书重点研究以下三个关键问题。

(1)投资者情绪代理指标的优化。发掘可以表征情绪的代理指标是研究投资者情绪的重中之重。针对以往对代理的选取具有较强的主观性,缺乏对入选代理变量表征能力的验证说明,且对于不适合的代理变量,也无相应的剔除操作的问题,本书提出了筛选投资者情绪代理变量的优化程序,从而可以科学地筛选出适合构建投资者综合测度指数的代理指标。

（2）投资者情绪综合指标的构建方法。投资者情绪的度量是研究投资情绪的核心问题。关于投资者情绪综合测度指数的构造，本书采用三种方法来重构投资者情绪复合指数，分别是传统的主成分分析法（PCA法）、偏最小二乘法（PLS法）和LASSO回归法，并从三个方面，即合理性检验、稳健性对比以及对中证流通指数收盘价的预测能力三个角度对三种方法所构建的投资者情绪复合指数进行对比，最大限度地保证所构建的投资者情绪综合测度指数能够真实地衡量投资者情绪。

（3）基于分位数回归方法研究在极端市场环境下投资者情绪对股市收益波动的影响。分位数回归法不仅考虑到分布中心的相互影响，还充分挖掘了变量上尾分布或下尾分布所包含的信息，以度量在不同分位点处的投资者情绪对股市收益波动的影响。

1.3 研究内容、研究框架与研究方法

1.3.1 研究内容与研究框架

本书的研究思路主要是遵循"理论建模—数据筛选及情绪指数构造—实证分析与检验—对策建议"这一主线进行，从理论建模角度揭示出投资者情绪对股票市场收益波动的影响，从实证研究角度分别考察在均态市场环境和极端市场环境下投资者情绪对股票市场收益波动的影响，进而给出政策建议。图1-1给出了本书的研究框架，具体包括以下内容。

第1章为绪论。首先阐述本书研究背景与意义，接着分别对现有的对于投资者情绪的研究与股票市场收益的影响的研究分别进行回顾和评述。然后明确给出本书的研究对象、研究内容、研究方法以及结构安排，最后总结出本书的创新之处。

第2章为投资者情绪的理论基础。本章主要对投资者情绪的含义进行了界定，探讨分析投资者情绪的形成机理，理顺投资者情绪的理论渊源与基础，系统地梳理和评述投资者情绪相关理论的整体脉络，并探讨投资者情绪与资产定价的理论关系。

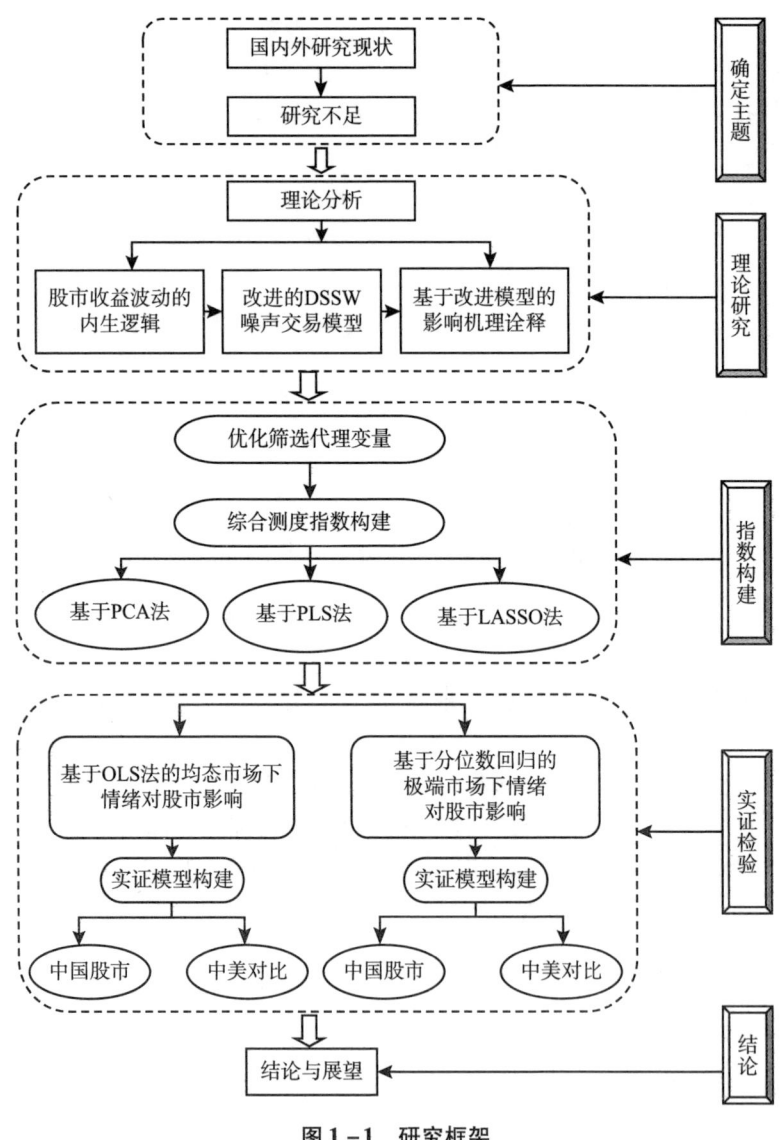

图1-1 研究框架

第3章为投资者情绪对股市收益波动影响的理论分析。本章依据中国股市的实际情况，对DSSW噪音交易理论模型的假设条件进行相应调整，探讨当市场中同时存在一类风险资产和无风险资产，且噪声交易者主导的市场条件下，投资者情绪对股市收益的影响机理。

第4章为投资者情绪代理指标的筛选以及投资者情绪综合测度指数的构

建。本章提出了一套筛选投资者情绪代理指标的优化方法。并通过中国股票市场金融数据并辅以金融时间序列模型进行验证该优化算法的有效性。之后，基于筛选得到的情绪代理指标，采用三种方法来重构投资者情绪综合指数，分别是传统的主成分分析法（PCA法）、偏最小二乘法（PLS法）以及LASSO回归法，并从三个方面，即合理性检验、稳健性对比以及对中证流通指数收盘价的预测能力三个角度对三种方法所构建的投资者情绪综合指数进行对比，比较三种方法分别构造的投资者情绪综合指数在拟合市场收益率变化精确度方面的优劣，确定最优的构造方法。

第5章为均态市场环境下，投资者情绪对股市收益波动影响的实证分析。本章基于普通最小二乘回归法，验证均态市场环境下投资者情绪对股票市场的影响效应。并将中国与发展较为成熟的金融市场（美国股票市场）对比，以论证投资者情绪对股市的影响是否仅存在于新兴市场中。

第6章为极端市场环境下，投资者情绪对股市收益波动影响的实证分析。本章基于分位数回归法，验证极端市场环境下投资者情绪对股票市场的影响效应。并同样将中国与发展较为成熟的金融市场（美国股票市场）对比，再次论证投资者情绪对股市收益及其波动的影响是否仅存在于新兴市场中。

第7章为结论。主要包括本书的主要结论、贡献与创新点、对理论和实践的指导意义、不足之处以及对未来研究的展望。

1.3.2 研究方法

对于本书的研究内容，主要以数理推导方法为基础，以实证检验为支撑，具体采用以下研究方法与研究工具。

（1）文献分析法。总结和梳理有关投资者情绪对股票市场收益影响的相关理论基础和相关的实证方法以及研究结论等文献资料，形成投资者情绪对股市收益影响研究的研究基础，也为构建投资者情绪对股票市场收益影响机理提供理论支持。

（2）数理模型推导方法。理论研究在噪声交易（DSSW）模型的基础上，通过修改股市投资者结构，增加卖空限制，并考虑基本面变动引起的系统性风险，通过构建数理模型构造一个更符合我国股票市场的噪声交易模型，并基于改进后的噪声交易模型推导投资者情绪对股市收益及其波动的影响机理。

（3）计量模型实证方法。实证研究方面，投资者情绪代理变量的筛选使用的方法包括 Granger 因果关系检验法、互相关分析法、Spearman 秩相关系数法；投资者情绪指数的构建，本书采取普通最小二乘回归法剔除了宏观经济面的影响，剥离出非理性的投资者情绪，然后分别采用了 PCA 法、PLS 法以及 LASSO 回归法构建投资者情绪综合测度指数；对于均态市场环境下和极端市场环境下投资者情绪对股市的影响效应研究，采用最小二乘法和分位数回归法对本书提出的假设进行验证，以上过程基于 R3.2.2 和 SAS 9.2 编程实现。

1.4 创新之处

本书的创新主要体现在以下三个方面。

（1）选取周频率的代理指标数据，构建投资者情绪监控指标体系，并改进筛选情绪代理指标的优化方法，这对于选取代理指标主观且没有剔除机制的现状有所改善。

为了比较全面地反映投资者情绪，结合已有的相关研究文献，本书先从尽可能多的市场维度中挑选出相应的投资者情绪代理指标，首次挑选了大宗交易平均溢价折价率作为机构投资者行为指标和新财富最佳分析师指数作为主观情绪指标。共分 6 大类 20 个代理指标，构建了投资者情绪监控指标体系。并针对目前投资者情绪代理指标的选取常带有较强的主观成分，且没有对所选择的代理指标作合理性检验的现状，提出了筛选投资者情绪代理变量的优化程序，从而可以科学地筛选出适合构建投资者综合测度指数的代理指标。改进了选择情绪代理变量时主观且没有剔除机制的不足。

（2）基于 LASSO 回归法构建投资者情绪综合测度指数，在降低模型复杂程度的同时提高了综合测度指数的精确度。

现有大多数文献基本选取以月为频率的情绪代理指标，采用主成分分析方法构造投资者情绪综合测度指数。考虑到主成分分析方法在构造指数时所存在的局限性和情绪变化较为频繁的个体投资者在中国股市中占较大比重，本书创新地采用信息颗粒度更小、更高频的周度数据，分别基于主成分分析法（PCA 法）、偏最小二乘法（PLS 法）以及创新性使用了 LASSO 回归法来构建投资者情绪综合测度指数。并从合理性检验、稳健性检验以及解释能力检验三个角度对三种方法所构建的投资者情绪综合测度指数进行对比，从而挑选出较为适合构造投资者情绪指数的方法。

（3）采用分位数回归法实证检验不同分位点处投资者情绪对股票市场影响，并对比分析投资者情绪对中美股市收益波动影响的差异。

多数学者在研究投资者情绪与股市收益之间的相互关系时，仅研究两者分布中心之间的相互影响。本书分别采用普通最小二乘法和分位数回归法，不仅考虑到分布中心的相互影响，还充分挖掘了变量上尾分布或下尾分布所包含的信息，分别实证检验二元市场结构下投资者情绪对股市收益波动的影响。并与成熟的美国股票市场对比，以论证投资者情绪对股市收益影响是否仅存在于新兴市场中。

第 2 章 相关理论基础

目前对于行为金融学的研究主要分为三个层次：第一个层次是研究个体投资者行为。锚定效应、反射效应、代表性效应、处置效应、沉没成本效应等是主要理论，这些理论主要采用实验法来研究，反映了个体的有限理性。第二个层次是研究投资者群体行为。噪音交易者理论、群体效应等是主要相关理论，这些理论主要采用数学建模和市场检验的研究方法来研究，反映了投资者群体的交易并不是随机的。第三个层次是研究市场是否有效。动量效应、反转效应、反应不足和反应过度等是主要相关理论，市场检验是主要采用的研究方法。行为金融学对于投资者情绪的研究已经从定性的分析投资者情绪对股票市场影响，发展到投资者情绪的度量和利用投资者情绪预测股票未来收益。本章系统地梳理了投资者情绪相关理论的发展过程与框架结构。

2.1 投资者情绪的理论渊源

2.1.1 行为金融的产生

在现实金融市场中存在着很多传统金融理论所不能解释的"市场异象"，这激起了不少学者对交易者的风险偏好、信念的反思和修正。以心理学对投资人决策过程的研究成果为基础的行为金融学逐渐获得重视。

最早将心理学和金融研究结合起来作为行为金融学研究可以追溯到 19 世纪的两篇文章：古斯塔夫·勒庞（Gustave Lebon）的《乌合之众》和麦基（Mackey）的《非同寻常的大众幻想与群众性疯狂》。而最早强调心理预期在投资者决策中的重要地位是凯恩斯的"空中楼阁"理论。该理论的核心观点是：投资者的心理状态决定股票价格，内在价值不能决定股票价格，投资者的交易行为充满了"动物精神"。

普雷尔（Purrell）是现代意义上行为金融理论的最早研究者，在其1951年发表的论文《以实验方法进行投资研究的可能性》，开拓了应用实验方法将投资模型与人的心理行为特征相结合的金融新领域。1972年斯洛维奇的《人类判断的心理学研究对投资决策的意义》一文开始了从行为学的角度出发研究投资决策的过程。斯坦福大学的教授特维斯基和普林斯顿大学的卡尼曼教授是这个时期行为金融学的代表人物。特维斯基和卡尼曼分别在1974年发表的《不确定性下的判断：启发式和偏差》和1979年发表的《前景理论：对风险条件下决策的分析》的两篇论文对行为金融学的创立和发展影响深远。

20世纪80年代的后期是行为金融真正兴起的时期，1985年德邦特和塞勒发表的《股票市场过度反应了吗？》的论文被认为是行为金融学研究的正式开始。20世纪80年代中期以来，金融市场上不断出现一系列传统金融学无法解释的异常现象，这些现象引起了相关学者的广泛关注，另外期望理论在当时得到了广泛的认同和证明，这些因素促使行为金融学在这一时期得到了突破性的重大发展。作为此阶段代表人物之一的芝加哥大学的塞勒（1987，1999）研究了股票回报率的时间序列，提出了投资者"心理账户"和"行为生命周期假说"等理论。另一位代表人物席勒（1989，1990）从证券市场的波动性角度，揭示出投资者具有非理性特征，同时他在"羊群效应"、投机价格和流行心态的关系等方面揭示了行为人的有限理性。除此，史莱佛（1996）对"噪声交易者"和"套利限制"的研究，奥丁（Odean，1998）对"处置效应"的研究，金和里特（Kim & Ritter，1999）对IPO定价的异常现象的研究，卡尼曼（Kahneman，1998）对反应过度和反应不足切换机制的研究等都受到了广泛的关注。此阶段的行为金融学研究着重把心理学与投资决策相结合，重点从投资策略方面对此前的行为金融学理论加以完善。后金融危机，史莱佛、克鲁格曼和弗拉蒂安尼在行为金融学理论解释宏观金融危机方面做了很多开创性研究。由于基于传统金融学下经济主体完全理性条件下的传统金融监管受到了严重的质疑，基于行为的金融监管理论逐渐引起了很多国家的重视。传统金融监管的前提是理性选择和市场竞争，然而金融市场的宏观整体波动往往依托于微观主体系统性的全体偏差，个体的行为偏差在信息不对称、制度缺陷等因素的影响下演化成群体性偏差，从而导致市场的异常出现。

近些年，对于行为金融的研究已经到了深化阶段，主流经济学家开始有所关注并逐渐接受行为金融理论。2002年度和2013年度的诺贝尔经济学奖分别颁给了行为金融学家卡尼曼教授和罗伯特·席勒教授，2017年诺贝尔经济学奖又颁给了行为金融学家理查德·塞勒，这体现了主流经济学开始认可行为金融学，同时也反映了行为金融在未来金融学发展中有着十分重要的地位。

2.1.2 行为金融理论与传统金融理论的对比

1990年马科维茨（Harry M Markowitz）因其在1952年提出的投资组合选择理论获得诺贝尔经济学奖。一般认为，现代金融理论的产生以马科维茨的资产组合理论为标志。自此以后，金融理论及其指导的金融市场获得了飞速的发展。在马科维茨资产组合理论的基础上，夏普（Sharpe，1964）、林特纳（Lintner，1965）和莫森（Mossin，1966）建立了一个以一般均衡框架中的理性预期为基础的资本资产定价模型，这是现代金融理论中第一个可以用计量方法检验的理论模型。

1965年，美国芝加哥大学金融学教授尤金·法玛（Eugene Fama）发表了题为《股票市场价格行为》的博士毕业论文，在1970年对该理论进行了深化，并提出有效市场假说（Efficient Markets Hypothesis，EMH）。有效市场假说有一个颇受质疑的前提假设，即参与市场的投资者有足够的理性，并且能够迅速对所有市场信息作出合理反应。该理论认为，在法律健全、功能良好、透明度高、竞争充分的股票市场，一切有价值的信息已经及时、准确、充分地反映在股价走势当中，其中包括企业当前和未来的价值，除非存在市场操纵，否则投资者不可能通过分析以往价格获得高于市场平均水平的超额利润。

有效市场假说提出后，便成为证券市场实证研究的热门课题，支持和反对的证据都很多，是目前最具争议的投资理论之一。有效市场假说充分地反映了传统金融的研究脉络，被认为是传统金融学最核心的理论之一。有效市场假说主要有以下观点：①投资者是理性的，他们会理性地判断证券的价格；②即使有部分投资者是非理性的，由于他们的交易是随机的，彼此间的非理性交易行为将被相互抵消掉，不会影响股票价格；③即使非理性投资者的交易行为是相关联的，但市场上套利者的套利行为会消除非理性投资者对价格的影响。

有效市场假说有三种形态，第一种是弱势有效市场假说，该假说认为在弱势有效的情况下，市场价格已充分反映出所有过去历史的证券价格信息，包括股票的成交价、成交量、卖空金额、融资金融等。如果弱势有效市场假说成立，则股票价格的技术分析失去作用，基本分析还可能帮助投资者获得超额利润。第二种是半强势有效市场假说，该假说认为价格已充分反映出所有已公开的有关公司营运前景的信息。这些信息有成交价、成交量、盈利资料、盈利预测值，公司管理状况及其他公开披露的财务信息等。假如投资者能迅速获得这些信息，股价应迅速作出反应。如果半强势有效假说成立，则在市场中利用技术分析和基本分析都失去作用，内幕消息可能获得超额利润。第三种是强势有效市场假说，该假说认为价格已充分地反映出所有关于公司营运的信息，这些信息包括已公开的或内部未公开的信息。在强势有效市场中，没有任何方法能帮助投资者获得超额利润，即使基金和有内幕消息者也一样不能获得超额利润。

但是自20世纪80年代以来，研究者发现了大量与有效市场理论相悖的异象。股票市场中异象一般可以分为三类：资产定价之谜，投资者交易行为之谜和主题溢价之谜。资产定价之谜主要有股权溢价之谜、波动率之谜、封闭式基金折价之谜、IPO之谜和公开事件的预测效应。投资者交易行为之谜是指投资者表现出的背离理性投资者假设的行为。主题溢价之谜是指股票市场上的风格收益之谜，如账面市值比效应、规模效应、动量效应。

行为金融学正逐渐成为对金融市场异象最具有解释力的新理论。行为金融学以前景理论为基础，加上心理学和行为学对于投资者行为模式的发现，针对有效市场假说理论三个方面的内容，行为金融学都分别提出了自己的见解：行为金融学关于投资者理性的独特诠释可归结为投资者情绪理论，非理性交易随机性的假设受到了系统性理性偏离的挑战；而其对套利无限的系统批评则形成了套利限制。投资者情绪和套利限制相辅相成，构成了行为金融学的两大支柱。套利限制理论是指市场不完善、投资者非理性、激励约束机制不健全等因素使套利者的套利行为受到限制，无法完全甚至不能纠正市场价格偏离的理论。套利限制解释了证券价格为什么有时会对信息作出错误的反应，证券价格为什么会在没有相关信息支持的情况下出现大幅度波动，噪音交易者的行为为什么会导致整个金融市场无效。

但是，套利限制理论并没有描述市场失效的具体形式和原因。投资者情绪理论则弥补了套利限制的缺陷，它阐述了现实世界投资者的信念和判断是如何形成的，投资者对证券的需求又是如何受心理因素影响的。因此，套利限制和投资者情绪是行为金融学不可或缺的两大因素。如果套利是无限的，证券价格就会对所有相关信息给予正确和迅速的评价与反映，套利就可以纠正非理性投资者的行为，从而保障市场的有效性。但是，如果没有投资者情绪，证券价格就不会受到非理性行为的干扰，也不会偏离基本价值，也就没有套利的必要性了。套利限制和投资者情绪相结合的模型必将对证券价格的波动及其回报作出准确的预测。

在行为金融理论发展的过去三十年间，证券市场是无效的或最多是弱势有效的，已经被大量的理论研究和实证研究论证了，投资者决策过程不会总是理性的，而是经常会被投资者情绪所影响，因此传统金融学对于市场的解释无法满足市场真实情况以及研究的需要（见图2-1）。上述的分析表明行为金融学中投资者情绪理论的存在证明了市场的无效性。

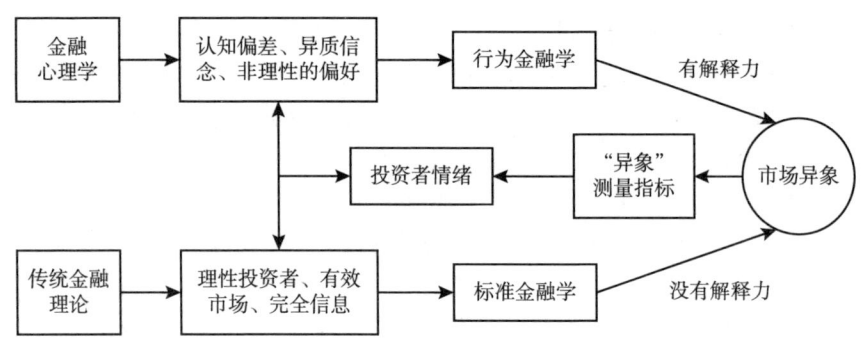

图2-1 行为金融学与标准金融学对"市场异象"的解释力对比

2.1.3 行为金融学的主要内容

心理学是对人的心理的研究，而行为金融学是以认知心理学对不确定条件下行为人的决策的研究成果为基础，研究人的心理对资产组合和定价的影响。但是行为人的心理是什么，以及如何影响资产组合和定价、影响到什么程度等，这些问题都很复杂。在这个新兴的领域里，没有成熟的成果可以利用，这就给学科的发展和确定明确的研究对象带来了困难。学科研究对象的确立是学科理论体系构建和框架安排的基础。行为金融学的研究是解释在金融市场中人的实际行为的学科，或是对异象进行解释的学科，还是解释金融市场现象的学科，这个问题还需要深入探讨，以使行为金融学的研究能够有明确的主线。目前行为金融学研究的核心内容包括以下几个方面。

1. 金融市场中的"异象"

传统的金融学理论认为市场是效率市场，因此资产的市场价格是一个公平合理的价格，体现了它的真实价值；而行为金融学认为市场并非有效。如果人们是完全理性的，那么他们在金融市场中的决策应该同他们的偏好一致。如同有效市场理论所预测的那样，市场上的资产价格应该就是真实价值的体现。然而，大量的研究表明，市场上存在很多异常现象，即"市场异象"。这些异常现象包括"赢者的诅咒""金融泡沫""期间异常""股票溢价之谜""波动性之谜"等。这些现象之所以被称为"市场异象"，是因为金融学家们很难以传统的金融学理论来解释，或在传统的金融理论体系中对之进行解释，他们必须作出非理性的假设，而这种非理性假设与传统金融学的理性经济人假设相矛盾。以套利的有限性与理性的有限性为理论基础的行为金融学模型中，这些异常现象大部分都能得到解释。

2. 心理偏差与非标准偏好

经典金融学家的理性投资者假设有两个构成要素：一是投资者对未来的预期是理性的，即他能对未来状态作出无偏的估计，并且按照贝叶斯法则去处理新信息；二是投资者对风险的偏好符合预期效用理论的假设。行为金融学家指出，人们形成预期的过程实际上就是判断某件事情发生的概率。在这方面，很多心理偏差已经被心理学或者经济学实验证明对金融决策行为具有重要的影响，例如：可得性偏差、代表性偏差、描定、保守偏差以及过度自信等。行为金融学研究者运用这些心理偏差现象来理解金融市场上的异象，其中成功地将偏差理念模型化的成果主要有 BHS 模型、BSV 模型与 HS 模型等。

除了各种心理偏差，行为金融还深入考察了有别于预期效用理论的各种偏好，如确定性效应、模糊厌恶、分离效应、损失厌恶、私房钱效应以及后悔厌恶等。在将偏好非理性模型化并用于解释市场上的异象方面，前景理论无疑是最为成功的。

3. 有限套利

套利是现代有效资本市场理论的一个决定性假设。传统的有效市场理论由三个假设组成：第一，假设投资者是理性的，因此投资者可以理性地评估资产价值；第二，即使有些投资者不是理性的，但由于他们的交易是随机产生的,因此可以相互抵消,不会影响资产的价格;第三,即使投资者的非理性行为并非随机而具有相关性,他们在市场中将遇到理性的套利者,后者会消除前者对价格的影响。根据有效市场假设,理性的套利者对证券收益具有充分理性预期,能够迅速消除噪音交易者引起的价格偏离基础价值现象,从而推动证券价格趋于内在价值;而后发展起来的行为金融学则不认为理性交易者一定能抓住套利的机会使价格恢复,因为矫正错误定价的策略也会面临巨大的风险,在理性交易者与非理性交易者相互影响的经济中,非理性对价格的影响是长期的,也就是套利存在有限性。史莱佛等较早研究了资本市场套利的有限性,基本思想是融资约束会导致套利者在最需要资金的时候被迫放弃预期收益高的投资,这是由于套利者只是资金真正拥有者的代理人,他们两者之间的信息传递是不充分的,最终导致价格偏差长期存在。史莱佛等对有限套利的研究思想一直沿用至今。套利有限性的研究有助于解释价格对信息的反应不会恰如其分,而对无信息变化作出强烈反应的原因。同时,该研究也有助于理解现实世界中的投资者与套利者在买卖证券时对证券进行的判断及其投资理念的形成。当把有限套利理论与投资者的心态分析理论结合在一起,就可以较为详细地分析证券价格和收益的具体变化情况了。

2.1.4 投资者情绪的界定

情绪是心理学中常见的研究对象,这一概念也在日常生活中为人们所熟知。事实上,情绪的存在对于人们的日常活动产生了广泛的影响。当投资者在证券市场上参与交易活动并进行投资决策时,随处可见情绪等心理因素的影响。心理学作为行为金融学的一个重要理论渊源,在行为金融学的研究当中,特别注重对人的心理活动及其如何影响市场的研究。事实上,人的心理活动是极其复杂的,学者们通常将其分为认知过程和非认知过程等,广泛涉及人的感觉、记忆、思维、学习、情绪等方面,这些过程的相互作用是形成系统性偏差的重要原因。投资者情绪作为人们的一项重要的心理活动,在行为金融学的研究中占据着重要的地位。

在传统的金融理论中,投资者情绪并不被考虑,市场被认为是有效的。在这一理论假说下,资产价格只与其内在价值相关联,投资者情绪等非理性因素并不会对资产价格产生最终影响。根据有效市场的定义是指价格能够完全反映所有可获取信息的市场,它包含三个逐渐放松的假设:首先,投资者是理性的,有足够的能力对资产价格作出正确的判断,并能够进行理性的投资者决策；其次，即使市场上存在部分非理性的投资者，但由于他们之间的交易是完全随机进行的，因此，他们对价格的误判会因此相互抵消，这样，市场对资产的定价仍然是不存在偏误的；最后，即使这部分非理性投资者之间的交易并不是随机进行的，而是呈现出某种共同的趋势交易行为，但是由于市场上理性交易者的存在，非理性交易者的交易行为对资产价格的影响会迅速被市场上理性投资者的套利行为所消除，结果是即使市场上的资产定价在短期内存在偏误，也会因为理性套利者的存在而迅速地消失，资产价格仍然与内在价值保持一致。这样，建立在有效市场假说基础上的传统资产定价模型就不会受到投资者情绪的影响。

投资者情绪属于心理学与金融学的交叉范畴，目前对其具体的定义依然存在一定的争议。当前大多数学者都是从金融市场出发，并结合心理学相关概念，对投资者情绪进行定义。巴伯瑞斯（Barberies，1998）认为行为模型往往需要考虑在其中详细描述交易者的非理性形式，即人们如何错误地应用贝叶斯法则或违背主观预期效用理论，这个确定交易者如何形成信念和价值的过程被称之为投资者情绪。布朗和克里夫（2004）认为，投资者情绪是投资者对金融资产价格的乐观或悲观预期。贝克和沃格勒（2006）认为，以投资者心理角度为出发点，投资者情绪描述了投资者的投机倾向，从有限套利的角度出发，投资者情绪描述了投资者对市场整体的乐观或悲观心态。常、费夫和黄（Chang, Faff & Hwang，2012）认为，投资者情绪同样也可被定义成投资者的看法，并且它通常受未来现金流量和投资风险的情绪影响。正如著名学者沃格勒在2012年金融领域内的国际顶级期刊 *Journal of Financial Economics* 的投资者情绪专题文集前言中所明确指出的那样，投资者情绪可以被认为是投资者对于金融资产收益和风险的一种非贝叶斯信念，或者更简单而言可以被认为是一种非传统偏好。

以上定义主要是从投资者的市场预期和行为偏差视角方面得出的，但是并未涉及投资者情绪的心理本质和特征。认知心理学家拉扎鲁斯（Lazarus）认为，引起情绪的直接原因并不是外部事件本身，而是在于人们对事件的主观判断。投资者情绪首先是投资者对市场信息的全面感知，进而才形成自身对于市场及上市公司的主观判断。拉扎鲁斯对认知心理学理论做了进一步修正，他认为情绪的判断过程分为两步：首先判断这件事对自身的重要性，然后才是判断它是好是坏。投资者的情绪获得也有相同的过程，投资者首先寻找到重要性较高的市场信息——关注属性，基于关注属性的好与坏进行主观判断，最终形成投资者情感倾向。投资者关注的信息来源主要分为两类：

一类是客观信息，包括对宏观政策环境、市场传闻、公司业绩报告、公司战略规划等与市场和上市公司直接相关的客观描述；另一类是主观信息，主要是指其他投资者包括机构投资者对不同信息的判断而形成的情绪传播。而且，尽管不同个体对于外部信息重要性和倾向判断存在差异，但是在网络社会化媒体下存在一个人数众多的投资者群体，该群体对同一种信息的主观判断总是表现出具有代表性的群体倾向性反应。

根据以上分析，为满足各研究要求，本书把投资者情绪定义为：投资者整体基于自身对各种信息的感知形成的一种情绪，这种情绪包含了投资者对未来预期的系统性偏差，它是市场走势中的基本面和其他理性成分无法解释的部分。

2.2 投资者情绪形成的理论基础

2.2.1 个体情绪形成的理论基础

卡尼曼和特沃斯基提出的"前景理论"奠定了投资者个体情绪形成机理的理论基础。他们认为前景理论与期望效用理论是互补的。风险理论的演变过程已经经历了三阶段：从最早的期望值理论，到后来的冯·诺依曼－摩根斯坦期望效用理论，再到前景理论。期望效用理论是经济行为的规范性模型，其基础是严谨的、公理形式的论述；前景理论是期望效用理论的替代理论中最受认可的理论，也是受到检验最多的理论，它是实证性的理论，因为它完全基于人的真实行为。前景理论是描述性范式的一个决策模型，它假设风险决策过程分为编辑和评价两个过程。在编辑阶段，个体凭借"框架"（Frame）、参照点（Reference Point）等采集和处理信息，在评价阶段依赖价值函数（Value Function）和主观概率的权重函数（Weighting Function）对信息予以判断。前景理论有以下三个基本原理：①人们根据前景的性质，有时候会规避风险，有时候则寻求风险。大多数人在面临获得的时候总是要规避风险的。②人们往往会基于财富相对于参照点的增减来推断前景的好坏，该参照点一般是人们财富的当前水平。③人们之所以规避损失，是因为收益给人带来的影响要小于损失的影响。

除了处于核心位置的前景理论，还有不少基于金融心理学方面的投资者心理或情绪方面的理论也可以用来解释证券市场的异象。概括地讲，影响投资者的决策的心理因素可以分成三类：情感因素、认知偏差因素和非标准偏好因素。情感是人们的情绪倾向，对于不同的投资者来说，情感相对于理性有着不同程度的偏离。认知偏差是人们对现实状况或信息进行分析判断并作出决策时产生的偏离，认知偏差影响下的信息判断导致非理性预期。情感和认知偏差共同影响着投资者对不确定性的主观概率估计，而投资者的主观概率描述形成投资者的信念。非标准偏好是相对的期望效用理论或主观期望效用理论描述的标准偏好而言的，前景理论是非标准偏好的经济学范式。关于情感因素、认知偏差因素和非标准偏好因素的详细描述参见表2-1。

表 2-1　　　　　　　　影响投资者情绪的常见心理因素

类别	心理因素	描述
情感	过度自信	奥丁（2002）将过度自信定义为：相信自己掌握的知识的准确性比事实中的程度更高的一种信念，即对自己的信息赋予的权重大于事实上的权重
情感	保守主义	执着认定某种观点或预测的行为倾向。一旦表明一种立场，大多数人发现很难离开，即使能离开也非常缓慢
情感	自我归因偏差	人们往往会将好的结果归因于自己的能力，而把差的结果归因于外部原因
认知偏差	锚定	所谓锚定效应，就是指当人们对某个时间做定量估测时，会将某些特定数值作为起始值，起始值像锚一样制约着估测值。人们通常以一个初始值为开端进行估计和调整，以获得问题的解决答案
认知偏差	易得性偏误	人们决策时基于容易获得的信息（而不是应该收集的信息）来作出判断
认知偏差	证真偏差	人们会希望去寻找与他们持有观点一致的信息。任何与其观点相冲突的信息都会被忽略掉，而一致的信息则会被高估
认知偏差	代表性偏差	卡尼曼和特沃斯基研究发现决策时个人倾向于用小样本去代替大样本。代表性偏差可能会导致错误的假设以及各种偏差的形成，包括样本大小忽视和概率忽视
认知偏差	认知失调	当人们在自己信念或者设想被证明为错误的时候，不愿意接受自我否定经常会出现难以置信的程度

续表

类别	心理因素	描述
非标准偏好	模糊厌恶	人们不喜欢面对一个赌博的概率分布不确定的状况,这种状况叫模糊状况,大多数人不喜欢这种状况,即模糊厌恶
	损失规避	人们对于损失的反映程度远大于同等的收益反映程度
	处置效应	基于损失厌恶,当存在着避免损失的前景时,投资者愿意承受更大的风险。例如:投资者往往会过早卖掉表现良好的股票而持有亏本的股票
	框架效应	框架效应是指基于相同的事情,由于表达方式的不同,往往会导致人们决策出现偏差的现象

2.2.2 群体情绪形成的理论基础

心理学把人类群体分为客观群体和心理群体两大类别。人群在某一特定的时间和空间上的集合体称之为客观群体,具有相同的心理活动特征的人群的集合体称之为心理群体。19世纪法国学者古斯塔夫·勒庞认为:在某些既定的条件下,某一群体会表现出非常不同于构成这一群体的个人所具有的特点的新特点,群体中人们的思想和感情会聚集于同一方向并且会失去个性心理最终形成一种集体心理。这种组织化的群体被称为一个心理群体。在证券市场中,"心理群体"的例子比比皆是,比如在2007年大牛市的背景下,中国石油在2007年11月5日上市,不同背景、不同个性、来自不同地域的众多投资者立即形成了一个心理群体,竞相以48元的高价购买中国石油的股票。

1. 群体情绪的形成机制

个体情绪主要通过情绪激发、情绪传递以及建议接受三个外界因素的刺激才能形成群体情绪。某种情绪激发和控制了群体中的个体称之为情绪激发。情绪传递是指被情绪激发的个体之间相互传递并使整个群体受到此情绪的控制。建议接受是指被某一情绪控制的人群更易受到外部建议的控制去参与某种激烈的行为。证券市场中股票价格的震荡和其快速的传播会激发起群体的情绪从而导致群体情绪之间的互相传递,所以相对于其他场合,人群更容易形成心理群体。

(1)市场系统。从行为金融学的角度,证券市场可以视为这样一个具有输入与输出的经济系统：输入市场的有资金、投资者行为、公司行为以及外部压力，输出市场的包括利润、损失以及投资者反应。作为一个系统，证券市场内在的基本状态是处于永恒的运动之中——关系不断形成又不断被打破，市场内部不断相互作用，系统内部投资者与群体的相对地位不断发生变换。系统的整体性使其具有保持稳定状态的倾向。证券市场的均衡状态是一种动态均衡，并且可以在价值上获得自我调整式的增长。每位投资者都对市场的均衡状态具备自己的看法，然后在他们认为适宜的时机进入或离开市场。因为他们并不知道在短期内达到均衡的时点，他们不断地买进卖出，直到有人认为股票价格已经严重偏离价值。

（2）感染效应。情绪的群体作用主要表现为感染效应。感染效应是指群体中的个人受到他人或整个群体的影响和压力，不由自主地产生相应的情绪反应，而且这种情绪会在群体中相互感染。在群体的情境下，个人有时候会失去对自己行为负责的感觉，忘记社会规范，控制力减弱，这时，投资者的行为几乎完全受情绪的支配，特别是当其他投资者具有类似的态度、信念和价值观时，情绪的感染效应就最有可能发生。另外，当所有的投资者把他们的注意力都集中在股票价格上时，感染效应也会大大增强。在这个过程中，个别投资者的情绪会在其他人身上引起同样的情绪；反过来，其他人的情绪又会去加强他的情绪。投资者情绪通过投资行为的相互模仿，在群体中相互感染，并强化彼此的反应，以至形成群体共同的情绪。

（3）市场情绪的形成。证券市场不可避免地存在变化，市场情绪也会随之不断地往复变化。当市场价格不断创下新高时，投资者由于自身对信息的认知偏差而过度重视利好信息，产生乐观情绪，认为一切看起来都非常美好，股票价格肯定仍将继续上涨，觉得似乎谁都不会遭受损失。在投资者群体中，即使开始有一部分人表现出对未来的担忧，也会屈从于股票价格持续上涨带来的心理压力，改变自己的心态，与大多数保持一致。这种乐观情绪在投资者个体与群体之间不断相互作用、相互感染，最终形成共同的市场情绪。股价被乐观情绪不断推高，直到大家觉得股票价值被高估。这种狂热之后随之而来的便是市场价格的持续下降，悲观情绪开始出现，投资者认为市场上几乎没有投资机会，这种下跌肯定是由于其他投资者得到了某些内幕消息而卖出股票造成的，对市场中的利空信息反应过度，即使出现了利好的信息也置之不理。同样地，市场的压力改变着某些投资者的判断，使大家对未来的预期趋于一致。悲观情绪逐渐替代前期的乐观情绪，通过投资者之间相互感染，市场情绪又一次形成。证券市场随即进入低迷期，直到乐观情绪重新出现，推动市场再次进入上升通道。

2. 群体情绪形成的理论分析

从群体分析的角度看，证券市场的参与者是一个群体，因此可以运用美国投资分析家尼尔的逆向思维理论和法国心理学家勒庞的群体心理理论分析证券投资行为的心理。这两大理论之间的相互关系可用图 2-2 表示。

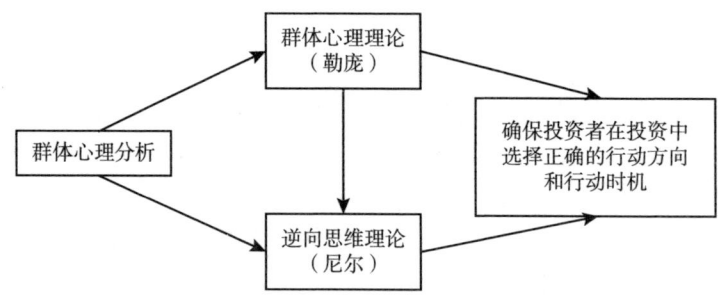

图 2-2 两大投资行为心理理论关系

个人在群体中会表现出较为明显的从众心理，勒庞称之为"群体精神统一性的心理学规律"。从心理学的角度来看，所有人都同时会具有理性的个性与非理性的个性两种不同的但是却不可分割的个性成分。非理性的个性控制了心理群体之后所形成的影响力远远高于理性个性控制了心理群体所形成的影响力，群体投资者投资过程中出现偏执、"羊群行为"可以被群体的精神统一性理论所解释。根据勒庞群体统一性理论，人们因为某个目标成为共同体并由某种情绪驱使而形成一个心理群体时，理性个体就会失去而只剩下非理性的个体，而此种非理性的个体就成为这一群体的共同个性。

勒庞的群体整体智能低下定律认为：当人群组成一个心理群体时，当面临决策或行为的处境时，该群体所体现的智力水平将比该群体的成员在作为个体时的智力水平低很多。换一个角度来说，就是指构成心理群体成员的个体智能要比心理群体的智能高得多。勒庞认为，高智能的任务是心理群体不可能完成的。有很多例子可以证明勒庞的定律，例如对于很多参与了 1988 年国内的"抢购风"的人来说，他们并不是迫于外界的力量而加入，而是心甘情愿地投身于抢购狂潮，诸如此类可以证明勒庞的定律的例子还有很多。

尼尔关于相反意见理论的主要观点是：即使所有人都有相同的想法，也不能说明每个人想法都是正确的；就算大多数人作出了相同的预言，预言也不一定真地会发生；同样，在同一个预言上进行进一步地预言，那么这个预言就会不攻自破。其理由就是一旦同样的事被大部分人预言即将发生，那么必然会有很大一部分人对其采取对应的措施进行防范，就结果而言，起初的预言也就因此被抵消或绕开了。根据相反意见理论，大众推动主要的趋势，如果大多数人对证券市场抱有积极看好的态度，那么证券价格才会因为人们不断上升的购买力而持续攀升。但当所有人都看好证券行情时，市场又会因为供求不足而出现逆转现象。因而在决策时，理应深思熟虑的投资者有时却对自己的投资项目不加思考并且过于乐观自信，而本应勇敢果断地抉择时却又害怕退缩。

2.2.3 投资者情绪影响决策的理论分析

投资者情绪会在投资者投资决策的时候随着外界环境的变化而发生变动，特别是在证券市场面临着很多不确定性和不可预测性时情况尤为如此。刚开始的时候，每一个投资者总会尝试理性地投资，并希望能够减少风险发生的概率，但是，当他们发现能力有限而无法确定自己的投资行为是否正确时，投资者就会向政策的制定者、网络、券商、经验等寻求心理寄托。当投资行为的前景越看不清楚，投资者就越会产生强烈情绪依托感，从而使得人类特有的认知偏差的弱点显露出来，就会出现很多不明智的行为。因为环境的不可确定性引发投资者情绪变化，并最终导致投资者行为的变化轨迹见图 2-3。

通过证券市场的反馈环原理，投资者群体情绪偏差以及由于情绪偏差而出现的非理性行为能够产生放大作用。在证券市场的运行中，最初由各种催化剂导致的价格上涨，再通过媒体不论是有意识或无意识的宣传，潜移默化中投资者会因为过度自信等情绪偏差的驱动增加证券需求，从而推动进一步的证券价格上涨，于是第二轮的价格上涨又反馈到第三轮，再到第四轮，以此类推，会不断放大催化因素的最初作用，证券会出现远高于其自身的基本面价格水平，即出现了投机性泡沫。

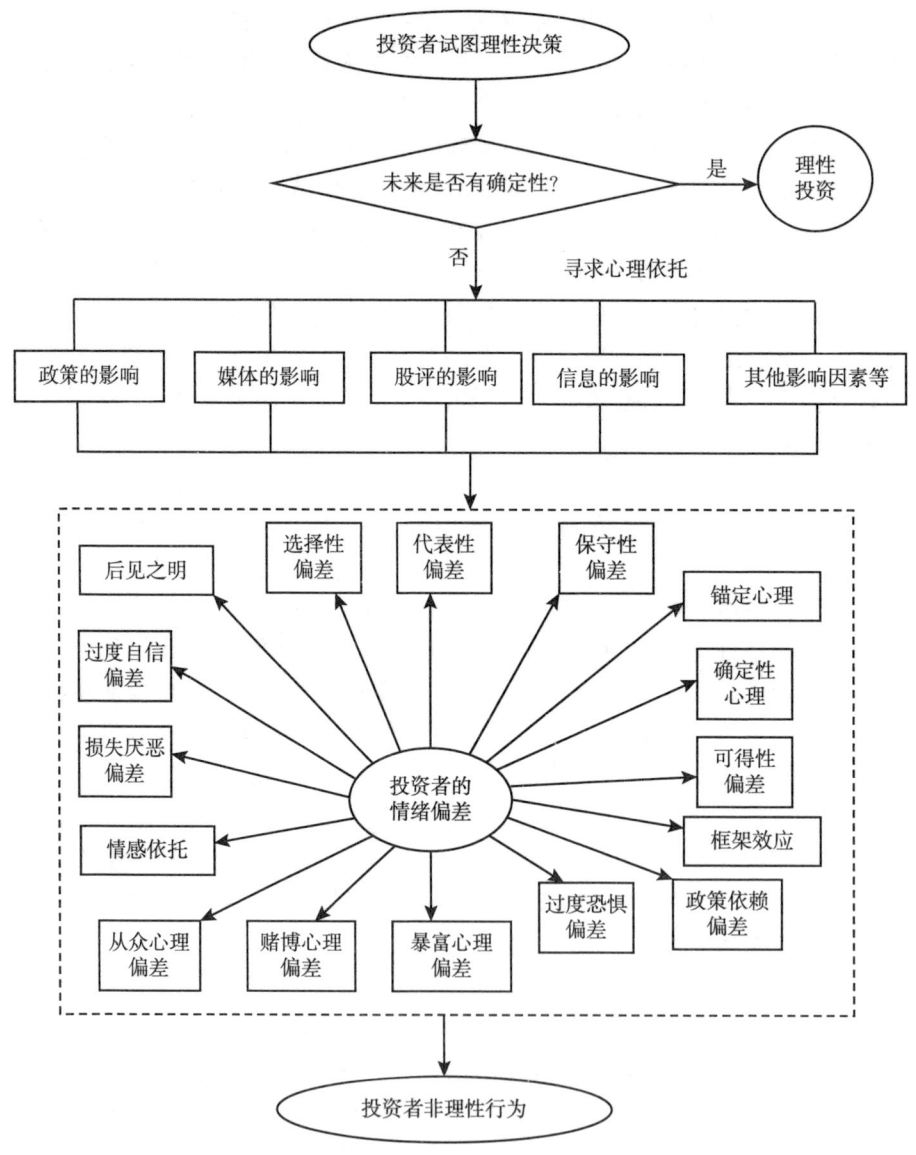

图2-3 投资者行为的变化轨迹

资料来源:李心丹,等.中国证券投资者行为研究[J].东方企业家,2002(9):112-119.

因为投资者对股票不可能有无止境的需求,因此当他们的需求停止时,价格会跟着停止增长,显然那时对于投机性泡沫来说,离它的终结也就不远了。股票价格无法保持上涨是投资者不持续持股的原因,那么就可能会出现负反馈或负泡沫，在保守性偏差的作用下，投资者最早不会在意股价的下跌，而紧接着因为机构的止损机制会使价格出现更大幅度的下跌，然后，投资者对市场预期的过度恐惧等负面情绪引发了股价的持续跌落。当股价下降到不可能继续下跌时，负泡沫破灭，正确市场恢复最初的状态。反馈环作用机制如图 2-4 所示。

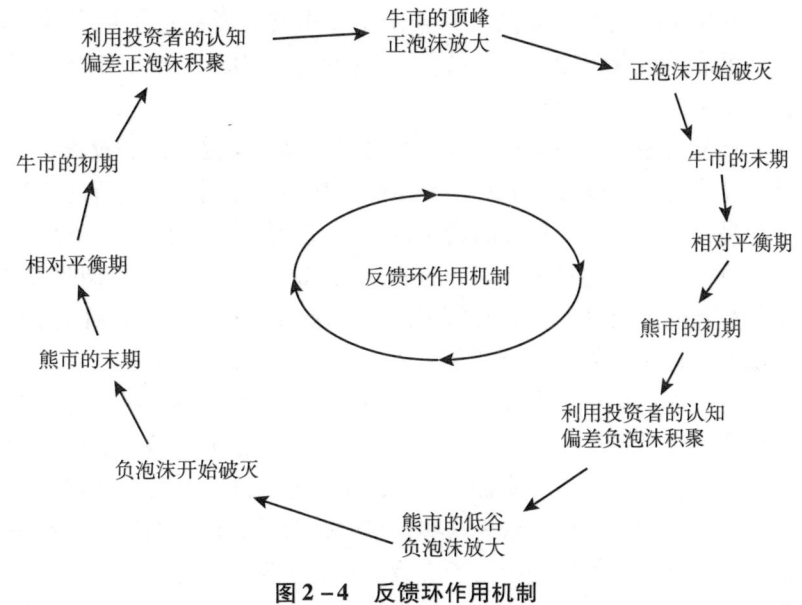

图 2-4　反馈环作用机制

资料来源：李心丹，等. 中国证券投资者行为研究 [J]. 东方企业家，2002 (9)：112-119.

2.3　投资者情绪对股票收益影响的理论模型

在基于投资者情绪分析和有限套利的基础上，行为金融学构建了一系列理论模型，试图从理论层面上对证券市场上出现的市场异象分析和解释。基于不一样的假设前提，理论解释模型可以分为基于异质投资者的模型、基于不同信念的模型和基于不同偏好的模型三种。

2.3.1　基于异质投资者的模型

基于异质投资者的模型有 DSSW 模型和 HS 模型。

1. DSSW 模型

噪声交易者对资产定价的影响在 1990 年被德龙（DeLong）、史莱佛（Shleifer）、萨默斯（Summers）和沃德曼（Waldmann）首次模型化，即 DSSW 模型。DSSW 模型用数学模型揭示了噪声交易者在金融市场上的存在机理，奠定了噪声交易模型的基本框架，证明噪声交易者是可以在与理性交易者的博弈中求得生存空间的，并且由于噪声交易者制造了更大的市场风险，他们可能还会获得比理性交易者更高的收益。DSSW 模型如今逐渐成为行为金融学发展中的主要模型。

在 DSSW 模型中，假设存在理性交易者和噪声交易者两类投资者。模型假设噪声交易是由两部分组成：一是由噪声交易者之间彼此进行的交易；二是理性交易者利用噪声交易者的错误认识所进行的套利活动。DSSW 模型包括两个定价模型：一是对风险资产进行定价的模型，二是在预期收益方面，理性交易者和噪声交易者之间的差别模型。DSSW 模型假设所有的噪声交易者是同质的，且大多数噪声交易者对风险资产的预期收益分布持有普遍的错误信念，对于理性交易者来说，其最好的选择就是充分利用噪声交易者的错误信念。噪声交易者往往错误的自信认定他们比其他人掌握了对未来证券价格的特殊信息，他们的信心或许是来自网络、券商或其他相关咨询机构的虚假信号并且会非理性地认定认为这些信号中包含了有价值的信息，噪声交易者会依据这些错误的信号进行投资决策。作为对噪声交易者行为的回应，理性投资者应该把反向交易策略作为最优投资决策，在噪声交易者抬高价格的时候卖出而在相反的时候买进。在有的时候，反向交易策略能够使资产价格回归其基本面价值，但有的时候却不能达到这种效果。因为在很多情境下，理性交易者的套利行为是受到限制的，因此套利策略对于资产回归其基本面价值的作用不应该被夸大。

2. HS 模型

HS 模型是由洪和斯丁（Hong & Stein，1999）提出，也被称为统一理论模型。该模型研究重点是研究"观察消息者"和"动量交易者"这两类不同作用者的作用机制，BSV 和 DHS 模型则是重点研究作用者的认知偏差，这是彼此的不同之处。通常情况下，这两类投资者都是有限理性的，都只能有效利用和处理公共信息中的一部分。观察消息者完全不根据当前或过去的价格预测预期价格，而是基于掌握的有关预期价值的信息进行预测；动量交易者则全部基于过去的价格变化进行预测，他们不关注企业的基本面信息，只关注股票价格在前一段时间的变动趋势和规律。消息观察者根据所获得的关于未来价值的信息进行预测，其局限是完全不依赖于过去或当前的价格；动量交易者则完全依赖于过去价格的变化，其局限是他们的预测必须是过去价格的简单函数。在以上假设的条件下，HS模型把反应过度和反应不足统一归因于于基本价值信息的逐渐扩散，而没有包含对投资者的情感刺激和流动性交易的需要。模型认为最初由于"观察消息者"对私人信息反应不足的倾向，使得"动量交易者"试图应用套利策略去利用这一点，但这样做的结果恰好走向了过度反应。

基于投资者异质假设，申克曼和熊（2003），洪、申克曼和熊（2006，2008）很好地解释了股票市场泡沫的形成和破灭；而梅、申克曼和熊（2005）则分析了中国股票市场上A股和B股的价格差异的原因，并实证了投资泡沫的存在。

2.3.2 基于不同信念的模型

基于不同信念的模型有BSV（1998）模型和DHS（1998，2001）模型。

1. BSV模型

巴伯瑞斯、史莱佛和韦士基（1998）认为股票收益的异常来自于投资者利用公开信息对未来的现金流形成预期时所犯下的系统性错误。他们建立了一个在第三部分提到的包含两个投资者偏误的模型：保守主义（即低估新信息的倾向）和代表性（或小数定律，即人们期望由小样本来反映总体特征的倾向）。BSV建立了一个关于典型风险中性投资者的模型。在模型中所有资产的真实收益的走势虽然都是随机游走的，但是投资者在预测未来收益并不用随机游走模型。投资者认为，在任何时刻收益都由以下两个体系中的一个产生：一个是"均值回归"体系，即收益与实际水平相比更加表现为大幅度的均值回归；另一个是"趋势性"，即收益与实际水平相比更加具有趋势性。投资者相信，产生收益的这两种体系会随时间的变化外生地发生变化，他的任务就是找出当前是哪个体系在产生收益。BSV在对模型中的参数进行大范围取值后认为，该模型对公开事件的惯性效应、预测效应和长期反转效应，有很好的解释力。对于一个未预期的负的亏损增加，由于投资者的保守主义，他们会对亏损冲击反应不足；而真实亏损是随机游走的，往往下一次亏损的公告会给投资者带来"失望",从而产生公开事件的预测效应和惯性效应。在经历了一连串亏损的冲击后,投资者会不断调整自己保守的心态,利用代表性偏差预测亏损会继续,市场会进一步低迷,于是不断将价格推到比当前亏损更低的价格水平,反之亦然。当然,该模型也有一定缺陷,它不是在代表性偏差和保守性偏差基础上推演建立的,而是运用这两种偏差对投资者行为进行解释和支持。在真实的股票市场中,投资者对未来预期的心理过程很复杂,用模型假设来抽象复杂的心理预期过程是存在局限的,因此 BSV 模型还有待于后续研究的改善。

2. DHS 模型

DHS 模型是由丹尼尔、赫内弗和苏布拉马尼亚姆(Daniel,Hirshleifer & Subrahmanyam,1998,2001)提出的,DHS 模型是对于短期动量和长期反转问题提出的一种基于行为金融学的解释。DHS 模型是建立在投资者过度自信和自我归因两种心理学现象基础上的。DHS 模型从私人信息的角度而不是公开信息的角度解释了偏误。假定一个投资者试图通过自己的研究来预测公司未来现金流。DHS 假设投资者对这一信息是过度自信的,特别地,他们认为投资者对于自己辛苦得到的结论比对公开信息更自信。如果私人信息是积极的,那么,过度自信就是使得投资者推动价格相当于基本价值过度上涨。未来的公开信息就会缓慢地修正价格,使其回到正确的价值,这样就会产生长期趋势反转以及规模 — 价格效应。为得到动量效应和后盈利公告漂移效应,DHS 假设公开信息以不对称的方式来改变投资者对私人信息的自信程度,即自我归因偏误:与投资者的私人研究相吻合的公开信息,会极大地增强投资者对其私人信息的自信程度;而与私人信息不相吻合的公开信息,投资者却不会关注,因此对投资者的自信程度不会造成太大的影响。这种不对称的反映会导致最初的过度自信和之后更大的过度自信,从而产生动量效应。当然,DHS 模型也存在一些问题,如过度自信投资者的归类问题,是否可以归属于如机构、投资专家和个人投资者等某类特定的投资者,或者三者都包括在内;噪声交易者是否也存在过度自信等,都要研究者进一步完善。

DHS 模型和 BSV 模型的区别在于所假定的认知偏差不同:DHS 模型建立的基础是投资者的过度自信和有偏的自我归因两种心理现象,其分析的角度更侧重于人们所惯有的过度自信现象,而 BSV 模型所依赖的心理偏差主要是保守主义和有选择的直观推断偏差,其关注的是人们分析新信息的模式变化和理性程度。这两个模型从不同的角度解释了过度反应和反应不足，但是影响人们的心理因素和认知偏差有很多，这两个模型所列举的只是其中一部分。

2.3.3　基于不同偏好的模型

基于不同偏好的模型有 BHS（2001）、GH（2005）和 Barberis – Xiong 模型（2009）。

1. BHS 模型

尼古拉斯·巴伯瑞斯、黄明和塔诺桑托斯（Nicholas Barberis，Ming-Huang & TanoSantos，2001）提出，它基于均值市场的假设而建立，是结合传统的基于消费的模型和行为金融学有关框定依赖的研究成果。模型从投资者的风险态度的角度去考虑问题而没有将有偏的预期引入到模型中。作者引入前景理论所解释的"损失厌恶"现象和有关偏好的"私房钱效应"，产生了一个根据前期收益状况而变化的风险厌恶，投资者风险厌恶程度随着价格的升高而降低，从而会进一步地推高价格。当价格降低后，投资者风险厌恶程度会升高，从而会进一步地降低价格。BHS 模型能够比较好地解释过度波动、股权溢价之谜、收益可预测性这三个证券市场异象。

2. GH 模型

格林布拉特和韩（Grinblatt & Han，2005）基于前景理论、心理账户和处置效应解释了动量效应，他们认为投资者的前景理论偏好和心理账户导致投资的处置效应，从而产生动量效应。处置效应使非理性投资者对亏损股票的需求过高而对盈利股票的需求过低，从而会低估股票价格；但是由于存在理性投资者和其需求的不完全弹性会导致他们之间不断交易，最后导致股票价格逐渐回归其基本价值；股票收益因为处置效应产生动量效应：以往低收益的股票未来将继续较低收益，以往高收益的股票未来将继续较高收益。在 GH 模型中，历史累计收益可以被代表处置效应的前期盈利或亏损状况的"未决资本利得"所替代，其能够预测股票预期收益。格林布拉特和韩（2005）通过实证分析美国股票市场论证了以上结论：即便控制了历史累计收益率的影响，在对所有横截面股票收益的回归过程中，"未决资本利得"都具有显著的解释能力；反之则不成立。

3. Barberis – Xiong 模型

尼克拉斯·巴伯瑞斯（Nicholas Barberis）和熊伟（Wei Xiong）重新审视了一下前景理论对处置效应的解释。在一个两期的 Barberis – Xiong 模型中，由卡内曼和特沃斯基提出的参数化前景理论模型的预测行为总是与前景理论的预测相反。给出以下的简单例子，在损失厌恶情况下需要高的股票预期回收；否则，投资者一开始就不会持有它。在他们的模型中，对于一开始表现良好的股票，即使在最恶劣的情况下——下期就要下跌，投资者也会失去抢头寸并因此导致股票逆转，另外，如果一只股票开始表现得很差，那么即使在最好的情形下股票也会被放弃并进而导致他们的逆转。

2.4 本章小结

本章基于心理学和行为金融学相关理论基础探讨了投资者情绪的形成机理：对各种信息的认知产生了投资者的个体情绪；由于投资者在证券市场中进行互动，个体情绪会通过群体的作用形成市场情绪。根据金融心理学的分析，情感因素、认知偏差和非标准偏好是影响投资者情绪和投资者决策的三种心理因素。根据假设前提的不同，有关投资者情绪的理论模型可以分为基于异质投资者的、基于不同信念的和基于不同偏好的三类模型，这些以投资者情绪和有限套利理论为前提构建的行为金融模型可以为大多数金融市场异象提供理论解释，从理论层面上反映了投资者情绪对股票市场收益的影响。

第3章　投资者情绪对股市收益波动影响的理论分析

第2章已经系统总结了现有的投资者情绪对股市收益影响的理论模型。经过简要的综述可以发现自1979年以来，行为金融学派的代表人物卡尼曼和特沃斯基通过研究人们的非理性决策提出了著名的前景理论之后，关于投资者情绪与股票收益二者间关系的研究就开始逐渐兴起。代表行为金融学派的学者在研究视角上另辟蹊径，他们尝试着从认知心理学和社会心理学的角度出发，通过不同的方式对投资者的情绪变动进行具体的测度与跟踪，并对其是否会以及将如何作用于股票价格这两个问题进行了深入探讨，最终发现投资者情绪与股票市场之间存在着密切的关系，据此形成了比较完整的投资者情绪定价理论。与现有的大多数投资者情绪定价模型相比，DSSW噪声交易模型具有两个优势：首先，DSSW模型适当放宽了假设条件，相较于其他模型只考虑了市场中仅存在一类风险资产的情况来说，DSSW模型以市场中同时存在风险资产和无风险资产两类资产为前提条件，分析投资者情绪对风险资产（股票）超额收益的影响或更为符合实际市场状况；其次，DSSW模型可以数理推导出投资者情绪与股票价格之间具体的函数关系，基于股票价格解析表达式不仅可以进一步分析情绪变动对股票超额收益的影响机理，而且还有助于对股票市场中存在的"羊群效应""价格泡沫"等异象作出更合理的解释。

鉴于DSSW模型的以上两个优势，本书将以DSSW噪声交易模型为基础，通过修改股票市场的投资者结构，增加卖空限制，构造一个更符合我国股票市场的噪声交易模型，并基于改进后的噪声交易模型，具体探讨在风险资产与无风险资产共存，且噪声交易者主导的中国股票市场环境下，投资者情绪变动对股市收益及其波动的影响机理。本章的内容结构安排如下：3.1节，简要介绍DSSW噪声交易者模型：首先界定噪声交易以及噪声交易者，然后介绍DSSW模型并指出DSSW模型的贡献以及噪声交易者的情绪波动对股票价格的影响。3.2 节，为了更贴合中国股市交易的实际情况，本节将对 DSSW 模型的假设条件进行相应调整，从而构造一个更贴合中国股市的噪声交易模型，并推导求解得到具体的函数关系。3.3 节，基于调整后的 DSSW 模型推演国内投资者情绪对股票市场的影响机理，并提出待检验的研究假设。3.4 节为本章小结。

3.1 股市收益波动的内生逻辑

3.1.1 噪声交易与噪声交易者

1. 噪声交易

从物理学及信息论的角度来看，"噪声"（Noise）一般是指随机产生且不能够预测的无效信号或信号畸变，由于存在噪声，真实信号内容的识别会受到干扰，同时系统能量也会受到损失一部分，从而大幅降低整个物理系统的效率。从而可得，"噪声"与"信号"是两个相对的概念："信号"中包含的是正确且有价值的信息，而"噪声"中通常携带的是错误且无用的信息，虽然，二者均可被视作信息的载体，但却存在着本质上的差异。我们日常生活中代表着嘈杂、刺耳的声音，是指一种会干扰到工作、学习以及休息的声音。但在经济学中，它则是证券市场上不和谐的信息，它有可能是投资者受限于自身浅薄的专业知识或者薄弱的心理素质所得出的错误信息，也有可能是市场中投机者散布的或者自发形成的谣言，总而言之，噪声是使证券的价格不能真实地反映其内在价值的信息。

将噪声作为经济学概念首次提出的金融学家布莱克指出，并不像传统金融学认为的那样，证券市场中的投资者可以获得市场中的全部信息，也就是说证券市场中的信息是没有成本的，投资者可以不费吹灰之力就获得信息，市场中也不存在错误的信息和虚假的信息；相反，现实中的证券市场，并不像经济学理论假设中的那么极端，它总是不完美的。它是一个正确的信息和错误的信息并存，公开的信息和内部的信息并存的市场。这也就决定了有一部分人是不能获得完全信息的，那么这部分人的投资决策就会导致证券价格逐渐偏离价值，这样才使市场有了流动性，才有可能发展下去。噪声是证券市场必须承认的客观存在，一方面为证券市场带来了流动性，另一方面也在破坏着证券市场的完美性。之后，"噪声"这一概念被学者应用到了金融领域，用于描述市场中长期存在的一类干扰信息，也就是金融市场中的"噪声"。这里提到的"噪声"与"基本面信息"相对应，它本质上指的是在信息不对称的情况下，不能正确地反映资产基本面信息，从而使得资产的市场价格不同程度地背离其内在价值的虚假信息，其主要源于市场参与者主动制造的虚假信息，或者是被市场参与者误判的信息。

在20世纪80年代之前，有效市场理论是西方经济学界的主流观点，该理论认为，在资产价格已经完全反映了市场信息，市场中不存在任何额外的或错误的信息，可以使得资产价格偏离其内在价值。但是，随着信息经济学的广泛应用和行为金融学的兴起，经济学家通过大量的研究证实，有效市场是一种现实无法达到的理想状态，金融市场中的确客观存在着大量的"噪声"，这些不可预测的虚假信息并不会随时间推移而逐渐消失，反而会长期存在于金融市场之中，导致资产价格长期偏离其基础价值。经济学家最终将这种观点命名为噪声交易理论，该理论对一直居于主流地位的有效市场理论形成了巨大的冲击。

1986年，美国当时的金融协会主席布莱克发表了《噪声》一文，他认为噪声交易是把噪声当作真实信息，以噪声为基础进行的交易。或者可以理解为：使得证券价格偏离其内在价值的交易（张群，2009）。布莱克（1986）在就任美国金融学会主席的演讲中全面地表达了噪声交易的作用，他指出噪声交易是金融市场存在的基础，但是它的出现也给金融市场带来了问题。从这个角度来看，噪声交易的存在主要对金融市场造成了以下两个方面的影响。

一方面，噪声交易可以增加市场活跃度，为市场提供更大的流动性。由于噪声交易理论指出，金融市场中的买卖双方的信息往往是不对称的，他们交易的首要目的不是收益或利润的最大化，而是通过快速变现以实现资产的流动性，从而可以在一定程度上提高市场交易的活跃度。但是，噪声交易对流动性的刺激也是有限的，因为噪声交易的基本目的是获得迅速变现的能力，对于单只股票或单次交易而言，是流动能力，但就整个金融市场，是同时交易大量股票的，也是大量理性和非理性交易者之间多次博弈的过程，非理性交易者不可能完全决定期间价格的波动程度。因此，噪声交易虽然可以增强市场流动性，但作用相对有限。

另一方面，市场的有效性会因为市场上存在噪声交易而降低。因为假设在金融市场上普遍存在噪声交易，交易者可能集中在某些与内在价值毫不相关的"噪声"上进行交易，这样的交易行为会使资产价格偏离其内在价格，如果投机性交易者众多且都集中关注某一信息并同时发生过度反应，"羊群效应"就会出现，市场的有效性受到损害从而显著降低市场效率。

2. 噪声交易者

最早提出"噪声交易者"概念的是凯勒（Kyle，1985），随后，布莱克（1986）进一步将其定义为虽然无法获得内部信息却非理性地把噪声当作信息进行交易的投资者。本书将噪声交易者定义为受情绪影响而对风险资产未来收益分布形成错误理念的投资人（史莱佛，2000）。噪声交易者本质上属于非理性交易者，一来他们在信息获取和股票市场收益预测方面具有过度自信、保守主义、过度反应或反应不足等特征；二来他们完全根据证券的短期表现而不是基于信息和资产的内在价值决定是否交易。

在噪声交易情绪理论提出之前，传统理论学派的学者，如弗里德曼就与法玛讨论了噪声交易者是否能够长期存在和它对市场的影响问题。他们认为，市场中同时存在着理性交易者和噪声交易者，但以价值投资为主的理性交易者占绝大多数，噪声交易者因将"噪声"视为真正的信息而进行交易，往往出现"追涨杀跌""高买低卖"的非理性交易行为，而市场中的理性交易者会利用后者的错误认知，通过卖空股票、打压市场价格等行为使得市场价格逐渐向内在价值回归，并将自身的盈利建立在噪声交易者损失的基础之上，从而使得噪声交易者最终从市场中消失。也就是说，因为理性交易者套利行为的存在会抵消噪声交易者的情绪偏差，因此，噪声交易者的非理性情绪并不会影响到股票的价格。之后，德龙等提出的噪声交易者情绪模型具有较大影响力，该模型认为市场中同时存在理性投资者和噪声交易者，噪声交易者基于错误的主观信念或与公司基本面无关的信息进行交易，噪声交易者情绪具有不可预测性，导致套利者无法消除非理性行为的错误定价，情绪因而成为影响金融资产价格的系统性风险。由于噪声交易者承担了基本面风险和情绪风险，所以他们相对理性投资者能获得更高的回报。噪声交易者模型引起了学术界的关注，关于投资者情绪的研究成为热点。

噪声交易者因为非理性情绪驱动从而产生噪声交易行为，导致股市出现偏离基本面的异常变动，这里的噪声交易者情绪一般指的是非理性的，不能被基本面变动解释的情绪；而投资者情绪包括由宏观基本面变动影响产生的理性情绪，也包括由噪声交易者对市场信息的错误判断从而诱发的非理性情绪。中国股市作为"新兴加转轨"的资本市场,个人投资者比例较高,且不允许卖空,套利被严格限制,这些特有的股权结构、市场结构和投资者结构使得中国股市缺乏成熟市场中的一些对冲风险的工具,使得股市经常表现出更明显的非理性行为。介于中国股市现实背景,本书把投资者情绪界定为:投资者整体基于自身对各种信息的感知形成的一种情绪,这种情绪包含了投资者对未来预期的系统性偏差,它是市场走势中的基本面和其他理性成分无法解释的部分。"投资者情绪"的具体化为噪声交易者对风险资产的估价与理性投资者的偏差,即本书研究的投资者情绪就是噪声交易者的情绪。本书将重点研究与基本面变动无关的非理性投资者情绪,即噪声交易者情绪,因此在后续情绪指数构造中,会将情绪代理指标中的理性部分剔除,仅保留非理性情绪。

3.1.2 DSSW 噪声交易模型

布莱克于1986年提出"噪声"一词在经济学中的解释之后,承认噪声对证券市场流动性有帮助,但是否认噪声交易者可以长期生存,认为他们不可能从证券市场中获利。在这之后有四位经济学家,分别为德龙、史莱佛、夏莫斯、沃尔德曼,他们四人首次提出了有关噪声交易理论的模型,模型根据四人的姓名首字母命名为 DSSW 模型,讨论了在证券市场中噪声交易者长期生存的问题。

DSSW 噪声交易模型(1990)描述了金融市场中的两类投资者:噪声交易者和知情交易者。其中,噪声交易者指的是对风险资产未来收益存在错误判断的投资者,他们基于错误的观念来构建证券组合;而与之相对应的是理性套利者,对理性套利者来说,其最优投资策略就是利用噪声交易者的错误,将证券价格推回到与证券内在价值相符的水平,但这并不意味着理性套利者在实际情况中能完全做到这一点。

1. 假设条件

DSSW 噪声交易模型的构建基于以下合理假设。

(1)市场中存在两种不同的资产,它们支付一样的股利。一种是无风险资产 s,它支付固定的股利 r。无风险资产 s 完全弹性供给,如果以每期的消费作为等价物,无风险资产 s 的价格就总是固定为 1,无风险资产获取的股利 r 也就成为无风险收益率。另一种资产 u 是风险资产,它也支付固定股

利 r，但 u 不是弹性供给，随着噪声交易者对待价格的错误认知的变化，风险资产的价格和供给也会发生变化。

（2）假设市场中没有消费，没有劳动力供给，没有跨期资产遗留。市场中存在着两类交易者：理性交易者为 i，噪声交易者为 n，其中，前者具有理性预期。假设在模型中噪声交易者所占比例为 μ，理性交易者的比例为 $1-\mu$，两类交易者都在期初选择资产组合以实现在给定预期风险下的期望效用最大化。

（3）在 $t+1$ 时期，投资者的效用函数为 U，具体表示为

$$U = -e^{-(2\gamma)w} \tag{3-1}$$

式中，γ 是投资者的绝对风险厌恶系数。在风险资产收益呈正态分布的条件下，最大化式（3-1）的期望，则等同于最大化

$$\bar{w} - \gamma\sigma_w^2 \tag{3-2}$$

式中，$\bar{w}$ 是期末财富的期望值，σ_w^2 则为财富的方差。

（4）在 t 期，噪声交易者错误判断风险资产的价格的偏离是一个独立正态分布随机变量 ρ_t：

$$\rho_t \sim N(\rho^*, \sigma_\rho^2) \tag{3-3}$$

式中，ρ^* 是因噪声交易者的错误认知而导致的偏离均值，σ_ρ^2 是噪声交易者对风险资产期望收益错误认知的方差。

2. DSSW 模型的具体表述

理性套利者的投资策略是通过持有风险资产 u 的数量 λ_t^i 来最大化其均值—方差效用函数：

$$E(U^i) = \bar{w} - \gamma\sigma_w^2 = C_0 + \lambda_t^i[r + {}_tP_{t+1} - P_t(1+r)] - \gamma(\lambda_t^i)^2({}_t\sigma_{P_{t+1}}^2) \tag{3-4}$$

式中，C_0 是第一期劳动收入的一个函数，并约定

$${}_t\sigma_{P_{t+1}}^2 = E_t\{[P_{t+1} - E_t(P_{t+1})]^2\} \tag{3-5}$$

与式（3-4）相类似，可以写出噪声交易者投资策略的目标函数为

$$E(U^n) = C_0 + \lambda_t^n[r + {}_tP_{t+1} - P_t(1+r)] - \gamma(\lambda_t^n)^2({}_t\sigma_{P_{t+1}}^2) + \lambda_t^n(\rho_t) \tag{3-6}$$

可以看到，式（3-4）与式（3-6）的唯一区别在于式（3-6）的最后一项，它指的是噪声交易者通过持有其需求的风险资产所带来的源于信息误差的收益。在给定其关于风险资产收益预期的情况下，青年期的经济主体

都将其资产组合分别配置在资产 u 和 s 中。

对式（3-5）和式（3-6）进行一阶求导，可分别求得两类交易者对风险资产 u 的需求函数为

$$\lambda_t^i = \frac{r + {}_tP_{t+1} - P_t(1+r)}{2\gamma({}_t\sigma_{P_{t+1}}^2)} \quad (3-7)$$

$$\lambda_t^n = \frac{r + {}_tP_{t+1} - P_t(1+r)}{2\gamma({}_t\sigma_{P_{t+1}}^2)} + \frac{\rho_t}{2\gamma({}_t\sigma_{P_{t+1}}^2)} \quad (3-8)$$

DSSW 模型允许投资者卖空操作。从式（3-7）和式（3-8）中可以看出，两类交易者对风险资产的需求与预期超额收益呈正比，而与方差呈反比，式（3-8）的附加项则来自噪声交易者对风险资产价格的错误判断。当噪声交易者看涨风险资产时，他们会比理性交易者有更大的风险资产需求，而当噪声交易者看跌风险资产时，他们会比理性交易者有更低的风险资产需求。

由式（3-7）和式（3-8）可得风险资产的均衡价格为

$$P_t = \frac{1}{1+r}[r + {}_tP_{t+1} + \mu\rho_t - 2\gamma({}_t\sigma_{P_{t+1}}^2)] \quad (3-9)$$

式（3-9）表明，风险资产在 t 期的价格主要由噪声交易者的信息偏差 ρ_t、无风险资产利率 r、风险厌恶系数 γ 以及 P_{t+1} 决定。考虑在稳态均衡的市场状态下，P_{t+1} 和 P_t 的无条件分布相同，通过递归方法对式（3-9）进行求解，从而得到

$$P_t = 1 + \frac{\mu(\rho_t - \rho^*)}{1+r} + \frac{\mu\rho^*}{r} - \frac{2\gamma}{r}({}_t\sigma_{P_{t+1}}^2) \quad (3-10)$$

式中，${}_t\sigma_{P_{t+1}}^2 = \frac{\mu^2\sigma_\rho^2}{(1+r)^2}$，将其代入式（3-10）中，可得风险资产的定价公式为

$$P_t = 1 + \frac{\mu(\rho_t - \rho^*)}{1+r} + \frac{\mu\rho^*}{r} - \frac{(2\gamma)\mu^2\sigma_\rho^2}{r(1+r)^2} \quad (3-11)$$

3. DSSW 模型的贡献

基于 DSSW 模型的具体表述可以看出，DSSW 噪声交易者模型的提出为投资者情绪理论提供了有效的支撑，其具体解释了噪声交易者的情绪变动对金融资产定价的影响机制。模型假设理性投资者和噪声交易者并存于市场中，其中，理性投资者一般可视作套利者，其依据传统的资产定价理论在股市中进行股票交易；而噪声交易者的交易行为则主要受非理性情绪的影响，

其对资产的期望收益并非基于资产的基本面信息,这就导致不同的投资者对股票未来收益的预期存在明显差异,由此诱发噪声交易风险。同时,在市场均衡的条件下,股票的市场价格与其内在的价值会产生偏移,出现虚假的套利机会,错误信号的产生将导致噪声交易者因为噪声风险而获取超额利润,而理性投资者则由于噪声风险导致亏损,即使市场中的套利者不受卖空限制,也并不能完全消除由于噪声交易者存在而引致的定价错误。究其原因,认为尽管理性投资者可以准确判断出,当前的资产价格已严重偏离了其长期基本价值,但是,在短期内,噪声交易者的情绪变动并不能被完全预测,悲观的投资者情绪可能会持续悲观,同样,乐观的投资者情绪可能也会持续地乐观下去,这种由噪声交易者情绪变动引发的不可预测性,使得理性投资者的作用受到极大限制。而 DSSW 模型就是从理论上直接证明了非理性投资者的情绪是导致股票价格偏离其内在价值的一个关键因子。

除此之外,DSSW 模型的主要贡献还在于其首次解释了噪声交易者能赚取更高预期收益的原因。一来是由于理性投资者在实际套利过程中会受到市场条件的限制。在德龙等人提出噪声交易者长期生存模型的基础上,穆莱纳坦和塞勒(Mullainathan & Thaler,2000)认为套利在实际中受两类风险的制约:一是完美替代品不存在的风险;二是投资期限有限的风险。二来理性投资者的套利行为很大程度上也会受到噪声交易者的制约。基于 DSSW 噪声交易模型的函数关系可以看出,风险资产的价格取决于外生变量和噪声交易者错误认知的程度,由此导致理性投资者出于对投资错误定价资产而可能受损的担心,他们会主动放弃套利的机会,不会去修正噪声交易者的错误判断,这样,噪声交易者在使资产价格明显偏离其基本价值的基础上,将会获得比理性投资者更高的收益,从而为自己在市场中的生存创造了空间。

3.1.3 噪声交易者情绪与股市收益波动

基于 DSSW 的假设条件,所有的投资者在无风险资产 s 获得的净收益都是相同的。如果初始财富相同,那么噪声交易者与理性交易者在总收益上的差别就等于他们持有的风险资产 u 的数量差别与风险资产支付的超额收益的乘积。将两种类型投资者所获收益的差别定义为 ΔR_{n-i},则

$$\Delta R_{n-i} = (\lambda_t^n - \lambda_t^i)[r + P_{t+1} - P_t(1+r)] \quad (3-12)$$

式中,λ_t^n 代表噪声交易者对风险资产的需求,λ_t^i 代表理性交易者对风险资

产的需求，那么，噪声交易者与理性交易者对风险资产 u 的需求差额可以表示为

$$\lambda_t^n - \lambda_t^i = \frac{\rho_t}{(2\gamma)_t \sigma_{P_{t+1}}^2} = \frac{(1+r)^2 \rho_t}{(2\gamma)\mu^2 \sigma_\rho^2} \qquad (3-13)$$

从式（3-13）可以看出，当噪声交易者占市场参与者的比重 μ 变小时，噪声交易者与理性交易者对风险资产的需求差额 $\lambda_t^n - \lambda_t^i$ 则随之变大。这是因为，当噪声交易者风险较小时，两类投资者都认为他们所看到的接近于无风险套利机会，从而在相反的方向上都投入较大的筹码。在 $\mu = 0$ 的极限情况下，均衡将不复存在，因为两类投资者都试图对自己的判断下无穷大的赌注。

根据两类投资者的需求函数，可以求出在时间 t，风险资产 u 超额收益的期望值为

$$_t[r + P_{t+1} - P_t(1+r)] = (2\gamma)_t \sigma_{P_{t+1}}^2 - \mu \rho_t = \frac{(2\gamma)\mu^2 \sigma_\rho^2}{(1+r)^2} - \mu \rho_t \qquad (3-14)$$

结合式（3-12）、式（3-13），可以得到，噪声交易者与理性交易者间的收益差额可以表示为

$$_t(\Delta R_{n-i}) = \rho_t - \frac{(1+r)^2 (\rho_t)^2}{(2\gamma)\mu \sigma_\rho^2} \qquad (3-15)$$

由上可得，噪声交易者超额收益的期望值仅在以下条件下为正：①噪声交易者对于后市的走势倾向于看多，即 $\rho_t > 0$，从而使得式（3-13）的最终取值为正；②风险资产的市场价格低于其基本面价值，即式（3-14）的取值为正。对式（3-15）取全局无条件期望：

$$E(\Delta R_{n-i}) = \rho^* - \frac{(1+r)^2 (\rho^*)^2 + (1+r)^2 \sigma_\rho^2}{(2\gamma)\mu \sigma_\rho^2} \qquad (3-16)$$

基于式（3-16）中的函数关系，可以进一步看出，噪声交易者的行为或其信念的不确定性的确会对风险资产的期望收益产生影响，即风险资产的期望收益是由模型外生变量及噪声交易者对信息的错误认知共同组成。结合式（3-16）认为，噪声交易者的行为对股票收益的影响具体可以表现为以下四种效应。

（1）"持有更多效应"（Hold More Effect）。所谓"持有更多效应"指的是噪声交易者平均持有更多的风险资产时，意味着他们承担的风险份额也会越大，他们相对于理性交易者所获得的预期收益也会增加。当式（3-16）中的 $\rho^* > 0$ 时，其平均会比理性交易者持有更多的风险资产，并由此获取对

风险补偿的更大份额,从而使得噪声交易者可以获取高于理性交易者的期望收益;反之,当 $\rho^* < 0$ 时,噪声交易者变化的错误认知仍然会使得无基本面风险的资产变的有风险,并推高风险资产的预期收益率,但是,理性交易者比噪声交易者持有更多风险资产,承担风险的补偿却呈反向变动。

(2)"价格压力效应"(Price Pressure Effect)。所谓"价格压力效应"指的是当噪声交易者对后市更加乐观时,他们会需要更多的风险资产使得资产价格上扬,该效应证明当市场处于"牛市"的状态时,噪声交易者对股票的需求不断增长,需求的刺激将助推股票价格提高,从而降低相对预期收益。"价格压力效应"可以用式(3-16)分子中的第一项:$-(1+r)^2(\rho^*)^2$ 表示。

(3)"弗里德曼效应"(Friedman Effect)。所谓"弗里德曼效应"指出噪声交易者的投资信念越易变,越可能产生错误的择时,从而使其相对预期收益减少。因为噪声交易者的错误认知是随机的,他们有最糟糕的择时能力,当其他噪声交易者买入风险资产的时候,他们也跟风买入,而此时却是遭受资产损失最可能的时间。噪声交易者的信念变化越大,他们可怜的择时能力给收益带来损失越大。"弗里德曼效应"可以用式(3-16)分子中的第二项:$-(1+r)^2\sigma_\rho^2$ 表示。

(4)"创造空间效应"(Create Space Effect)。式(3-16)中的分母项:$(2\gamma)\mu\sigma_\rho^2$ 表述了 DSSW 模型中核心的"创造空间效应",该效应表明当噪声交易者的情绪变动的越频繁,价格风险也就越大,理性者利用噪声交易者的错误预期来谋利所承受的风险也就越大,由于理性交易者厌恶风险,他们会减少与噪声交易者打赌的程度,从而为噪声交易者创造一定的生存空间。

以上四种效应中,"价格压力效应"和"弗里德曼效应"倾向于降低噪声交易者的相对期望收益水平,即两种效应的存在将对噪声交易者赚取的利润产生一定的低破坏性,"持有更多效应"和"创造空间效应"则倾向于提高噪声交易者的相对预期收益水平,没有哪种效应占有显著的优势。如果噪声交易者平均水平上是悲观的,由于 $\rho^* < 0$,"持有更多效应"不存在,那么噪声交易者不可能获得较高的期望收益,式(3-16)的取值必然为负。如果噪声交易者非常乐观,也不可能获得较高的期望收益,因为随着 ρ^* 的增大,"价格压力效应"随之变大并会占据主导地位。因此只有在噪声交易者具有中等程度的乐观水平,才能获得较高的期望收益。此外,基于式(3-16)的函数关系,可以清楚地看出,投资者风险厌恶程度 γ 越高,噪声交易者能获取更高期望收益的取值范围也会越大。

噪声交易者较高的期望收益总是与持有方差足够高的资产组合相伴而来，这给噪声交易者带来的是较低的期望效用水平。而噪声交易者的存在，却使理性投资者的处境明显好转。因为在没有噪声交易者的情况下，理性投资者的投资机会仅仅局限于无风险收益。噪声交易者的出现给理性投资者带来了一个更大的机会集，他们不仅仍然可以随心所欲地投资于无风险收益，还可以投资于风险资产。显然，面对更大的机会集，这会大大提高理性投资者的期望效用。

以上分析表明，尽管平均意义上，噪声交易者比理性交易者获取的效用水平更低，但他们却并不一定获取更低的收益率水平。在一定的条件下，他们的收益水平高于理性投资者。DSSW 模型的结论显示，噪声交易者的财富增长速度可能会超过理性投资者，从而使得噪声交易者将被竞争逐出市场的观点站不住脚。不过，德龙等（1990a）在文章中还指出，我们不可对这一结论自信得过了头。由于噪声交易者持有的资产组合通常比理性交易者所持有的风险更大，尽管他们能获得更高的期望收益率，但其收益率水平和财富规模却无疑会表现出更大的波动性，从而有可能使他们以高概率拥有一个低财富值，以低概率拥有一个高财富值。

在后来的另一篇文章中，DSSW（1991）对噪声交易者的生存问题进行了专门研究。作者首先定义了两个概念：生存与占优。生存是指一类投资者随着时间的推移，他们在整个经济的总财富中所占的比重几乎肯定不会趋向于零，即他们几乎肯定不会在竞争中完全失败。一类投资者 x 相对另一类投资者 y 占优是指在经历足够的时间后，x 类投资者的财富份额超过 y 类投资的概率超过 0.5。在这样的概念体系下，DSSW 假设噪声交易者不擅长于估计概率分布，尤其是方差。作者引证了卡尼曼和特沃斯基等心理学家的研究成果来验证这一假设的合理性。

DSSW 的研究结果表明，在可信的关于信息误差的假设下，噪声交易者作为一个群体，不仅能比理性投资者取得更高的收益率，而且在长期内能够生存并占优。即使在考虑噪声交易者承担额外风险及他们往往有更乐观的情绪从而过度消费的因素之后，他们生存并占优的结论也不会改变。该结论无疑与弗里德曼等（1953）的结论是背道而驰的。虽然不能完全确信 DSSW 模型是对现实的最佳描述，但现实资本市场上噪声交易者的持续生存能力使我们不能忽视他们的理论。

3.2 改进的 DSSW 噪声交易模型

DSSW 模型已经通过具体的函数关系论证了噪声交易者的情绪变动确实会影响股票价格，但为了更贴合中国股市交易的实际情况，本节将在德龙等提出的 DSSW 噪声交易者模型的基础上，对其假设条件进行相应的调整，以更合理、更具体地刻画在中国股市背景下，投资者情绪对股市收益的影响机理。

3.2.1 假设条件

对已有的 DSSW 模型的假设条件进行相应调整，在不失一般性的条件下，作出以下合理假设。

(1) 对于市场中存在的资产，忽略其他财富因素，假设仅存在两种资产可供交易者选择，一种是无风险资产，其每期的无风险利率记作 r_f，这里的 r_f 是一个不随时间变化的常数，且无风险资产以价格 1 供给完全弹性；另一种是风险资产，其 t 期的价格及红利分别记作 P_t 和 d_t，P_t 和 d_t 会随时间的变化而发生变化，且市场中风险资产的供给数量固定为 M。

(2) 对于市场中存在的交易者，德龙等提出的噪声交易者模型假设市场上存在两类交易者：理性套利者和噪声交易者，两类交易者在不同的信息集和不同的心理预期下对股票进行交易。但考虑到中国股票交易的实际情况，认为无论是理性交易者还是噪声交易者，机构投资者还是个人投资者，其在实际的投资决策过程中，均会受到主观情绪的影响，从而产生非理性交易行为。因此，假设在中国股市中，所有交易者均会受到情绪的影响，市场中相互独立两期生存的情绪投资者数量为 N，继而推导股票价格关于情绪的表达式，并探讨情绪对股票价格的影响机理。

(3) 假定投资者初期的唯一决策即为选择资产组合以最大化其预期效用，末期以价格 P_{t+1} 将持有的风险资产全部出清。在这个过程中，投资者因受情绪的影响，对风险资产的主观预期存在非理性成分，故假定初始投资者情绪为 0，S_t 代表 t 期的市场总体情绪值，ρ_t 代表 t 期的错误预期价格与理性状态时预期价格 P_{t+1} 之间的偏离值，且 ρ_t 服从独立同分布的正态随机分布，即

$$\rho_t \sim N(\rho^*, \sigma_\rho^2) \tag{3-17}$$

为了探讨情绪对股票价格的影响机理，可以将正态分布的均值 ρ^* 和方差 σ_ρ^2 表示为与当期市场总体情绪 S_t 有关的两个函数：

假定正态分布的均值 $\rho^* = f(S_t) \cdot \bar{\rho}$，$\bar{\rho} > 0$ 为单位情绪引致的偏差，$f(S_t)$ 是关于 S_t 的单调增函数，满足当 $S_t > 0$ 时，$f(S_t) > 0$，当 $S_t < 0$ 时，$f(S_t) < 0$，即市场总体情绪高涨时预期价格偏差均值为正，市场总体情绪低落时预期价格偏差均值为负；另外假定 $\sigma_\rho^2 = g(S_t) \cdot \rho_{\bar{\rho}}^2$，$\rho_{\bar{\rho}}^2$ 为单位情绪引致的偏差波动，根据卡尼曼和特维斯基提出的前景理论认为，股市波动具有不对称性，即利空消息相比利好消息对风险资产价格波动具有更大的冲击，因此，$g(S_t)$ 满足当 $S_t > 0$ 时，$g(S_t) < 1$，当 $S_t < 0$ 时，$g(S_t) > 1$，即市场总体情绪高涨时预期价格偏差波动缩小，市场总体情绪低落时预期价格偏差波动扩大。

（4）假定风险资产市场上存在两类风险，一种是由噪声交易引起的市场投资者行为风险：$\sigma_{P_{t+1}}^2$，即投资者心理行为、情绪等导致的价格认知偏差与市场波动等形成的风险；另一种是由基本面变动引起的固有的系统性风险 β。

（5）假定投资者在交易末期的效用以不变的绝对风险规避函数来表示

$$U = -e^{-(2\gamma)w} \tag{3-18}$$

式中，$\gamma > 0$ 代表投资者的绝对风险厌恶系数（或常绝对风险厌恶系数），w 代表投资者在交易末期拥有的总财富，该函数严格递增，说明投资者对于财富总是有着极大的欲望。

表 3-1　　　　　　　　　模型假设条件对比

模型	假设条件				
	资产	交易者	风险价格偏离分布	效用函数	市场风险
DSSW 模型	一种是无风险资产 s，另一种资产 u 是风险资产	理性交易者和噪声交易者	$\rho_t \sim N(\rho^*, \sigma_\rho^2)$	$U = -e^{-(2\gamma)w}$	由噪声交易引起的风险 $\sigma_{P_{t+1}}^2$
改进的 DSSW 模型	一种是无风险资产，另一种是风险资产，市场中风险资产的供给数量固定为 M	市场上只存在噪音交易者且数量为 N	$\rho_t \sim N(\rho^*, \sigma_\rho^2)$ $\rho^* = f(S_t) \cdot \bar{\rho}$ $\sigma_\rho^2 = g(S_t) \cdot \sigma_{\bar{\rho}}^2$	$U = -e^{-(2\gamma)w}$	一种噪声交易引起的风险 $\sigma_{P_{t+1}}^2$，另一种基本面变动引起的系统性风险 β

3.2.2 模型构建及求解

假设持股人总是想要最大限度地提高资产的期望风险价值,即会以最大化绝对风险厌恶效用函数 $U = -e^{-(2\gamma)w}$ 来确定其对资产的需求,则在财富收益 w_{t+1} 满足正态分布 $N(\bar{w}_{t+1}, \sigma^2_{w_{t+1}})$ 的假设基础上,持股人的期望等价于最大化以下条件:

$$\max E(U(w_{t+1}))$$
$$\Leftrightarrow \max E(-e^{-2\gamma w_{t+1}})$$
$$\Leftrightarrow \max \left(\int_{-\infty}^{+\infty} -e^{2\gamma w_{t+1}} f(w_{t+1}) \mathrm{d}w_{t+1} \right) \quad (3-19)$$
$$\Leftrightarrow \max \left(\int_{-\infty}^{+\infty} -e^{2\gamma w_{t+1}} \frac{1}{\sqrt{2\pi}\sigma_{w_{t+1}}} e^{\frac{(w_{t+1}-\bar{w}_{t+1})^2}{2\sigma^2_{w_{t+1}}}} \mathrm{d}w_{t+1} \right)$$
$$\Leftrightarrow \max (\bar{w}_{t+1} - \gamma \sigma^2_{w_{t+1}})$$

式中,$\bar{w}_{t+1}$ 代表 $t+1$ 期的财富期望值,$\sigma^2_{w_{t+1}}$ 代表财富期望值的方差。结合以上基本假定,为了确定投资者对风险资产的需求 x^s_t,则需最大化以下条件:

$$\max(\bar{w}^2_{t+1} - \gamma \sigma^2_{w^s_{t+1}}) \quad (3-20)$$

根据 3.2.1 节假设 (4) 中的前提条件认为,风险资产市场上不仅包含由噪声交易引起的市场投资者行为风险:$\sigma^2_{P_{t+1}}$,同时还存在由基本面变动引起的固有的系统性风险 β。因此,对于风险资产来说,$\sigma^2_{w^s_{t+1}}$ 可以拆解为 $(x^s_t)^2 \sigma^2_{P_{t+1}}$ 和 $(x^s_t)^2 \beta$ 两部分,上述条件等价于

$$\max[x^s_t(E(P_{t+1}) + \rho_t + d_t) + (w^s_t - x^s_t P_t)(1 + r_f)] - \gamma(x^s_t)^2 \sigma^2_{P_{t+1}} - \gamma(x^s_t)^2 \beta$$
$$\Leftrightarrow \max[x^s_t(E(P_{t+1}) + \rho_t + d_t) - P_t(1 + r_f)] + w^s_t(1 + r_f) - \gamma(x^s_t)^2 \sigma^2_{P_{t+1}} - \gamma(x^s_t)^2 \beta$$
$$\Leftrightarrow \max[x^s_t(E(P_{t+1}) + \rho_t + d_t) - P_t(1 + r_f)] + w^s_t(1 + r_f) - \gamma(x^s_t)^2 (\sigma^2_{P_{t+1}} + \beta)$$

$$(3-21)$$

式中,x^s_t 代表投资者在 t 期时对风险资产的需求,由于投资者在 t 期的总财富值为 w^s_t,因此,对于无风险资产的需求为 $w^s_t - x^s_t P_t$。为了取得式(3-21)中表达式的最大值,故对上式关于风险资产需求 x^s_t 求导,可以得到

$$E(P_{t+1}) + \rho_t + d_t - P_t(1 + r_f) - 2\gamma x^s_t(\sigma^2_{P_{t+1}} + \beta) = 0 \quad (3-22)$$

从而，投资者对风险资产的需求量可以表示为

$$x_t^s = \frac{E(P_{t+1}) + \rho_t + d_t - P_t(1 + r_f)}{2\gamma(\sigma_{P_{t+1}}^2 + \beta)} \quad (3-23)$$

为了贴合中国实际的金融市场背景，投资者对风险资产的需求 x_t^s 必须满足 $x_t^s \geq 0$（卖空限制），基于式（3-23）中的函数关系，可以看出，投资者对于风险资产的需求和预期的超额收益成正比，与预期收益的方差成反比，这与我们的认知相符合。

在市场均衡的假设条件下，市场上所有投资者截止交易末期的总需求，应该使得市场中的风险资产全部出清，结合3.2.1节中关于投资者数量及风险资产供应量的假定条件，应有

$$\sum_{i=1}^{N} x_{it}^s = M \quad (3-24)$$

式中，x_{it}^s 代表第 i 个交易者在第 t 期对风险资产的需求量，基于式（3-23）的函数关系，可以看出，对于风险资产的总需求量 x_{it}^s 仅与 t 期的股票价格、预期股价、认知偏差、股票红利以及绝对风险厌恶系数等有关，与投资者 i 没有关系。因此，将式（3-23）的函数解析式代入式（3-24）中，可以得到股票在 t 期的市场均衡价格为

$$\frac{E(P_{t+1}) + \rho_t + d_t - P_t(1 + r_f)}{2\gamma(\sigma_{P_{t+1}}^2 + \beta)} = \frac{M}{N}$$

$$\Leftrightarrow P_t = \frac{1}{1 + r_f}\left[E(P_{t+1}) + \rho_t + d_t - \frac{2M\gamma(\sigma_{P_{t+1}}^2 + \beta)}{N}\right] \quad (3-25)$$

当金融市场达到稳态均衡时，有 $t+1$ 期股票价格 P_{t+1} 的无条件分布等同于 P_t 的分布，$t+1$ 期投资者情绪 S_{t+1} 的无条件分布也等同于 S_t 的分布，以下将通过递归法消去式（3-25）中的 $E(P_{t+1})$：

$$P_t = \frac{1}{1 + r_f}\left[\rho_t + d_t - \frac{2M\gamma(\sigma_{P_{t+1}}^2 + \beta)}{N}\right] + \frac{1}{1 + r_f}E(P_{t+1})$$

$$= \frac{1}{1 + r_f}\left[\rho_t + d_t - \frac{2M\gamma(\sigma_{P_{t+1}}^2 + \beta)}{N}\right]$$

$$+ \left(\frac{1}{1 + r_f}\right)^2 E\left\{\left[\rho_t + d_t - \frac{2M\gamma(\sigma_{P_{t+1}}^2 + \beta)}{N}\right] + E(P_{t+2})\right\}$$

$$= \frac{1}{1 + r_f}\left[\rho_t + d_t - \frac{2M\gamma(\sigma_{P_{t+1}}^2 + \beta)}{N}\right]$$

$$+ \left(\frac{1}{1 + r_f}\right)^2\left[\rho^* + d_t - \frac{2M\gamma(\sigma_{P_{t+1}}^2 + \beta)}{N}\right] + \left(\frac{1}{1 + r_f}\right)^2 E(P_{t+2})$$

$$= \frac{1}{1+r_f}\left[\rho_t + d_t - \frac{2M\gamma(\sigma_{P_{t+1}}^2+\beta)}{N}\right] + \left(\frac{1}{1+r_f}\right)^2\left[\rho^* + d_t - \frac{2M\gamma(\sigma_{P_{t+1}}^2+\beta)}{N}\right]$$

$$+ \left(\frac{1}{1+r_f}\right)^3\left[\rho^* + d_t - \frac{2M\gamma(\sigma_{P_{t+1}}^2+\beta)}{N}\right] + \left(\frac{1}{1+r_f}\right)^3 E(P_{t+3})$$

$$= \frac{1}{1+r_f}\rho_t + \frac{1}{1+r_f}\left[d_t - \frac{2M\gamma(\sigma_{P_{t+1}}^2+\beta)}{N}\right]$$

$$+ \left(\frac{1}{1+r_f}\right)^2\left[d_t - \frac{2M\gamma(\sigma_{P_{t+1}}^2+\beta)}{N}\right] + \left(\frac{1}{1+r_f}\right)^3\left[d_t - \frac{2M\gamma(\sigma_{P_{t+1}}^2+\beta)}{N}\right] + \cdots$$

$$+ \left(\frac{1}{1+r_f}\right)^2 \rho^* + \left(\frac{1}{1+r_f}\right)^3 \rho^* + \cdots \quad (3-26)$$

结合等比数列求和公式，对式（3-26）继续简化可得

$$P_t = \frac{1}{1+r_f}\rho_t + \left[d_t - \frac{2M\gamma(\sigma_{P_{t+1}}^2+\beta)}{N}\right]\frac{1}{1+r_f}\left(\frac{1}{1-\frac{1}{1+r_f}}\right)$$

$$+ \left(\frac{1}{1+r_f}\right)^2 \rho^* \left(\frac{1}{1-\frac{1}{1+r_f}}\right)$$

$$= \frac{1}{1+r_f}\rho_t + \frac{1}{r_f}\left[d_t - \frac{2M\gamma(\sigma_{P_{t+1}}^2+\beta)}{N}\right] + \frac{1}{r_f(1+r_f)}\rho^*$$

$$= \frac{1}{1+r_f}\rho_t + \frac{1}{r_f}\left[d_t - \frac{2M\gamma(\sigma_{P_{t+1}}^2+\beta)}{N}\right] + \left(\frac{1}{r_f} - \frac{1}{1+r_f}\right)\rho^*$$

$$= \frac{d_t + \rho^*}{r_f} + \frac{(\rho_t - \rho^*)}{1+r_f} - \frac{2M\gamma(\sigma_{P_{t+1}}^2+\beta)}{Nr_f} \quad (3-27)$$

根据式（3-25）：$P_t = \frac{1}{1+r_f}\left[E(P_{t+1}) + \rho_t + d_t - \frac{2M\gamma(\sigma_{P_{t+1}}^2+\beta)}{N}\right]$ 以及之前的假定条件，可以有

$$\sigma_{P_{t+1}}^2 = \sigma_{P_t}^2 = \left(\frac{1}{1+r_f}\right)^2 \sigma_\rho^2 = \frac{g(S_t)\sigma_{\bar{\rho}}^2}{(1+r_f)^2} \quad (3-28)$$

因此，将错误预期偏差的均值函数 $\rho^* = f(S_t) \cdot \bar{\rho}$ 及式（3-28）代入式（3-27）中，可以得到，股票在 t 期的市场均衡价格为

$$P_t = \frac{d_t + \rho^*}{r_f} + \frac{(\rho_t - \rho^*)}{1+r_f} - \frac{2M\gamma(\sigma_{P_{t+1}}^2+\beta)}{Nr_f}$$

$$= \frac{d_t}{r_f} + \frac{f(S_t)\bar{\rho}}{r_f} + \frac{\rho_t - f(S_t)\bar{\rho}}{1+r_f} - \frac{2\gamma Mg(S_t)\sigma_{\bar{\rho}}^2}{Nr_f}$$

$$= \left(\frac{d_t}{r_f} - \frac{2\gamma M\beta}{Nr_f}\right) + \frac{f(S_t)\bar{\rho}}{r_f} + \frac{\rho_t - f(S_t)\bar{\rho}}{1+r_f} - \frac{2\gamma Mg(S_t)\sigma_\rho^2}{Nr_f(1+r_f)^2} \quad (3-29)$$

与经典的 DSSW 模型推导出的市场均衡价格公式：$P_t = 1 + \frac{\mu(\rho_t - \rho^*)}{1+r} + \frac{\mu\rho^*}{r} - \frac{(2\gamma)\mu^2\sigma_\rho^2}{r(1+r)^2}$ 相比，调整后的 DSSW 模型具有几点优势：一来调整后的 DSSW 模型将投资者的认知偏差 ρ^* 表示为与情绪相关的函数，当投资者情绪总体倾向于乐观时，$f(S_t) > 0$，$g(S_t) < 1$，对应的预期价格偏差均值 ρ^* 为正，但预期价格偏差波动 σ_ρ^2 缩小；反之，当投资者情绪总体倾向于悲观时，$f(S_t) < 0$，$g(S_t) > 1$，对应的预期价格偏差均值 ρ^* 为负，但预期价格偏差波动 σ_ρ^2 则显著增大。将投资者的认知偏差表示为与情绪相关的函数，则更有助于从理论上推演投资者的情绪变动对股票市场价格的影响。二来调整后的 DSSW 模型取消了参数 μ，认为中国股票市场的投资者在交易时均会受到虚假信息的干扰以及主观情绪的控制，这样的假设条件更为符合中国股市的投资者特征。三来考虑了固有的系统性风险 β，或更为贴合市场实际情况。

3.3 基于改进模型的影响机理诠释

基于 3.2 节可以得到，改进后的 DSSW 模型推导出的股票价格表达式为

$$P_t = \left(\frac{d_t}{r_f} - \frac{2\gamma M\beta}{Nr_f}\right) + \frac{f(S_t)\bar{\rho}}{r_f} + \frac{\rho_t - f(S_t)\bar{\rho}}{1+r_f} - \frac{2\gamma Mg(S_t)\sigma_\rho^2}{Nr_f(1+r_f)^2} \quad (3-30)$$

式（3-30）中的第一项表示风险资产的基本价值，该项不受投资者情绪的影响；而之后的三项则是在受到投资者情绪影响的状态下，股票价格对其基本价值的偏离，当市场中的投资者对价格的认知偏差趋向于 0 时，式（3-29）中股票价格将趋向于其基本价值，否则将表现为围绕股票基本价值上下波动。另外通过最后一项的函数关系还可以看出，股票价格除了受到其基本价值和投资者情绪的影响之外，还受到股票供应量 M 和市场中持有该股票的投资者数量 N 的影响，在其他条件均相同的情况下，M 或 N 的不同也将导致股票价格变动，其中，股票价格 P_t 与供给量 M 呈反比，与持有该股票的投资者数量 N 呈正比，这样的结论也与市场中实际的交易行为相契合，即投资者在决策前也会考虑股票的规模因素及

其他投资者的交易行为。

本节将基于上述表达式，具体解释在中国股票市场中，投资者情绪与股市收益及其变动之间的关系。结合 3.1.3 节中的影响效应，调整后的 DSSW 模型也同样反映了"持有更多效应""价格压力效应""弗里德曼效应""创造空间效应"，效应的存在为本书的研究重点：投资者情绪对股市收益及其波动的影响机理提供了重要的理论支撑。

3.3.1 持有更多效应

"持有更多效应"认为，当交易者对后市的看法总体倾向于乐观时［即 $f(S_t)>0$］，交易者中相对非理性的一部分群体，更愿意持有更多的风险资产，以此获得更多的回报，以较高的预期利润来补偿所承受的高风险。也就是说，如果某段时期内，更高的利润对非理性的投资者情绪产生了积极的影响，那么，初期情绪的增加将诱导投资者在随后的时期内进一步购买风险资产，由此引发未来更高的风险回报，即情绪的高涨将会提高股市超额收益。"持有更多效应"反映的是投资者情绪状态对股市收益的正向影响，该效应可以通过式（3-30）中的第二项表示。式（3-30）中第二项表达式 $\frac{f(S_t)\bar{\rho}}{r_f}$ 指的是，当投资者总体情绪不为 0，从而导致投资者错误定价的偏差平均值 $\bar{\rho}$ 不为 0 时，股票价格相对于其基本价值的偏离程度。如果投资者中普遍对于风险资产的未来价格看好（即投资者情绪高涨，$S_t>0$），则会使得 $f(S_t)>0$，从而推动股票价格高于其基本价值，持有股票的交易者可以从中获得高于股票基本价值的超额收益率；否则，如果投资者中普遍对于风险资产的未来价格看跌（即投资者情绪低落，$S_t<0$），则会使得 $f(S_t)<0$，从而招致亏损。

3.3.2 价格压力效应

德龙等在研究中也注意到了，投资者情绪对股市收益还存在着潜在的负面影响，这被他们称之为"价格压力效应"。具体来说，该效应认为，交易者中更容易受到情绪影响的非理性交易者，在乐观情绪的驱使下，会增加其对风险资产的持有数量，而这一行为在客观上推高了股票价格，即风险资产被错误定价的程度提高，而交易者中的知情投资者则不愿购买定价明显过高的资产,他们对错误定价的恐惧创造了价格压力,从而缩小了非理性交易者承担高风险所获得的相对收益。"价格压力效应"反映的是投资者的情绪状态对股市收益的反向影响。该效应可以通过式(3-30)中的第三项表示。

根据式(3-30)中的第三项 $\frac{\rho_t - f(S_t)\bar{\rho}}{1+r_f}$ 可以看出,尽管风险资产的基本价值具有确定性,但其价格还是会随着投资者情绪的变化而产生波动,如果某期的交易者中,对后市看涨的交易者占据较大比例,使得市场整体情绪 $f(S_t) > 0$ 时,则他们的乐观情绪将会使得股票价格下跌;反之,当某期交易者中,对后市看跌的交易者占多数,即市场整体情绪 $f(S_t) < 0$ 时,则他们的悲观情绪反而会促使股票价格上涨;如果交易者对后市的看法处于平均水平,即 $\rho_t = \rho^* = f(S_t)\bar{\rho}$ 时,则第三项取值为 0。总而言之"价格压力效应"认为,市场情绪应与风险资产的价格呈反向变动。

3.3.3 弗里德曼效应

"弗里德曼效应"又称为"高买低卖效应"(Buy High Sell Low Effect)。该效应是指由于市场中的交易者受到非理性情绪波动的影响,对股票价格的走势始终存在认知偏差,使得他们总是在错误的时间进入市场交易,具体来说,表现为在股票价格较高时买进,而在股票价格较低时卖出并由此形成亏损。该效应可以通过式(3-30)中的最后一项 $-\frac{2\gamma M g(S_t)\sigma_{\bar{\rho}}^2}{N r_f(1+r_f)^2}$ 来解释,该项代表因为投资者情绪波动而产生的价格抑制效应:当投资者情绪的波动性越大,即 $\sigma_\rho^2 = g(S_t) \cdot \sigma_{\bar{\rho}}^2$ 越大时,投资者对股票定价的错觉就越大,从而越容易高买低卖,最终使得股票价格降低,从而招致亏损,即情绪的波动将会降低股市的超额收益。"弗里德曼效应"反映的是投资者情绪波动对股市收益的反向影响。

3.3.4 创造空间效应

"创造空间效应"认为,当投资者情绪反复波动导致投资者决策的不确定性上升时,股票的风险也会随之增加,而这种情况在客观上则为非理性交易者保留了"生存的空间"。也就是说,投资者情绪的波动性越大,其创造的风险就越大,相对理性的交易者越倾向于撤出市场,而留存在市场中的非理性交易者，其对市场的影响会使股票价格更加波动，即情绪的波动将会加剧股市收益的波动。"创造空间效应"反映的是投资者情绪波动对股市收益波动的正向影响。该效应可以通过式（3-28）表示，根据式（3-28）可以看出，当情绪的波动性越大，即 $\sigma_\rho^2 = g(S_t) \cdot \sigma_\rho^2$ 越大时，会导致股票价格的波动：$\sigma_{P_{t+1}}^2$ 也相应变大。

四种效应对股市收益及其波动的影响路径可简要表示为图3-1。

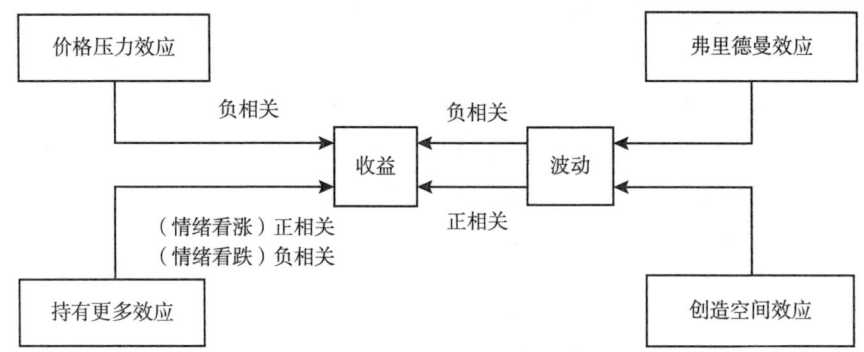

图3-1 投资者情绪对股市波动收益的影响机理

以上这四种效应中，"持有更多效应"和"创造空间效应"则倾向于提高噪声交易者的相对预期收益水平，支持噪声交易者的存在。"价格压力效应"（过高估值的价格压力）和"弗里德曼效应"（市场交易时间不当）倾向于降低噪声交易者的相对期望收益水平，抑制噪声交易者的回报，即两种效应的存在将对噪声交易者赚取的利润产生一定的破坏性。没有哪种效应占有显著的优势。噪声交易者如果普遍对后市只有悲观情绪，那么他们的收益不会太高，因为 $f(S_t) < 0$，就不会存在"持有更多效应"，式（3-30）必然为负；如果噪音交易者对于后市过于乐观时，那么他们的收益也不会太高，因为随着情绪的过于乐观，"价格压力效应"就会起主导影响，只有在噪音交易者对于市场持中等乐观情绪时，才会取得相对高的收益。

据此，本书将提出以下四个假设，并在后续章节中分别设计相应的实证方案，通过实证研究对这四个假设进行论证，以深入探究投资者情绪变动对股市收益波动的影响。

假设1 投资者情绪会显著影响股市收益，且与股市的平均收益呈正向变动，即当中国股市收益处于均态水平时，"持有更多效应"要强于"价格压力效应"。

假设2 投资者情绪对股票收益有显著的非对称性影响：在股市收益较低时，低迷投资者情绪对收益的抑制作用大于高涨投资者情绪的助推作用，即当市场越趋向于熊市，则"持有更多效应"要越弱于"价格压力效应"；在股市收益较高时，高涨投资者情绪对股市收益的助推作用则更为显著，即当市场越趋向于牛市，"持有更多效应"就越强于"价格压力效应"。

假设3 投资者情绪的波动会降低股市收益，即中国股市存在显著的"弗里德曼效应"。

假设4 投资者情绪的频繁波动会导致股市收益波动增大，即中国股市存在"创造空间效应"。

3.4 本章小结

本章首先阐明了股市收益及其波动的内生逻辑，即"噪声交易"与"噪声交易者"的存在会在一定程度上破坏股票市场的有效性，使得部分股市收益和波动并不能被传统金融学理论解释。明确了"噪声交易"与"噪声交易者"的定义，并基于经典的DSSW噪声交易者模型（1990）对投资者情绪理论进行解释，指出DSSW噪声交易者模型的假设突破了传统金融理论关于理性人和有效市场的假说，并通过具体的函数关系解释了噪声交易者的情绪变动对金融资产定价的影响，以及噪声交易者能赚取更高预期收益的原因。但经典的DSSW模型并不能完全用于解释在中国股票市场环境下，投资者情绪与股市超额收益间的相互影响，为了更贴合中国股市交易的实际情况，本章以DSSW噪声交易模型为基础，通过调整股市投资者结构，增加卖空限制，并考虑基本面变动引起的系统性风险，从而构造一个更符合我国股票市场的噪声交易模型。并基于改进后的噪声交易模型具体探讨在风险资产与无风险资产共存，且噪声交易者主导的中国股票市场环境下，推导投资者情绪对股市收益及其波动的影响机理。投资者情绪对股市收益波动影响具体表现为"持有更多效应""价格压力效应""弗里德曼效应"以及"创造空间效应"四种效应。"持有更多效应"和"创造空间效应"则倾向于提高噪声交易者的相对预期收益水平，支持噪声交易者的存在。"价格压力效应"和"弗里德曼效应"倾向于降低噪声交易者的相对期望收益水平，抑制噪声交易者的回报。本书由此提出四个研究假设，在后续章节中，将会分别设计相应的实证方案，以深入探究投资者情绪变动对中国股市收益波动的影响。

第 4 章　投资者情绪综合测度指数的构建研究

投资者情绪的测度一直是投资者情绪研究的重点和难点问题。从国内外已有的情绪指数研究来看，综合测度指数的构建已经成为今后投资者情绪指标构建的主要方向之一，但指数本身的构建过程仍需改进，一是选取的情绪代理指标是否具备较好的代表性问题，即要清楚选择这些变量作为投资者情绪代理指标的原因；二是选取的情绪代理指标的时间频率问题，国内外相关文献选取月度、季度、年度的情绪代理指标的都有，需要进一步研究到底哪种频率的情绪代理指标更为适合中国股市；三是投资者综合情绪指标构造方法的问题，需要进一步研究哪种方法更为适合构造投资者情绪测度指数。鉴于此，本章将构建投资者情绪综合测度指数，以实时跟踪投资者的情绪变动。具体构建流程见图 4-1。

如图 4-1 所示，本章节的内容结构安排如下：4.1 节，总结并修缮前人研究的不足，提出投资者情绪代理指标选取的优化程序，并截取 2008 年 1 月 4 日至 2015 年 5 月 29 日期间多个代理变量的原始周频数据，按照优化程序设计的步骤进行合理筛选，得到最终入选的投资者情绪代理指标；4.2 节，基于主成分分析法（PCA 法）、偏最小二乘法（PLS 法）以及 LASSO 回归法来分别构造投资者情绪复合指数，首先对三种方法构造投资者情绪综合测度指数的原理和基本步骤进行简单描述，然后再基于预处理后的投资者情绪代理变量来构造不同方法所对应的投资者情绪综合测度指数；4.3 节，将三种方法构建的投资者情绪复合指数进行对比，检验孰优孰劣，从而确定出情绪指数构造的最优方法；4.4 节为本章小结。

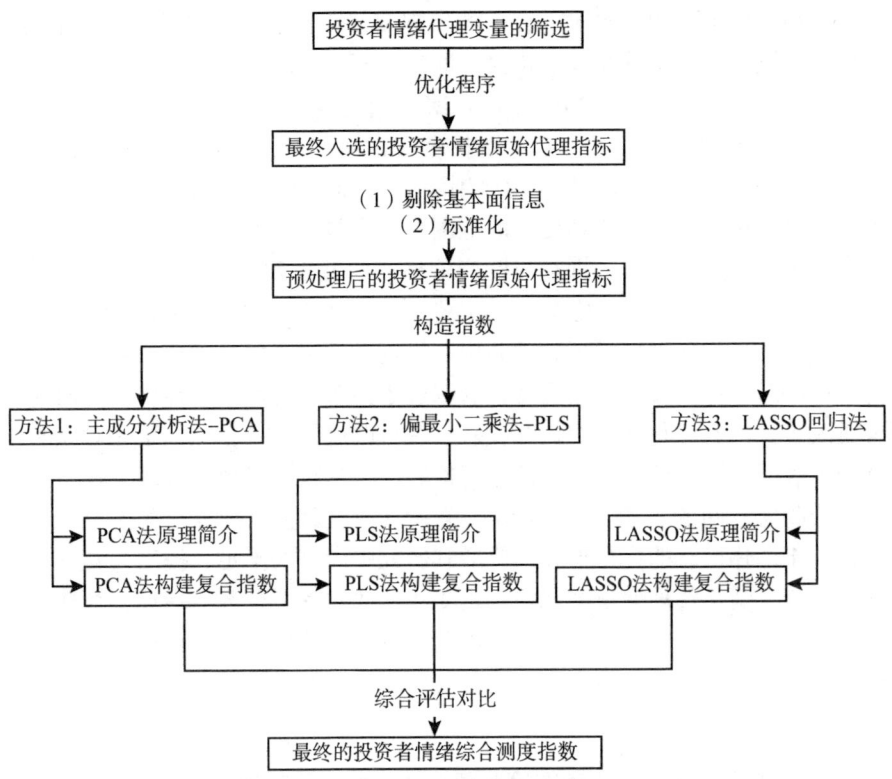

图 4-1 投资者情绪综合测度指数构建流程

4.1 投资者情绪代理变量的筛选

4.1.1 优化程序

总结国内外 20 多年的研究成果,笔者认为,度量综合市场情绪的基本前提是投资者情绪的描述及表征变量的筛选,也就是选取相关代理变量,用以表示市场中全部投资者或部分投资者情绪的高涨或低迷。但是,考虑到投资者情绪会通过传递或群体互动的方式形成合力,从而影响股市各个基本面的表现,也就是说,情绪本身渗透面极广且存在不确定性,这导致在过去的研究中,往往存在着以下问题:学者在表征市场投资者情绪时,所选用的代理变量普遍较为繁杂,对变量的选取常带有较强的主观成分,对入选变量的合理性缺乏验证说明，且对不合理的代理变量也没有设定严格的剔除机制，这种种问题很可能导致统计性错误，同时也不利于对投资者情绪研究科学框架的构建。据此，闫伟（2012）在其博士论文《基于投资者情绪的行为资产定价研究》中，提出了一套选取投资者情绪代理变量的优化程序，该程序设计了四个步骤，以较为客观地剔除不适合表征情绪的代理变量，分别为：①确定影响情绪的代理变量的范围并搜集数据；②通过原始代理变量与资产表现的相关性分析，剔除与资产价格或收益率相关性较低的代理变量；③入选代理变量间的相关性分析，主要对共线性较大的原始代理变量进行合理剔除；④最终代理变量再处理并构造投资者情绪指数。闫伟所提出的四步优化程序对于投资者情绪代理变量选取过于繁杂、主观、无择优汰劣的现状有所改善，但其优化细节中仍存在着一些可改进的地方，比如事先对原始代理变量表征投资者情绪的合理性进行检验、考虑投资者情绪代理变量与资产价格或收益率间的"领先—滞后"关系（领先/滞后 n 期）等。为此，本章将基于闫伟已有的优化框架，修缮其研究中尚存的不足，提出一套更为合理的投资者情绪代理变量客观评判程序，从而剔除不合理的指标，筛选出更适合表征投资者情绪的代理变量，以期为本书后续内容，即投资者情绪综合指数的构建提供一定的研究方法论基础。改进后的变量筛选优化程序具体包括以下5个步骤。

1. 明确表征情绪的代理变量范围，并分类说明其与投资者情绪的关系

由于投资者情绪的变动并非仅影响某单一基本面的表现，而是渗透至各个维度、各个层面的指标走势。因此，应从情绪的传导机制入手，确定代理变量的选取范围，即以中国股市为背景，结合金融参与者的行为特征，预想投资者的情绪变动将可能会诱发其何种投资交易行为，从而影响哪些指标的变动？如此选取的指标将在大概率上含有全部或部分中国投资者的情绪波动成分。另外，在界定投资者情绪代理变量初选范围的过程中，以往研究所存在的无分类性、指标信息重复性以及指标选取过于主观等问题，需在之后的分析中，通过有效的方法予以改进。为此，本书尝试对初选的所有指标按市场行为、市场结构及特殊股组合表现等类别进行划分，并分别阐述每类指标表现与投资者情绪变动之间的传导关系，以使投资者情绪代理变量的跟踪体系更为清晰。

2. 投资者情绪代理变量入选的合理性检验

在明确投资者情绪代理变量的范围之后，依然面临着指标选取存在主观性的问题，仅凭经验相关来挑选指标显然不够合理，且不具说服力。综合以往的研究可以发现，多数学者采用的分析思路均为基于若干个主观选取的指标，直接通过主成分分析等降维方法构造投资者情绪综合测度指数。但本书认为，在构造指数之前，首先对情绪代理变量入选的合理性进行检验，是有必要改进的方向。比如，某个与投资者情绪有关的代理变量，其与股市收益之间也表现出较强的相关性，但这只能证明两者之间的确存在某种相关关系，至于是该变量影响股市收益，还是股市收益反作用于该变量，则无法确定。为此，王、克斯瓦尼和泰勒（Wang, Keswani & Taylor）早在 2006 年的研究中，就提出不仅要从相关性层面进行研究，还要分别分析检验代理变量与市场表现之间的格兰杰因果关系，其截取了 1990 年 2 月 1 日—2001 年 12 月 31 日的日度及周度数据，从相关性层面分析来看，认沽认购比，以及未平仓合约认沽认购比指标与标普 100 指数之间均呈现弱负相关，但格兰杰因果关系检验结果却表明，无论是日频还是周频数据，这两个变量均不是标普 100 波动率的原因变量，而是其结果变量，因此，认为两个变量均不适合单独表征投资者情绪。据此，本书将借鉴王等的研究思路，通过格兰杰因果关系检验来判断投资者情绪代理变量入选的合理性，如果代理变量的变动是股指收益率波动的原因变量，则认为其可以用以表征投资者情绪，否则，将在初次筛选中予以剔除。

3. 投资者情绪代理变量与股指间的"领先—滞后"关系

经过入选合理性的初步检验，筛选得到可单独用来表征投资者情绪的代理变量。但在目前的分析层面上，还仅限于代理变量当期值的数值表现，由于当期的投资者情绪一方面受到代理变量当期值的影响，另一方面，还可能受到代理变量领先 n 期或滞后 n 期值的影响。因此，有必要考虑将代理变量领先 n 期或滞后 n 期值作为情绪指数构成因子的可能性。以往的研究中更多的只是将代理变量的前一期值视作独立的代理变量，而较少关注代理变量领先 n 期或滞后 n 期值与股指间的相关性，为此，本书将借鉴部慧和皮莉（Bu Hui & Pi Li, 2014）的做法，基于互相关分析法，分别研究各情绪代理变量与股市收益间的"领先—滞后"关系。

4. 投资者情绪代理变量与股指间的相关性分析

基于"领先—滞后"关系分析的结果，可以筛选出对股指趋势影响较大的情绪指标同步项，以及领先或滞后于股指若干期的情绪代理指标，但这

些指标均只能从单一角度来或多或少地反映投资者的情绪变化,我们无法明确判断出究竟哪个指标更能反映投资者的情绪。对于这个问题,认为应该分析各代理变量同步项或"领先—滞后"项分别与股指收盘价或收益率当期值的相关性,通过相关性分析将不合适的代理变量同步项或"领先—滞后"项剔除,从而保存最合适的代理变量数据。值得特别说明的是,在相关性分析过程中,若代理变量是水平变量,则分析其与股指收盘价间的相关性,如每周IPO数量与股指收盘价的相关性分析;若代理变量是比率变量,则分析其与股指收益率间的相关性,如换手率与股指收益率的相关性分析,如此可避免水平变量与比率变量混用而导致的统计性错误,且最终得到所有入选代理变量对应的相关系数。假设所有相关系数绝对值的均值为 μ,标准差为 σ,根据概率分布理论,可以采取相关系数的绝对值 $|\rho_i|<\mu-\sigma$ 或其他类似标准剔除对应的代理变量,然后将剩余代理变量视作入选代理变量,予以保留。也就是说,投资者情绪代理变量与股指间的相关性越强,则认为其越适合表征投资者情绪,对于相关性较弱的代理变量,虽然原理上可能与投资者情绪有一定的关系,但限于其数值表现,直接加入到情绪指数的构建中反而会影响情绪指标的质量,故将其剔除。

5. 投资者情绪代理变量间的相关性分析

通过以上的步骤,已经考虑了投资者情绪入选变量的合理性、与股指间的"领先—滞后"关系以及相关关系,但并未考虑到各代理变量之间的交互影响,如若入选情绪指数构造的某两个或多个代理变量间的相关性过强,则构造的投资者情绪指数可能会过分强调某一方向的作用,且存在信息重复,使得投资者情绪测度产生偏差。因此,对于这个问题,认为应该通过计算每两个变量间的相关系数,来分析各代理变量同步项或"领先—滞后"项之间的相关性。假设每两个变量间的相关系数为 $\rho_{ij}(i\neq j)$,所有相关系数绝对值的均值为 e,标准差为 ε,若相关系数的绝对值 $|\rho_{ij}|>e+\varepsilon$ 或其他类似标准,则结合步骤4:代理变量与股指表现的相关性分析结果,剔除两个代理变量中与股指相关性较弱的变量,以尽可能地减少代理变量间的信息重复,得到最终入选的投资者情绪代理变量。同样的,为避免水平变量与比率变量混用,在相关性分析的过程中,如若一个代理变量为水平变量,而另一个变量为比率变量,则需对水平代理变量取一阶差分,再与比率变量进行相关性分析。

后续章节将基于如上所述的投资者情绪代理变量优化筛选程序,逐一剔除不适合表征投资者情绪的原始代理指标,将依次剔除之后的剩余变量作为构造情绪的最终代理变量,并将其作为输入,用于投资者情绪综合测度指数的构建中。

4.1.2 变量界定

如 4.1.1 节中优化程序的步骤 1 所述,该章节尝试从情绪的传播路径入手,结合国内投资者特有的行为特征,以界定投资者情绪代理变量的选取范围。首先,投资者对后市的预期乐观与否,以及其对自身判断的自信程度,将在很大概率上直接诱导其投资交易行为,也就是说,金融市场交易行为的相关代理变量是投资者市场观点最直接也是最有效的反映,据此,本书将首先从市场交易行为的角度出发,提炼可以表征投资者情绪的代理变量。一般来说,当某个阶段的市场态势大好时,将会刺激市场上的投资者对股市未来行情产生强烈的看多情绪,其进场参与交易的意愿也会随之增强,表现为新增股票账户数以及新增基金开户数明显增多,当然,并不是所有开户的投资者都会在短期内,将其对后市的预判转化为实际的投资交易行为,故在一定的"观察期"之后,若投资者对未来股市的预期仍未发生改变,则其极有可能依照固有的认知执行交易计划。在投资者进场交易选择股票的过程中,其更倾向于投资高市盈率(High P/E)、低市净率(Low P/B)的股票或绩优股、微利股,而对低市盈率(Low P/E)、高市净率(High P/B)的股票或者亏损股的关注度则比较少,高涨的投资者情绪将会助推"高 P/E 低 P/B 股"以及绩优股、微利股的股价出现显著上涨,所以,本书认为,通过观察不同投资组合的股价走势,也可捕捉到部分投资者的情绪变化。再从交易行为整体来看,对交易热度最直接的反馈就来自于市场中的股票成交量、成交金额、换手率及交易账户数等指标,这些变量多数与市场流动性密切相关,当股市的流动性得到充分保证之后,意图通过上市进行融资的公司也会信心大增,加之监管层如若在政策上予以放松,则表现为 IPO 数量显著增加。接着,如若足够多的投资者在某个交易方向上形成了合力,那么,他们的交易行为将最终反映在市场表现中,比如,强烈的看多情绪将会拉高 IPO 上市首日收益,引起 AH 股溢价等,最终可能导致市场结构也相应改变。总而言之,市场中的投资者情绪将在多个间接指标中有所体现。此外,需要特别说明的是,为了更贴近中国股票市场的实情,本书将创新性地引入可反映机构投资者情绪的大宗交易平均溢价折价率指标,以及主观情绪指标:新财富最佳分析师指数,用于描述投资者的情绪变动。

在指标数据搜集的过程中,考虑到投资者情绪变化迅速,尤其是占中国股市较大比重的个人投资者群体,其极易受到短期阳线或阴线的影响而产生非理性投机行为,因此,为了更精准地追踪市场上投资者情绪的变化,本书创新地采用信息颗粒度更小、更高频的周度数据,而不是多数文献中使用的年度数据或月度数据,来捕捉即时的投资者情绪。在代理指标的具体选取上,基于上述界定范围,以及中国股市的现实情况和周度数据的可得性,本书选择并引入以下指标来间接测度投资者情绪。

1. 周度股票成交量(TURNVOL)及周度股票成交金额(TURNAMOUNT)

成交量及成交金额在一定程度上反映了市场的流动性,另外它还能反映投资者的参与程度,可以认为它间接地代表投资者情绪。当投资者情绪高涨时,其对于股票投资的积极性也会很高,表现为成交量或成交金额显著提高;反之,当投资者情绪低落时,成交量或成交金额指标的表现也同样低迷。这里,考虑到我国股票规模正处于快速发展期,股票数量和市值均在不断扩大,交易规模必然也会不断上升,因此,本书采用周交易量与周流通市值之比,来构建周度股票成交量(TURNVOL)指标,以剔除市场规模扩张的影响,具体计算公式为

$$TURNVOL_t = \sum_{i=1}^{n} TRUNVOL_i / \sum_{i=1}^{n} MEV_i \qquad (4-1)$$

式中,n 为第 t 周的交易天数,$TRUNVOL_i$ 为股票的日成交量,MEV_i 为股市日流通市值。

2. 流通市值加权换手率(TURNOVER)

贝克和沃格勒(2006)以及张强(2009)等的研究均选择了换手率来作为投资者情绪的代理变量,用以判断投资者情绪与股票收益率的关系。他们认为,股票的换手率越大,等价于投资者交易越活跃,情绪就偏向于乐观;反之则越悲观。基于他们的研究成果,认为,仅考虑周度股票成交量及成交金额指标来反映市场流动性,相对较为片面且存在一定程度的偏差,因此,本书采用流通市值加权换手率,通过每周交易额与每周流通市值的平均值之比,来测度市场交易的活跃程度,间接代表投资者情绪的变化。

3. 每周新增投资者股票账户数（Net Added Stock Account，NASA）

国外的股票市场相对于我国来说，发展的较为成熟，且参与股市的投资者更为理性，所以，新增投资者股票账户数指标可能并不会用以测度投资者的情绪波动，股市环境的差异可能正是国外文献较少使用该指标的原因。但席勒（2005）对此提出质疑，他认为，股票牛市行情的形成与直接参与（不是通过机构参与）股票市场的人数之间，存在不可忽视的关系，特别是对于近似弱式有效、且非理性行为较为频繁的中国股市来说，每周新增投资者股票账户数直接反映了投资者对于后市的看法，代表了场外投资者对股票的需求程度和参与程度，从而可以间接反映投资者的情绪，当情绪高涨时，投资者进入市场的热情就高，每周新增股票开户数就随之增多；反之则减少。

4. 每周新增基金账户数（Net Added Fund Account，NAFA）

每周新增基金账户数反映了市场投资基金的热情，该指标与每周新增投资者股票账户数一致，是反映投资者情绪的正向指标。当投资者对未来股市看好时，其投资于股票型基金的热情也随之高涨，表现为每周新增基金账户数显著提高；反之则减少。

5. 每周交易账户占比（Ratio of Trading Account，RTA）

依据每周新增投资者股票账户数指标，以及每周新增基金账户数两个指标，仅能间接反映出投资者参与市场的热情，代表着部分投资者情绪，但并非所有开设账户的投资者，都能将其投资的热情转化为实际的投资交易行为，未参与交易的投资者，其情绪的变动并不会对股市未来的走势造成显著影响，因此，本书引入每周交易账户占比指标，以更合理的测度投资者情绪与股市收益间的关系。

6. 上涨下跌比（UDR1）及涨停跌停比（UDR2）

上涨下跌比采用统计区间内上涨家数与下跌家数的周度比值来构造，以反映当前的市场结构。上涨下跌比越高，说明市场结构越倾向于看好后市，投资者情绪越高涨；反之，则越低迷。同理，涨停跌停比采用统计区间内涨停家数与跌停家数的周度比值来构造，该比值的变动同样反映了投资者情绪的变化。

7. AH 股溢价（AH）

AH 股，是指在内地交易所（上海或深圳）和香港交易所先后或同时发行 A 股和 H 股的上市公司，由于 AH 股市场的投资者行为不同，导致 A 股和 H 股公司股价的错误定价程度不同，也就是说，A 股和 H 股本质上同股同权但却不同价，两者之间存在一定的价差，欧美资本市场普遍存在外资股溢价现象，与此相反，我国则长期存在 AH 股溢价现象。宋顺林、易阳、谭劲松（2015）通过研究发现，AH 股之间的相对市场情绪与 AH 股溢价显著正相关，即 A 股市场的投资者情绪相对于 H 股的越高，那么，AH 股的溢价就越高。从这个角度分析，认为 AH 股溢价指标是反映 A 股市场投资者情绪波动的一个重要指标。

8. 每周 IPO 数量（Number of IPOs，NIPO）及 IPO 上市首日收益平均值（The Average First-day Returns of IPOs，RIPO）

贝克和沃格勒（2006）认为，股票市场中常常存在"热市"与"冷市"交替的现象，而新股上市一般与市场顶部有关，大多数 IPO 行为发生在投资者情绪高涨时期。同样的，我国新股发行的节奏通常也与市场运行状况及投资者情绪有着很大的关系：投资者情绪高涨，新股发行节奏快，发行上市公司就多；当市场走低，投资者信心不足，情绪低落，监管层往往会放慢新股发行节奏，甚至暂停一段时间的新股发行上市。此外，情绪高涨时，市场对新股发行的认同度较高，新股通常以较高的发行价发行，上市首日也会受到投资者的追捧，得到较高的溢价。因此，IPO 数量及上市首日收益平均值与市场情绪之间经验相关，一般情况下，认为两个指标均能较好反映投资者的热情程度，且均为测度投资者情绪的正向指标。考虑到 IPO 发行起始日的数据存在缺失，本书将以发行公告日为基准统计每周 IPO 数量，RIPO 采用的是加权平均形式，具体公式为

$$RIPO_t = \sum_{i=1}^{n}(P_i/P_i'-1) \times LSN_i / \sum_{i=1}^{n} LSN_i \qquad (4-2)$$

式中，n 为第 t 周新股发行数量，P_i 为新股 i 上市首日的收盘价，P_i' 为其发行价格，LSN_i 为新股 i 上市首日发行的流通股数。

贝克和沃格勒（2006）的研究还证实，存在一些股票组合对于投资者情绪的变化极为敏感，如盈利能力越差的股票，越容易受到投资者情绪影响。

以下 9~11 的申万业绩指数，其基日均为 1999 年 12 月 30 日，基点为 1000，分别选取市场中前 100 只绩优股、前 100 只微利股以及实际亏损的股票，采用流通股本加权的方法来构造综合指数，着重反映特殊股票组合的股价表现。根据不同股票特征对应投资组合的股价变化，可间接追踪投资者的情绪变动。

9. 申万微利股指数（Low Profit Margin Stock Index，LPM）

微利股指的是年经营业绩低于 0.1 元/股以下的股票，申万微利股指数主要选取市场中满足条件的前 100 只股票，采用流通股本加权的方法来构造。

10. 申万绩优股指数（High Profit Margin Stock Index，HPM）

绩优股主要指的是业绩优良且比较稳定的上市公司股票，一般而言，绩优股的每股税后利润在全体上市公司中处于中上地位，公司上市后净资产收益率连续三年显著超过 10% 的股票当属绩优股之列。申万绩优股指数主要选取市场中满足条件的前 100 只股票，采用流通股本加权的方式来构造。

11. 申万亏损股指数（Negative Profit Margin Stock Index，NPM）

亏损股指数的成分股选取当期实际亏损的上市公司，同样采用流通股本加权方式构造。

以下 12~15 的申万风格指数，其基日均为 1999 年 12 月 30 日，基点为 1000，主要运用市场投资分析中常用的市盈率、市净率指标对股票进行划分，并采用流通股本加权的方式来构造，着重反映不同类别股票之间股价表现的差异性。本书主要选取申万低市净率指数、申万高市净率指数、申万高市盈率指数以及申万低市盈率指数，根据估值指标对应不同投资组合的股价变化，间接追踪投资者的情绪变动。

12. 申万高市净率指数（High P/B Ratio Index，HPBI）

HPBI 跟踪具有高市净率的 200 只成分股的股价变化，采用流通股本加权方式构造。

13. 申万低市净率指数（Low P/B Ratio Index，LPBI）

LPBI 跟踪具有低市净率的 200 只成分股的股价变化，采用流通股本加权方式来构造。

14. 申万高市盈率指数（High P/E Ratio Index，HPEI）

HPEI 跟踪具有高市盈率的 200 只成分股的股价变化，采用流通股本加权方式来构造。

15. 申万低市盈率指数（Low P/E Ratio Index，LPEI）

LPEI 跟踪具有低市盈率的 200 只成分股的股价变化，采用流通股本加权方式来构造。

16. 大宗交易平均溢价折价率（LTPTR）

大宗交易指的是单笔交易规模远大于市场平均单笔交易规模的交易，针对大宗交易建立的不同于正常规模交易的交易制度称为大宗交易制度，该制度一般是针对机构投资者占据主要位置的投资者结构做出的适应性安排，因此，大宗交易平均折溢价率主要反映了市场中机构投资者的情绪，一般情况下，溢价交易说明机构投资者情绪高涨，而折价交易则说明机构投资者情绪低落。本书在描述投资者情绪时，创新性地引入大宗交易平均溢价折价率指标，用于识别市场中机构投资者的情绪。

17. 新财富最佳分析师指数（CNI New Fortune Analyst Index，CAI）

新财富最佳分析师指数由新财富各行业金牌分析师所推荐的股票编制而成，该指标由深圳证券信息有限公司发布，基日为 2006 年 4 月 28 日，发布日期为 2006 年 11 月 25 日，基点为 1231。CAI 是国内首只由媒体联合证券市场优秀研究院主观初选指数样本池，由权威指数编制机构按国际通用客观公正原则编制的新型产品类指数，该指数的变动反映了分析师对后市的看法。本书创新性地引入 CAI，用于测度证券分析师对后市的预期。

以上选取的 20 个指标中，前 19 个均是测度投资者情绪的间接指标，新财富最佳分析师指数是唯一的直接指标。此外，跟踪投资者情绪时，本书并未选择常用的封闭式基金折价率作为投资者情绪代理变量，原因是绝大部分传统封闭式基金已经在 2014 年到期，指标基础标的剧烈变化使得该变量的连续性无法得到保证。

市场中关于投资者情绪的研究由来已久，发展出的代理变量种类繁复，不同种类代理变量的理论基础和内在含义也不尽相同，为了使得投资者情绪指数构建体系更为清晰，本书将根据优化程序中步骤1的设计，对以上20个指标按市场行为、市场结构、特殊股组合表现等类别进行划分，搜集变量数据时，均截取2008年1月4日—2015年5月29日的周度数据，并分别标注其数据来源，详细信息见表4-1。

表4-1　　　　　　　　投资者情绪指标监控体系

类别	类别解释	指标名称	符号	数据来源
市场行为	市场行为相关代理变量直接反映投资者行为，是投资者市场观点的有效反映	周度股票成交量	TURNVOL	同花顺iFind数据库
		周度股票成交金额	TURNAMOUNT	同花顺iFind数据库
		流通市值加权换手率	TURNOVER	锐思数据
		每周新增股票账户数	NASA	万得资讯数据库
		每周新增基金账户数	NAFA	万得资讯数据库
		每周交易账户占比	RTA	万得资讯数据库
		每周IPO数量	NIPO	同花顺iFind数据库
市场表现	情绪变动触发交易行为，最终反映在市场表现中，通过相关变量可反向追踪情绪	IPO上市首日收益	RIPO	同花顺iFind数据库
		上涨下跌比	UDR1	同花顺iFind数据库
		涨停跌停比	UDR2	同花顺iFind数据库
		AH股溢价	AH	万得资讯数据库
特殊股票组合表现	根据不同股票特征对应组合的股价变化，间接追踪情绪变动	申万微利指数	LPM	万得资讯数据库
		申万绩优股指数	HPM	万得资讯数据库
		申万亏损股指数	NPM	万得资讯数据库
估值指标	根据估值指标对应不同投资组合的股价变化，间接追踪投资者的情绪变动	申万高市净率指数	HPBI	同花顺iFind数据库
		申万低市净率指数	LPBI	同花顺iFind数据库
		申万高市盈率指数	HPEI	同花顺iFind数据库
		申万低市盈率指数	LPEI	同花顺iFind数据库
机构投资者行为指标		大宗交易平均溢价折价率	LTPTR	同花顺iFind数据库
主观情绪指标		新财富最佳分析师指数	CAI	万得资讯数据库

4.1.3 合理性检验

在明确代理变量的选取范围之后,有必要对这20个代理变量的情绪表征能力进行检验,即从数据表现上考证其入选的合理性,以剔除部分指标在选取时所带有的主观成分。因此本节将通过格兰杰因果关系检验来实现变量的初次筛选,若检验结果表明某代理变量的变动是股指变动的格兰杰原因,则认为其能够刻画市场情绪,且能较好地解释市场收益的变化;反之则认为该变量不可单独用来表征投资者情绪。

1. 数据描述性分析

基于中国股市的现实情况和数据可得性,本书将截取2008年1月4日至2014年5月30日的周度数据作为情绪指数构建的训练集,同时为了检验指数构建方法的有效性及稳健性,将截取2014年6月6日至2015年5月29日的周度数据作为指数构建的测试集,以对应周期的中证流通指数走势来代表国内A股的整体表现。(自2006年大盘股上市以来,上证综指受到权重股的影响,表现过于弱势,不能代表A股市场的整体表现;深证A股指数则受中小板和创业板大涨的影响,表现过于优秀,同样不能代表A股市场的整体表现;中证流通指数是综合反映沪深两市全流通A股的跨市场指数,受权重股和中小板、创业板的影响均相对较小,能较好地代表A股市场的整体表现。)其中,P_t为中证流通指数第t期的收盘价,收盘价信息取自于万得资讯数据库,根据公式$R_t = \ln(P_t/P_{t-1})$可对应求得中证流通指数的对数收益率序列。特别的,对于指标中存在缺失值的情况,考虑到如果将存在缺失值的变量全部剔除,这势必造成严重的信息损失,因此,在处理缺失值时,将采用可能值插补法,相比较于直接删除不完全样本,以邻近期值(前一期)来插补缺失值所产生的信息损失要更少。经缺失值处理后,对测试集数据进行描述性统计,结果见表4-2。

表4-2　　　　　　　　　指标描述性统计结果

变量	均值	标准差	偏度	峰度	J-B统计量	Prob	ADF检验	Prob
P_t	3218.42	618.01	0.54	1.52	48.58	0.000	-3.24	0.082
R_t	-0.002	0.04	-0.28	1.91	55.83	0.000	-6.95	0.010

续表

变量	均值	标准差	偏度	峰度	J-B 统计量	Prob	ADF 检验	Prob
NPM_t	1798.22	366.82	-0.37	0.07	7.80	0.020	-2.11	0.531
HPM_t	3412.19	680.39	1.17	3.93	291.38	0.000	-3.85	0.017
LPM_t	1614.21	316.98	-0.69	0.46	29.27	0.000	-2.22	0.485
CAI_t	3416.99	592.87	1.11	3.64	253.71	0.000	-3.88	0.016
AH_t	115.72	19.89	1.61	2.61	239.04	0.000	-4.00	0.010
$NASA_t$	213962.19	129543.08	0.92	0.67	53.51	0.000	-4.70	0.010
RTA_t	0.09	0.04	0.78	-0.25	34.02	0.000	-3.53	0.040
$NAFA_t$	62783.98	32215.92	1.24	3.50	256.18	0.000	-5.57	0.010
$TURNVOL_t$	747.13	302.21	0.37	-0.20	7.90	0.019	-4.31	0.010
$TURNAMOUNT_t$	8189.02	3684.95	0.75	1.13	49.25	0.000	-4.11	0.010
$TURNOVER_t$	6.44	3.68	1.22	1.04	97.50	0.000	-3.31	0.070
$LPBI_t$	3594.54	646.13	0.65	1.43	52.31	0.000	-3.29	0.074
$HPBI_t$	1241.06	227.78	0.79	2.66	134.30	0.000	-3.85	0.017
$LPEI_t$	4135.67	960.31	1.50	3.70	314.73	0.000	-4.02	0.010
$HPEI_t$	997.34	223.68	0.63	0.51	25.50	0.000	-2.89	0.201
$LTPTR_t$	-6.05	2.05	1.89	6.76	832.69	0.000	-4.83	0.010
$NIPO_t$	3.09	3.74	2.02	8.03	1121.46	0.000	-2.72	0.275
$RIPO_t$	0.29	0.56	5.14	42.27	26202.50	0.000	-5.44	0.010
$UDR1_t$	9.49	85.87	17.20	302.33	1280983.02	0.000	-6.85	0.010
$UDR2_t$	0.80	2.39	6.66	54.80	44024.80	0.000	-6.97	0.010

注：Prob 代表左侧统计量对应的 p 值，p 值越小，意味着越有理由拒绝原假设。

表 4-2 列明了各情绪代理变量的基本特征，包括均值、标准差、偏度、峰度、Jarque-Bera 正态检验以及 ADF 单位根检验结果。根据表 4-2 的统计结果，结合历史资料，可以发现：①从 2008 年 1 月 4 日开始，至 2014 年 5 月 30 日，中国股市经历了牛熊更迭，其中，于 2008 年开始，中国股市由牛市陡转熊市，下跌 65.15%，2009 年 1 月至 2010 年 12 月期间上涨 87.68%，2011 年 1 月至 2012 年 12 月期间，又遭遇熊市，下跌 26.57%，之后至 2014 年 6 月，股市又表现出牛市的征兆，表 4-2 中，中证流通指数

收益率的均值（-0.20%）与标准差（4.00%）也同样验证了研究期间内，中国股市巨幅波动且整体呈现亏损的事实。②以上所有投资者情绪代理变量的标准差均比较大，表明研究期间内投资者情绪起浮频繁，其中，上涨下跌比指标 $UDR1$ 的均值为9.49，标准差达到85.87，之所以会存在异常值的原因是由于在2009年10月9日，汇金救市导致股市大涨4.76%，开盘后出现千股上涨的局面。③以上表格中涉及的所有变量均不服从正态分布，且均在5%的显著性水平上拒绝 Jarque – Bera 检验。④再从 ADF 单位根检验的统计结果来描述所有变量，可以看出，除了 NPM、LPM、$HPEI$、$NIPO$ 指标外，其余所有变量均不存在较强的自相关性，再对 NPM、LPM、$HPEI$、$NIPO$ 的一阶差分序列进行 ADF 单位根检验，结果显示，所有变量均在5%的显著性水平上通过 ADF 单位根检验，也就是说，NPM、LPM、$HPEI$、$NIPO$ 的一阶差分序列以及其余变量均为平稳时间序列。

2. 情绪代理变量与市场表现间的格兰杰因果关系检验

本节主要对情绪代理变量与市场表现进行格兰杰因果关系分析，其目的在于分别检验各情绪代理变量入选的合理性。在对情绪代理变量与市场表现间的格兰杰因果关系进行检验前，首先对格兰杰因果关系检验的基本原理进行简要阐述。该方法的实质是检验某变量的滞后项是否可以引入到其他变量的方程中，若该变量受到其他变量的滞后影响，则称它们之间具有格兰杰因果关系。即若存在一个二元 p 阶的 VAR 模型为

$$\begin{bmatrix} y_t \\ x_t \end{bmatrix} = \begin{bmatrix} \phi_{10} \\ \phi_{20} \end{bmatrix} + \begin{bmatrix} \phi_{11}^{(1)} & \phi_{12}^{(1)} \\ \phi_{21}^{(1)} & \phi_{22}^{(1)} \end{bmatrix} \begin{bmatrix} y_{t-1} \\ x_{t-1} \end{bmatrix} + \cdots + \begin{bmatrix} \phi_{11}^{(p)} & \phi_{12}^{(p)} \\ \phi_{21}^{(p)} & \phi_{22}^{(p)} \end{bmatrix} \begin{bmatrix} y_{t-p} \\ x_{t-p} \end{bmatrix} + \begin{bmatrix} \varepsilon_{1t} \\ \varepsilon_{2t} \end{bmatrix}$$

$$(4-3)$$

该式等价于

$$y_t = \phi_{10} + \phi_{11}^{(1)} y_{t-1} + \phi_{12}^{(1)} x_{t-1} + \cdots + \phi_{11}^{(p)} y_{t-p} + \phi_{12}^{(p)} x_{t-p} + \varepsilon_{1t}$$

$$x_t = \phi_{20} + \phi_{21}^{(1)} y_{t-1} + \phi_{22}^{(1)} x_{t-1} + \cdots + \phi_{21}^{(p)} y_{t-p} + \phi_{22}^{(p)} x_{t-p} + \varepsilon_{2t} \quad (4-4)$$

当且仅当式（4-3）中，系数矩阵中的 $\phi_{12}^{(q)}$（$q=1,\cdots,p$）全部为0时，说明 y_t 序列仅受到自身滞后项的影响，而不受 x_t 序列的滞后影响，代表变量 x 不是 y 的格兰杰原因，同理，当且仅当 $\phi_{12}^{(q)}$（$q=1,\cdots,p$）全部为0时，说明 x_t 序列仅受到自身滞后项的影响，而不受 y_t 序列的滞后影响，代表 y 不是 x 的格兰杰原因，相反，若 $\phi_{12}^{(q)}$（$q=1,\cdots,p$）或 $\phi_{21}^{(q)}$（$q=1,\cdots,p$）有一方不全为0，则说明变量 x 与变量 y 之间存在单向的格兰杰因果关系，

若 $\phi_{12}^{(q)}(q=1,\cdots,p)$ 或 $\phi_{21}^{(q)}(q=1,\cdots,p)$ 均不全为 0，则证明变量 x 与变量 y 互为彼此的格兰杰原因。

需要说明的是，格兰杰因果关系检验的一个重要前提条件是时间序列必须具有平稳性，也就是说，格兰杰因果关系检验只对平稳的时间序列有效，否则可能导致在检验的过程中，出现伪回归的问题。基于表 4-2 中各代理变量序列的单位根检验结果，可以得出 NPM、LPM、HPEI、NIPO 指标的一阶差分序列以及其余代理变量均为平稳时间序列的结论，因此可直接用于格兰杰因果关系检验中。此外，在格兰杰因果关系检验的过程中，为了避免适合表征资产价格趋势的水平变量与适合表征资产波动规律的比率变量混用，导致检验结果出现偏差，本书将对所有的比率变量（比如 RTA、TURNOVER、LTPTR、RIPO、UDR_1、UDR_2 变量）不作任何处理，而对所有的水平变量（除 RTA、TURNOVER、LTPTR、RIPO、UDR_1、UDR_2 之外的所有变量）均取其一阶差分序列，处理之后再检验其与中证流通指数对数收益率间的格兰杰因果关系，检验结果见表 4-3。

表 4-3　　　　　　　　　格兰杰因果关系检验结果

代理变量	H0：以下变量变动是中证流通变动的格兰杰原因			代理变量	H1：中证流通变动是以下变量变动的格兰杰原因		
	F 值	Prob	结论		F 值	Prob	结论
NPM_t	3.882	0.049	拒绝	NPM_t	6.615	0.011	拒绝
HPM_t	1.795	0.181	接受	HPM_t	1.947	0.164	接受
LPM_t	3.417	0.065	接受	LPM_t	5.963	0.015	拒绝
CAI_t	1.300	0.255	接受	CAI_t	0.796	0.373	接受
AH_t	6.725	0.010	拒绝	AH_t	1.519	0.219	接受
$NASA_t$	4.753	0.030	拒绝	$NASA_t$	14.897	0.000	拒绝
RTA_t	2.945	0.087	接受	RTA_t	25.109	0.000	拒绝
$NAFA_t$	2.832	0.093	接受	$NAFA_t$	16.439	0.000	拒绝
$TURNVOL_t$	36.671	0.000	拒绝	$TURNVOL_t$	0.000	0.987	接受
$TURNAMOUNT_t$	46.618	0.000	拒绝	$TURNAMOUNT_t$	1.310	0.253	接受
$TURNOVER_t$	0.735	0.392	接受	$TURNOVER_t$	8.677	0.003	拒绝
$LPBI_t$	0.829	0.363	接受	$LPBI_t$	1.319	0.252	接受

续表

H0：以下变量变动是中证流通变动的格兰杰原因				H1：中证流通变动是以下变量变动的格兰杰原因			
代理变量	F值	Prob	结论	代理变量	F值	Prob	结论
$HPBI_t$	0.354	0.552	接受	$HPBI_t$	0.199	0.656	接受
$LPEI_t$	2.008	0.157	接受	$LPEI_t$	1.998	0.158	接受
$HPEI_t$	1.754	0.186	接受	$HPEI_t$	4.171	0.042	拒绝
$LTPTR_t$	24.929	0.000	拒绝	$LTPTR_t$	10.582	0.001	拒绝
$NIPO_t$	0.378	0.539	接受	$NIPO_t$	0.067	0.796	接受
$RIPO_t$	7.952	0.005	拒绝	$RIPO_t$	1.397	0.238	接受
$UDR1_t$	8.496	0.004	拒绝	$UDR1_t$	1.397	0.238	接受
$UDR2_t$	131.678	0.000	拒绝	$UDR2_t$	3.657	0.057	接受

注：Prob 代表左侧统计量对应的 p 值，p 值越小，意味着越有理由拒绝原假设。

基于表 4-3 的格兰杰因果关系检验结果，可以发现，在 5% 的显著性水平下，AH 股溢价 AH、每周成交量 TURNVOL、每周成交金额 TURNAMOUNT、IPO 上市首日收益平均值 RIPO、上涨下跌比 UDR1 以及涨停跌停比 UDR2 指标均不是中证流通指数波动率的格兰杰原因，而是受到中证流通指数波动的影响才相应发生变化。也就是说，这五个代理变量不是中证流通指数波动率的原因变量，而是其结果变量；而另外三个指标：申万亏损股指数 NPM、每周新增投资者股票账户数 NASA 以及大宗交易平均溢价折价率 LTPTR 则既不是中证流通指数波动率的原因变量，也不是其结果变量。因此，以上 9 个代理指标均不适合用来单独表征投资者情绪的变动，故予以剔除，经过初次筛选，仅有 11 个指标通过情绪代理变量入选的合理性检验，分别为：申万绩优股指数 HPM、申万微利股指数 LPM、新财富最佳分析师指数 CAI、每周交易账户占比 RTA、每周新增基金账户数 NAFA、流通市值加权换手率 TURNOVER、申万低市净率指数 LPBI、申万高市净率指数 HPBI、申万低市盈率指数 LPEI、申万高市盈率指数 HPEI 以及每周 IPO 数量 NIPO。值得说明的是，从格兰杰因果关系层面来看，本书新引入的大宗交易平均溢价折价率 LTPTR 指标在数据特征上不能通过格兰杰因果关系检验，而新财富最佳分析师指数 CAI 则能较好地刻画市场中的投资者情绪。

4.1.4 领先—滞后关系检验

如前文所述,在有效市场假说下,绝大多数投资者应该可以理性判断出股票的内在价值,少数非理性投资者的行为并不会干扰到股票的价格,而且,理性套利者的存在,会不断地吸收非理性投资者的亏损,直至非理性投资者从市场上消失,这使得股票的市场价格可以及时充分地反映一切可以获得的信息。然而现阶段,我国的股票市场只是一个近似弱式有效的市场,并非完全有效的市场,国内股票交易市场上存在着"噪声交易者"的错误定价、制度不完善和投资者的非理性情绪,使得股市对信息过快反应或反应速度相对较慢,股票的市场价格往往不能同步反映出它的真实价格。因此,通过合理性检验筛选得到的 11 个情绪代理指标对股票收益的变动不仅有同步的影响,也可能会存在着提前或滞后的影响。因此,在构建投资者情绪指数之前,本书将借鉴部慧和皮莉(2014)的做法,基于互相关分析法分别研究每个投资者情绪代理变量与股票收益间的领先—滞后关系。

1. 互相关分析法在筛选情绪代理指标中的应用

互相关分析法,主要用于分析两组随机变量之间不同时刻取值的相关程度,其取值只与两时刻的时间差相关,可用于研究两组随机变量间的"领先—滞后"关系。其具体函数表示为

$$\rho_{xy}(\tau) = \frac{\lim_{T \to \infty} \int_0^T [(x(t+\tau) - \mu_x)(y(t) - \mu_y)] \mathrm{d}t}{\sigma_x \sigma_y} \quad (4-5)$$

式中,$\rho_{xy}(\tau)$ 指的是间隔为 τ 期的互相关系数(τ 可以取 0);$x(t+\tau)$,$y(t)$ 为待研究的两组时间序列;μ_x,μ_y 为两组时间序列的均值;σ_x,σ_y 为两组时间序列的标准差。

显然,式(4-5)是适用于连续型随机变量间的互相关关系研究。对于离散的随机变量有

$$\rho_{xy}(\tau) = \frac{\frac{1}{N}\sum_{t=1}^{N}[(x(t+\tau) - \mu_x)(y(t) - \mu_y)]}{\sigma_x \sigma_y} \quad (4-6)$$

由式(4-5)以及式(4-6)可以看出,互相关分析的实质,就是以两组不同时刻(相同时刻亦可)取值的随机变量为研究对象,通过比较两者的相关系数,用来确定两者间的"领先—滞后"关系。如果 $\rho_{xy}(\tau)$ 值较

大,则表明 $x(t+\tau)$ 与 $y(t)$ 的相关性较强,即将 $x(t)$ 滞后 τ 期后的序列与序列 $y(t)$ 具有较高的相关性。在一定的置信水平下,若 $\rho_{xy}(\tau)$ 大于一定的置信上限,可以认为,$x(t)$ 序列以较大概率滞后 $y(t)$ 序列 τ 期,或 $y(t)$ 序列以较大概率领先 $x(t)$ 序列 τ 期。

将互相关分析法,运用到研究投资者情绪代理变量与中证流通指数间的"领先—滞后"关系问题上,用 $x(t)$ 序列指代情绪代理变量或代理变量的波动序列,以 $y(t)$ 序列指代中证流通指数收盘价或中证流通指数波动率序列,在一定的置信水平下,当两者间的相关系数 $\rho_{xy}(\tau)$ 大于一定的置信上限时,则认为代理变量的滞后 τ 期值与中证流通指数收盘价当期值显著相关。

特别的,在互相关分析的过程中,将面临以下两个问题,需要通过对应的方法予以调整。

其一,水平变量与比率变量混用造成互相关分析结果有所偏颇。为了避免导致统计性错误,本节研究会与前文保持一致,将水平变量与比率变量区分开来分析,对于水平变量,将分析其与中证流通指数收盘价间的互相关关系,而对于比率变量,则将分析其与中证流通指数波动率之间的互相关关系,该调整办法适用于全文。这里,要对水平变量进行特别说明,理论上,水平指标与中证流通指数收盘价在变动趋势上应呈正向变动,这种趋势相关占相关系数的绝大部分,导致情绪指标与中证流通指数收盘价之间的互相关系数,在各"领先—滞后"期下均偏大,这并不利于观察因"领先—滞后"期不同而造成的相关系数差异,有必要再对水平变量取一阶差分,研究其与中证流通指数收益率间的互相关关系,以消除趋势相关对相关性的影响,仅保留"领先—滞后"关系对相关性的影响,从而更便于判定各指标领先或滞后于中证流通指数变动的时间;其二,多数代理变量序列均不严格服从正态分布,不适用于 Pearson 矩相关系数。Pearson 矩相关常用于双变量服从正态分布的数据,若总体非正态,采用 Pearson 矩相关法分析就会得到错误的结论,而另一种相关分析方法:Spearman 秩相关,则适用于等级数据、非双变量正态分布的数据以及分布不确定的数据。因此,本书鉴于数据的真实特征,将舍弃常用的 Pearson 矩相关系数,而采用 Spearman 秩相关法进行变量与市场表现间的互相关分析。

2. 情绪代理指标与中证流通指数的互相关分析

为初步判断各情绪代理变量与市场表现之间是否存在着"领先—滞后"

关系，图4-2将通过绘制时间序列对比图的方式来分别展现申万绩优股指数 *HPM*、申万微利股指数 *LPM*、新财富最佳分析师指数 *CAI*、每周新增基金账户数 *NAFA*、申万低市净率指数 *LPBI*、申万高市净率指数 *HPBI* 等水平变量走势与中证流通指数收盘价之间的关系，以及每周交易账户占比 *RTA*、流通市值加权换手率 *TURNOVER* 与中证流通指数对数收益率间的关系。

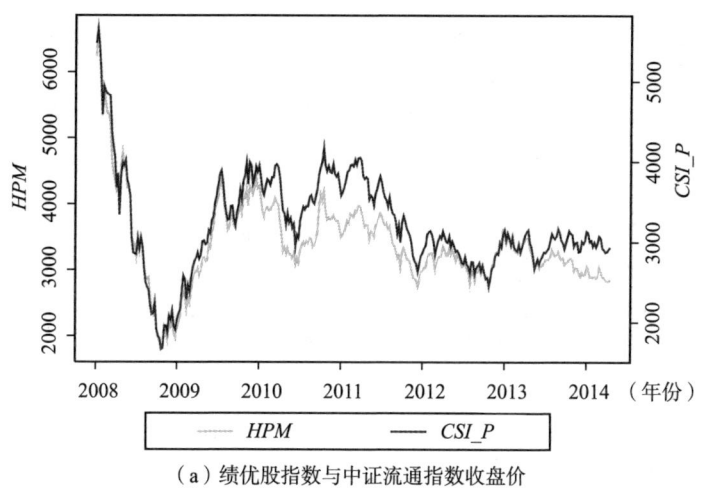

（a）绩优股指数与中证流通指数收盘价

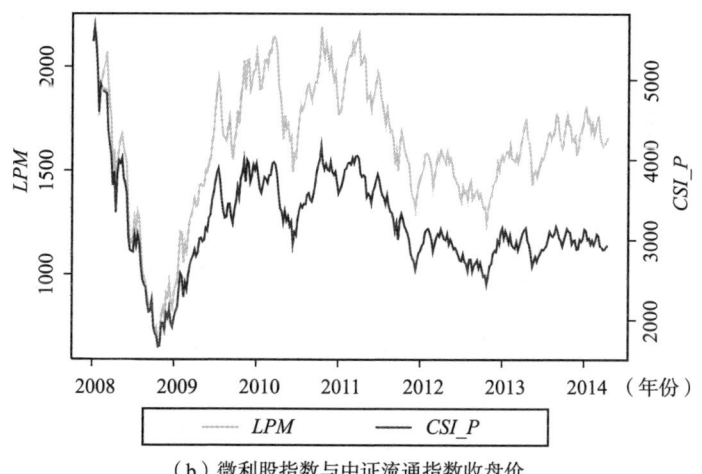

（b）微利股指数与中证流通指数收盘价

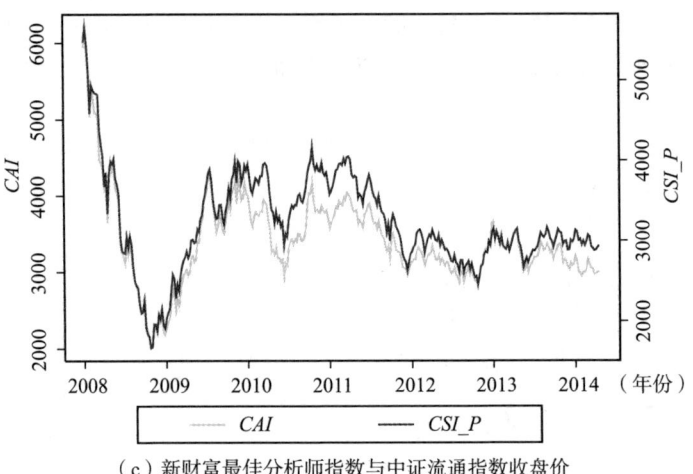

（c）新财富最佳分析师指数与中证流通指数收盘价

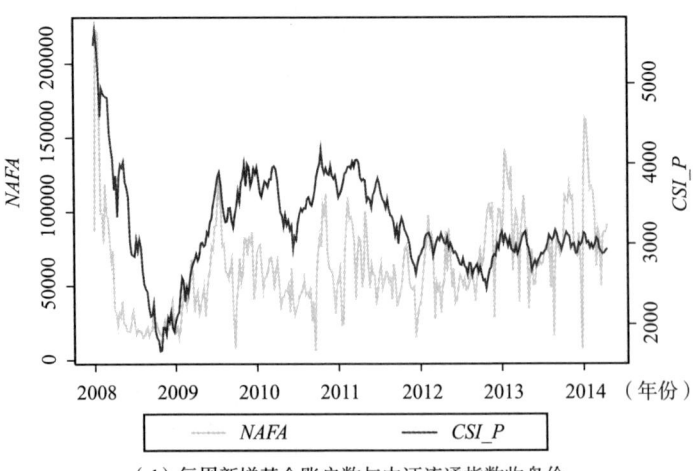

（d）每周新增基金账户数与中证流通指数收盘价

(e)申万低市净率指数与中证流通指数收盘价

(f)申万高市净率指数与中证流通指数收盘价

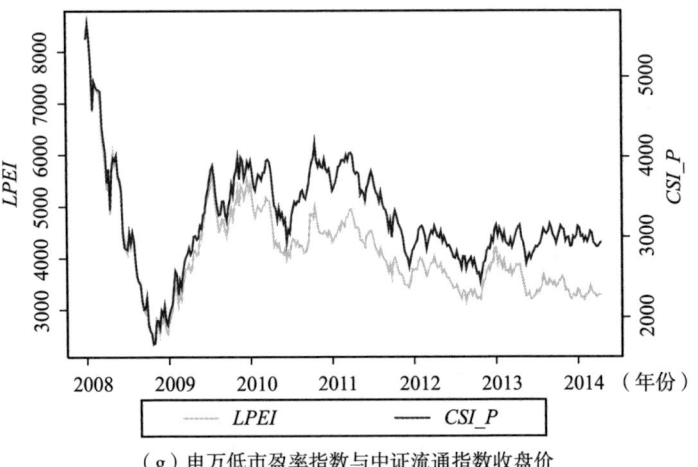

（g）申万低市盈率指数与中证流通指数收盘价

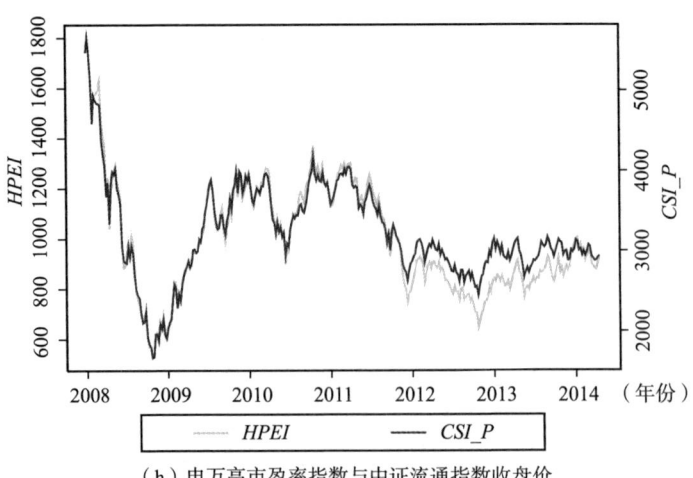

（h）申万高市盈率指数与中证流通指数收盘价

第4章 | 投资者情绪综合测度指数的构建研究

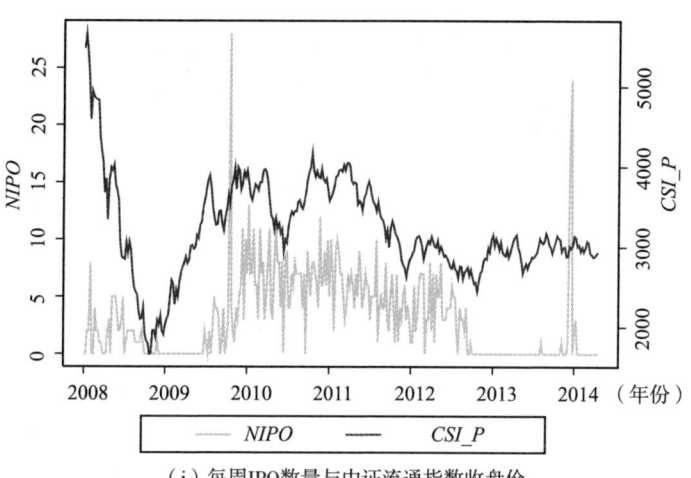

（i）每周IPO数量与中证流通指数收盘价

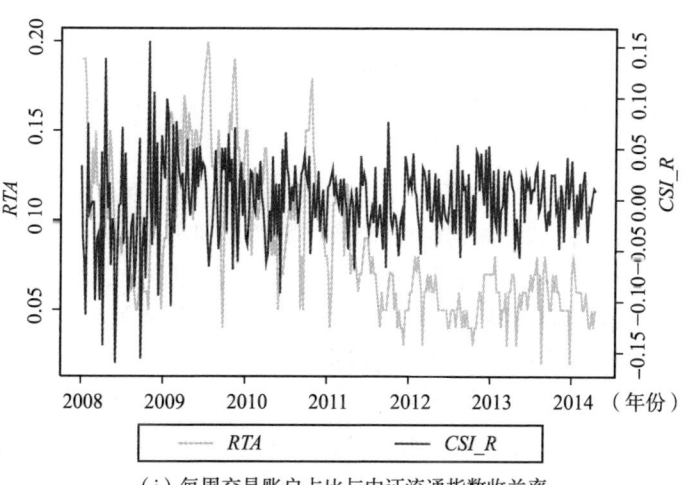

（j）每周交易账户占比与中证流通指数收益率

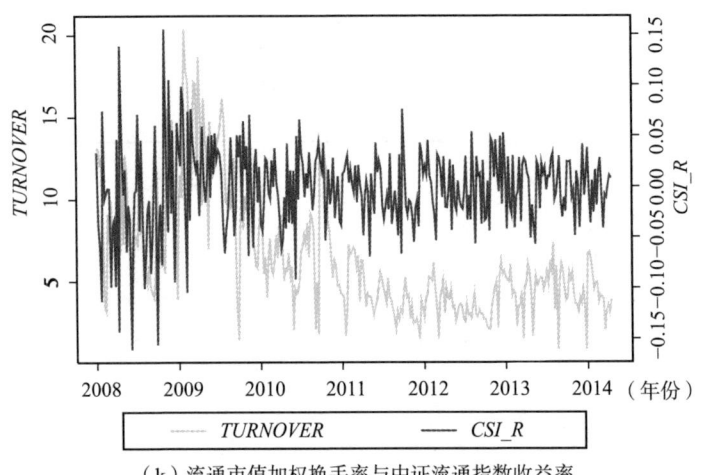

(k) 流通市值加权换手率与中证流通指数收益率

图 4-2 投资者情绪代理指标与中证流通指数表现的时间序列对比

基于以上的时间序列对比图,可以看出:①大部分情绪代理变量与中证流通指数收盘价或收益率之间均存在较为显著的强相关性,其中,引入的 CAI 指标的变动趋势也较好地解释了市场收益的变化。②存在部分指标,其与中证流通指数之间的变动并不是同步的,有较为明显的领先或滞后现象,因此,初步认为各情绪代理指标与中证流通指数收盘价之间的"领先—滞后"关系确实存在,但具体领先或滞后多少期,则需基于互相关分析法进行更为详细地判断。

在互相关分析法的理论框架下,选取 $\tau = -10$,-9,-8,…,0,…,8,9,10,对情绪代理指标与中证流通指数的表现进行互相关性分析,分析结果具体见表 4-4。如优化程序的步骤 3 所述,理论上,情绪代理指标与中证流通指数在变动趋势上应为同增同减,这种趋势相关关系占相关系数的绝大部分,导致情绪指标与中证流通指数间的互相关系数,在各"领先—滞后"期下均偏大,这不利于观察因"领先—滞后"期不同而造成的相关系数差异。所以,首先研究各水平指标序列(除 RTA、TURNOVER 之外的所有变量)与中证流通指数收盘价之间的互相关关系 [见表 4-4(a)],然后,再对所有水平指标序列取一阶差分,研究其与中证流通指数收益率间的互相关关系,以消除趋势相关对相关性的影响,仅保留"领先—滞后"关系对相关性的影响,对应的互相关系数见表 4-4(b)。对比率变量(如 RTA、TURNOVER)则单独进行观察,仅分析其与中证流通指数波动率的互相关关系即可进行判断,对应的互相关系数见表 4-4(c)。

表 4-4　互相关系数表——基于 Spearman 秩相关法

(a) 情绪代理指标与中证流通指数收盘价之间的互相关系数

	$HPM(+i)$	$HPM(-i)$	$LPM(+i)$	$LPM(-i)$	$CAI(+i)$	$CAI(-i)$	$NAFA(+i)$	$NAFA(-i)$	$LPBI(+i)$	$LPBI(-i)$
0	0.9215***	0.9215***	0.8987***	0.8987***	0.9483***	0.9483***	0.2826***	0.2826***	0.9214***	0.9214***
1	0.8961***	0.8940***	0.8696***	0.8746***	0.9147***	0.9206***	0.2815***	0.2710***	0.8835***	0.9058***
2	0.8732***	0.8693***	0.8397***	0.8558***	0.8846***	0.8948***	0.2379***	0.2665***	0.8465***	0.8915***
3	0.8426***	0.8381***	0.8032***	0.8248***	0.8462***	0.8619***	0.1893***	0.2615***	0.8044***	0.8709***
4	0.8107***	0.8053***	0.7674***	0.7962***	0.8084***	0.8267***	0.1439***	0.2464***	0.7626***	0.8465***
5	0.7813***	0.7720***	0.7353***	0.7748***	0.7763***	0.7936***	0.0971*	0.2440***	0.7272***	0.8273***
6	0.7604***	0.7403***	0.7095***	0.7614***	0.7545***	0.7644***	0.0510	0.2447***	0.6980***	0.8119***
7	0.7378***	0.7078***	0.6803***	0.7506***	0.7295***	0.7321***	0.0116	0.2503***	0.6684***	0.7937***
8	0.7181***	0.6823***	0.6554***	0.7459***	0.7094***	0.7082***	-0.0398	0.2520***	0.6432***	0.7812***
9	0.6891***	0.6497***	0.6255***	0.7335***	0.6792***	0.6754***	-0.0683	0.2564***	0.6105***	0.7601***
10	0.6615***	0.6180***	0.5961***	0.7198***	0.6512***	0.6444***	-0.0987*	0.2583***	0.5786***	0.7389***
	$HPBI(+i)$	$HPBI(-i)$	$LPEI(+i)$	$LPEI(-i)$	$HPEI(+i)$	$HPEI(-i)$	$NIPO(+i)$	$NIPO(-i)$		
0	0.8613***	0.8613***	0.9020***	0.9020***	0.9670***	0.9670***	0.5165***	0.5165***		
1	0.8431***	0.8244***	0.8805***	0.8819***	0.9476***	0.9370***	0.5400***	0.4975***		
2	0.8243***	0.7891***	0.8597***	0.8632***	0.9244***	0.9088***	0.5597***	0.4825***		
3	0.8009***	0.7470***	0.8339***	0.8395***	0.8965***	0.8748***	0.5698***	0.4666***		
4	0.7760***	0.7086***	0.8072***	0.8132***	0.8692***	0.8414***	0.5740***	0.4363***		

续表

	HPBI(+i)	HPBI(-i)	LPEI(+i)	LPEI(-i)	HPEI(+i)	HPEI(-i)	NIPO(+i)	NIPO(-i)
5	0.7550***	0.6760***	0.7833***	0.7877***	0.8432***	0.8141***	0.5678***	0.4207***
6	0.7437***	0.6494***	0.7642***	0.7639***	0.8257***	0.7948***	0.5967***	0.3961***
7	0.7313***	0.6240***	0.7452***	0.7370***	0.8064***	0.7756***	0.6151***	0.3987***
8	0.7220***	0.6025***	0.7281***	0.7142***	0.7912***	0.7592***	0.6218***	0.3908***
9	0.7045***	0.5716***	0.7058***	0.6856***	0.7714***	0.7355***	0.6233***	0.3814***
10	0.6861***	0.5398***	0.6829***	0.6587***	0.7494***	0.7102***	0.6135***	0.3696***

(b) 情绪代理指标的变动与中证流通指数收益率之间的互相关系数

	dHPM(+i)	dHPM(-i)	dLPM(+i)	dLPM(-i)	dCAI(+i)	dCAI(-i)	dNAFA(+i)	dNAFA(-i)	dLPBI(+i)	dLPBI(-i)
0	0.9278***	0.9278***	0.9328***	0.9328***	0.9485***	0.9485***	0.1057*	0.1057*	0.9120***	0.9120***
1	-0.0031	0.0517	0.0962*	0.0136	-0.0052	0.0675	0.2508***	-0.025	0.0298	0.0368
2	0.0746	0.1294**	0.0955*	0.0680	0.0646	0.1158**	0.1113**	0.0392	0.0644	0.1056*
3	0.0718	0.0581	0.0378	0.0226	0.0589	0.0575	-0.0163	0.0730	0.0195	0.0582
4	-0.0111	0.0109	-0.0106	-0.0611	-0.0428	-0.0177	0.0405	-0.0599	-0.0681	-0.0458
5	-0.0843	-0.0673	-0.1261**	-0.1436**	-0.1163**	-0.0837	0.0017	0.0009	-0.1289**	-0.1373**
6	0.0889	0.0587	0.0191	0.0402	0.0911	0.0992*	-0.0113	0.0332	0.0526	0.0719
7	-0.0381	-0.0966*	-0.0769	-0.0303	-0.0499	-0.0673	0.0334	0.0490	-0.0710	-0.0508
8	0.0805	0.0686	0.0793	0.0906	0.0819	0.0742	-0.0798	-0.0394	0.0880	0.0750

续表

	dHPM(+i)	dHPM(-i)	dLPM(+i)	dLPM(i)	dCAI(+i)	dCAI(-i)	dNAFA(+i)	dNAFA(-i)	dLPBI(+i)	dLPBI(-i)
9	0.0061	0.0582	0.0427	0.0167	0.0052	0.0346	0.0170	-0.0320	0.0246	0.0252
10	0.0417	0.0427	0.0083	0.0019	0.0309	0.0387	-0.0169	-0.0622	0.0421	0.753
	dHPBI(+i)	dHPBI(-i)	dLPEI(+i)	dLPEI(-i)	dHPEI(+i)	dHPEI(-i)	dNIPO(+i)	dNIPO(-i)		
0	0.8879***	0.8879***	0.9219***	0.9219***	0.9338***	0.9338***	-0.0262	-0.0262		
1	0.0332	0.0276	0.0150	0.0588	0.0813	0.0422	-0.0131	0.0358		
2	0.1268**	0.0750	0.0731	0.1218**	0.1132**	0.0702	0.0415	-0.0299		
3	0.0546	0.0106	0.0377	0.0640	0.0367	0.0345	0.0048	0.0804		
4	0.0090	-0.0503	-0.0501	-0.0045	-0.0134	-0.0613	-0.0191	-0.0631		
5	-0.1391**	-0.1062*	-0.0765	-0.0666	-0.1398**	-0.1379**	-0.0961*	0.0170		
6	0.0237	0.0140	0.0755	0.0905	0.0234	0.0167	0.0842	-0.1125**		
7	-0.0502	-0.0304	-0.0454	-0.0664	-0.0793	-0.0450	-0.0010	0.0084		
8	0.0752	0.1029*	0.0784	0.0713	0.0637	0.0969*	0.0318	0.0412		
9	0.0739	0.0430	0.0163	0.0281	0.0588	0.0503	0.0337	-0.0322		
10	0.0468	0.0205	0.0479	0.0487	0.0285	-0.0036	0.0433	0.0571		

续表

(c) 情绪代理指标（比率变量）与中证流通指数收益率之间的互相关系数

	$RTA(+i)$	$RTA(-i)$	$TURNOVER(+i)$	$TURNOVER(-i)$
0	-0.0685	-0.0685	-0.0404	-0.0404
1	0.1012*	-0.0631	0.1576***	-0.0318
2	0.2472***	-0.0523	0.2563***	-0.0296
3	0.2492***	-0.0613	0.2424***	-0.0359
4	0.1885***	-0.0048	0.1738***	0.0399
5	0.1583***	-0.0063	0.0960*	0.0245
6	0.1310**	0.0249	0.0918	0.0607
7	0.1308**	-0.0121	0.1055*	0.0259
8	0.1098**	-0.0002	0.0857	0.0227
9	0.1002*	-0.0148	0.0793	0.0340
10	0.0859	0.0277	0.0462	0.0741

注：***、**、*分别代表在1%、5%、10%的显著性水平下显著。

基于表4-4（a）及表4-4（c）的互相关分析结果，首先，以浅色阴影标记出互相关系数大于0.7的对应项（统计上认为，当两变量间的相关系数大于0.7时，代表两个变量间存在高度的线性相关），对于互相关系数均小于0.7的情绪代理指标序列，同样以浅色阴影标记出互相关系数绝对值最大的项及其临近项（临近项与最大值的偏差绝对值≤0.05），如此可以筛选出与中证流通指数表现较为相关的情绪指标同步项或"领先—滞后"项。但是，如上文所说，对于水平变量，较高的相关系数可能是由两者之间的协整关系导致的，因此，为了剔除趋势相关对互相关性的影响，有必要再结合表4-4（b）的互相关分析结果，筛选出表4-4（a）浅色阴影标记项中，其一阶差分序列与中证流通指数收益率间相关系数同样最大的项，以深色阴影着重标记，并予以保留。比如，情绪代理指标HPM的滞后0~8期、领先0~7期值与中证流通指数收盘价之间的相关性均达到0.7以上，以浅色阴影标记，但结合表4-4（b）的互相关分析结果可以看出，仅HPM的同步项与中证流通指数收益率的相关性最大，达到0.9278，因此，将HPM的同步项从浅色阴影标记转换为深色阴影标记，并予以保留。

根据以上做法，不仅可以判断各情绪代理指标与中证流通指数收盘价之间的"领先—滞后"关系，还可以筛选出对股市收益率影响较大的情绪指标同步项以及"领先—滞后"项，包括$HPM(0)$、$LPM(0)$、$CAI(0)$、$NAFA(+1)$、$LPBI(0)$、$HPBI(0)$、$LPEI(0)$、$HPEI(0)$、$NIPO(+6)$、$RTA(+2)$、$RTA(+3)$、$TURNOVER(+2)$、$TURNOVER(+3)$。其中，与中证流通指数同步变动的指标包括HPM、LPM、CAI、$LPBI$、$HPBI$、$LPEI$、$HPEI$；滞后于中证流通指数变动的情绪代理指标包括$NAFA$（滞后1期）、$NIPO$（滞后6期）、RTA（滞后2期、3期）、$TURNOVER$（滞后2期、3期），入选的指标中，暂不存在领先于中证流通指数变动的情绪代理指标。

4.1.5 相关性检验

经过4.1.4节的互相关分析，可筛选得到2008年1月4日至2014年5月30日期间，对国内股市收益率影响较大的情绪指标同步项以及"领先—滞后"项，包括$HPM(0)$、$LPM(0)$、$CAI(0)$、$NAFA(+1)$、$LPBI(0)$、$HPBI(0)$、$LPEI(0)$、$HPEI(0)$、$NIPO(+6)$、$RTA(+2)$、$RTA(+3)$、$TURNOVER(+2)$、$TURNOVER(+3)$，但这13个代理指标依然不是最终的筛选结果。如优化程序的步骤4和步骤5所述，4.1.2节~4.4.4节虽然已

经考虑了变量入选的范围、变量的合理性以及变量与股指间的"领先—滞后"关系,但并未考虑到变量与股指之间以及各代理变量之间的交互影响,如若某个代理指标的情绪表征作用偏弱,或者入选指数构建的某两个或多个代理变量间的相关性过强,则会使得投资者情绪测度产生偏差。对于这个问题,应该通过相关性分析对以上 13 个入选变量进行过滤,最终才能筛选得到可用于指数构建的情绪代理指标。基于此,该章节将先后从两个层面对这些变量进行相关性检验,首先,第一个层面为情绪代理变量与股指间的相关性分析,剔除与股指相关性较弱的代理变量(如优化程序步骤 4 所述);其次,第二个层面将对剩余的情绪代理变量,进行变量间的相关性分析,剔除与其他变量相关性较强的代理变量,以此获得最终入选的情绪代理变量(如优化程序步骤 5 所述)。

首先,分析各代理变量同步项或"领先—滞后"项与股指表现间的相关性。通过分析将相关性较低的代理变量同步项或"领先—滞后"项剔除,认为,变量与股指间的相关性越强,则其越适合表征投资者情绪,对于相关性较弱的代理变量,虽然原理上可能包含一定的情绪成分,但限于其数值表现,直接加入到情绪指数的构建中反而会影响情绪指标的质量,故将其剔除,仅保留最合适的情绪代理变量数据。此外,在相关性分析过程中,仍然将水平变量与比率变量分开:如若情绪代理变量是水平变量,则分析其与股指收盘价之间的相关性,如每周 IPO 数量与股指价格的相关性分析;如若代理变量是比率变量,则分析其与股指收益率间的相关性,如流通市值加权换手率与股指收益率的相关性分析。依此可以得到各代理变量对应的相关系数,见表 4-5。

表 4-5　　　　　　情绪代理变量与中证流通指数的
相关系数表——基于 Spearman 秩相关法

变量	HPM(0)	LPM(0)	CAI(0)	NAFA(+1)	LPBI(0)	HPBI(0)	LPEI(0)
P	0.9215 ***	0.8987 ***	0.9483 ***	0.2815 ***	0.9214 ***	0.8613 ***	0.9020 ***
R	/	/	/	/	/	/	/

变量	HPEI(0)	NIPO(+6)	RTA(+2)	RTA(+3)	TURNOVER(+2)	TURNOVER(+3)
P	0.9670 ***	0.5967 ***	0.2472 ***	0.2492 ***	0.2563 ***	0.2424 ***
R	/	/	/	/	/	/

注:(1)浅色阴影部分表示满足剔除标准,即相关系数绝对值小于边界值的代理变量;
(2)***、**、*分别代表在 1%、5%、10% 的显著性水平下显著。

基于表 4-5：情绪代理变量与中证流通指数间的相关系数结果，通过计算可以得到，所有相关系数绝对值的平均值为 $\mu = 0.6380$，标准差为 $\sigma = 0.3276$，若根据概率分布理论，采取 $|\rho_i| < \mu - \sigma = 0.3104$ 的筛选标准，则应该删除相关系数绝对值小于边界值 0.3104 的代理变量：NAFA(+1)、RTA(+2)、RTA(+3)、TURNOVER(+2)、TURNOVER(+3)，这说明相比其他情绪代理变量，每周新开基金账户数的滞后 1 期值、每周交易账户占比的滞后 2、3 期值，以及流通市值加权换手率的滞后 2、3 期值对市场投资者情绪的表征能力较弱，虽然以往的研究中均证实，在中国的股票交易市场中，交易账户数、换手率等指标与投资者情绪有一定的关系，但限于其在研究期间内的数值表现，认为仅凭经验将其直接加入到情绪指数的构建中，反而导致所构建出的投资者情绪指数有所偏颇，故将其剔除。经过第一层面的相关性分析，入选的代理变量仅剩余 8 个，分别为：HPM(0)、LPM(0)、CAI(0)、LPBI(0)、HPBI(0)、LPEI(0)、HPEI(0)、NIPO(+6)。

然后，分析剩余 8 个变量之间的相关性。从理论上说，经过以上步骤筛选得到的代理变量，它们之间并没有必然的联系，也就不应该存在显著的相关性，但从表 4-6 的相关性分析结果来看，多数情绪代理变量之间存在着较为显著的相关性，说明表面上不相关的变量，实际上受到同一个因素——投资者情绪的影响。为了避免代理变量间的相关性过强，导致信息重复，以及构造的投资者情绪指数可能会过分强调某一方向的作用，因此将结合表 4-6 中代理变量间的相关系数统计结果，合理剔除相关性较高的代理变量。

表 4-6 情绪代理变量间的相关系数——基于 Spearman 秩相关法

变量	HPM(0)	LPM(0)	CAI(0)	LPBI(0)
HPM(0)	1.0000			
LPM(0)	0.7569***	1.0000		
CAI(0)	0.9783***	0.8054***	1.0000	
LPBI(0)	0.9280***	0.7789***	0.9294***	1.0000
HPBI(0)	0.7619***	0.8587***	0.8083***	0.6570***
LPEI(0)	0.9513***	0.6902***	0.9268***	0.9528***
HPEI(0)	0.8587***	0.8698***	0.8788***	0.8669***
NIPO(+6)	0.5103***	0.5452***	0.4988***	0.5181***

续表

变量	HPBI(0)	LPEI(0)	HPEI(0)	NIPO(+6)
HPM(0)				
LPM(0)				
CAI(0)				
LPBI(0)				
HPBI(0)	1.0000			
LPEI(0)	0.6490***	1.0000		
HPEI(0)	0.8490***	0.8772***	1.0000	
NIPO(+6)	0.4378***	0.5700***	0.6021***	1.0000

注：(1) 浅色阴影部分表示满足剔除标准，即相关系数绝对值大于边界值的变量，需结合表4-5的相关性分析结果予以剔除；

(2) ***、**、*分别代表在1%、5%、10%的显著性水平下显著。

基于表4-6的相关系数结果，通过计算可以得到所有相关系数绝对值的平均值为 $e=0.6456$、标准差为 $\varepsilon=0.2670$，这里依据优化程序步骤5，基于概率分布理论，采取 $|\rho_{ij}|>e+\varepsilon=0.9126$ 的筛选标准，则应相机删除相关系数绝对值大于边界值0.9126的原始代理变量，剔除的原则是结合表4-5：情绪代理变量与中证流通指数的相关系数结果，剔除与股指相关性较小的入选代理变量。例如，HPM(0) 与 CAI(0) 的相关系数达到0.9783，但考虑到 HPM(0) 与中证流通指数表现间的相关系数为0.9215，而 CAI(0) 与中证流通指数表现间的相关系数为0.9483，相比 HPM(0) 来说，CAI(0) 与市场表现的相关性更强，所以，为了避免信息重复计量，选择剔除与股指相关性较小的 HPM(0)，保留与股指相关性较大的 CAI(0)。据此，所有的入选变量中，应该剔除 HPM(0)、LPBI(0) 和 LPEI(0)，最终入选的代理变量为 LPM(0)、CAI(0)、HPBI(0)、HPEI(0)、NIPO(+6)，包括4个对中证流通指数走势影响较大的情绪指标同步项：LPM(0)、CAI(0)、HPBI(0)、HPEI(0)，以及1个滞后于中证流通指数若干期的情绪代理指标 NIPO(+6)。

但是，考虑到最终入选的5个代理指标均只能从单一角度直接或间接地反映投资者的情绪变化，无法明确判断出究竟哪个指标更能表征投资者的情绪。此外，这些代理变量之间可能仍存在着一定程度的相关性，也就是说，它们所包含的信息会有小部分的重叠。因此，后续章节将通过一定的处理方式，在降低算法复杂度的同时，提取出各指标中所含有的情绪信息，并将其综合起来，构造可以代表投资者情绪变化的综合指数。

4.1.6 入选指标预处理

在构造投资者情绪综合测度指数之前，需要对最终入选的原始代理变量进行数据预处理。首先，基于贝克和沃格勒（2006）的研究结论认为，投资者情绪在引导投资者决策的同时，本身也会受到宏观经济因素变动的影响，如IPO的数量会随着宏观经济周期的波动而发生变化，但这种建立在对宏观经济现实运行情况的客观分析之上，不基于投资者心理因素影响的理性情绪，不包含在此次研究的考察范围之内，因此，将通过以下多元回归模型法先将投资者情绪中的理性成分剥离出来，并予以剔除，仅保留投资者情绪中的非理性成分：

$$I_t = \lambda_0 + \lambda_i \sum_{i=1}^{n} Macro_{it} + \varepsilon_t \qquad (4-7)$$

式中，I_t 为第 t 期的原始代理变量值，即 $LPM(0)$、$CAI(0)$、$HPBI(0)$、$HPEI(0)$、$NIPO(+6)$；$Macro_{it}$ 为反映宏观经济基本面的一系列指标；λ_i 为待估计参数；λ_0 为常数项；ε_t 为回归方程的残差，代表剔除宏观经济基本面影响的非理性情绪部分。这里，考虑到我国宏观经济周期变量的可代表性和周数据的可得性，本书将选用中国大宗商品价格指数和央行周度货币净投放量两个指标作为反映宏观经济基本面因素的代理变量。

1. 中国大宗商品价格指数（China Commodity Price Index，CCPI）

中国大宗商品价格指数，是依托"中国流通产业网"大宗商品现货价格的周度数据库，以2006年6月为基期，利用加权平均法计算的定基指数，该指数涵盖了能源、钢铁、矿产品、有色金属、橡胶、农产品、牲畜、油料油脂及食糖9大类别26种商品，可用来反映中国大宗商品现货市场走势，成为研究中国宏观经济活动的重要指标[①]。当中国大宗商品现货价格走高，将助长投资者的看多情绪；反之，当中国大宗商品现货价格走低，将使得投资者对经济发展信心不足，对后市则倾向于看空。CCPI指标取自万得资讯数据库。

---

① 摘自中国流通产业网：http://www.e-circulation.cn/html/15xinBan/index.html。

2. 央行每周货币净投放量（Money Net Supply，MNS）

央行货币净投放量，指的是货币总投放量大于货币回笼量的那部分，即货币净投放量 = 货币总投放量 − 货币回笼量，代表社会商品流通中货币流通总量的一个趋势。当货币总回笼量小于货币总投放量时，社会经济就体现为货币净投放，说明整个社会的流动性较为充裕，将会带动股市上涨，从而导致投资者情绪高涨；反之，当货币总回笼量大于货币总投放量时，社会经济就体现为货币净回笼，说明整个社会的流动性收紧，资产价格存在下行压力，进而对投资者情绪造成消极的影响。MNS 指标同样取自万得资讯数据库。

为了初步判断情绪原始代理变量中是否包含一定的宏观基本面信息，可以分别计算 5 个投资者情绪代理变量 $LPM(0)$、$CAI(0)$、$HPBI(0)$、$HPEI(0)$、$NIPO(+6)$ 与两个宏观经济变量 $CCPI$、MNS 之间的相关系数，如果变量间的相关性比较显著，则认为情绪代理变量的变动有一定程度是由宏观经济变化所驱动的。相关系数计算结果见表 4-7。

表 4-7　情绪原始代理变量与宏观经济变量间的相关性

变量	$LPM(0)$	$CAI(0)$	$HPBI(0)$	$HPEI(0)$	$NIPO(+6)$
中国大宗商品价格指数 $CCPI$	−0.0026	0.0775	0.1902 ***	−0.0105	0.1543 ***
央行每周货币净投放量 MNS	−0.0039	0.0088	0.0369	0.0151	0.1342 **

注：***、**、* 分别代表在 1%、5%、10% 的显著性水平下显著。

由表 4-7 的分析结果可以看出，多数投资者情绪代理变量与宏观经济变量之间的确存在一定程度的相关性，因此，有必要基于式（4-7）将投资者情绪代理变量 $LPM(0)$、$CAI(0)$、$HPBI(0)$、$HPEI(0)$、$NIPO(+6)$ 分别与以上两个宏观经济指标 $CCPI$、MNS 进行线性回归，以剔除各投资者情绪代理变量中所包含的宏观基本面信息，或可理解为理性预期成分，由此可得到以下回归函数：

$$LPM_t = 1069 + 4.054 CCPI_t - 0.003 MNS_t + \varepsilon_{1t}$$
$$(p<0.001) \quad (p<0.001) \quad (p=0.843) \quad (4-8)$$

$$CAI_t = 2660.764 + 5.628 CCPI_t - 0.014 MNS_t + \varepsilon_{2t}$$
$$(p<0.001) \quad (p=0.002) \quad (p=0.610) \quad (4-9)$$

第4章 | 投资者情绪综合测度指数的构建研究

$$HPBI_t = 681.123 + 4.162CCPI_t - 0.004MNS_t + \varepsilon_{3t}$$
$$(p<0.001)\ (p<0.001)\ (p=0.703) \quad (4-10)$$

$$HPEI_t = 852.386 + 1.081CCPI_t - 0.005MNS_t + \varepsilon_{4t}$$
$$(p<0.001)\ (p<0.112)\ (p=0.593) \quad (4-11)$$

$$NIPO_{t+6} = 0.993 + 0.016CCPI_{t+6} + 0.0002MNS_{t+6} + \varepsilon_{5(t+6)}$$
$$(p=0.520)\ (p=0.171)\ (p=0.183) \quad (4-12)$$

通过以上5个多元回归方程得到的残差序列 ε_{1t}、ε_{2t}、ε_{3t}、ε_{4t}、$\varepsilon_{5(t+6)}$，分别用 $ELPM(0)$、$ECAI(0)$、$EHPBI(0)$、$EHPEI(0)$、$ENIPO(+6)$ 表示，代表剔除宏观经济基本面变动之后的非理性投资者情绪代理变量。

接着，考虑到在多指标评价体系中，由于各评价指标的性质不同，通常具有不同的量纲和数量级，当 $ELPM(0)$、$ECAI(0)$、$EHPBI(0)$、$EHPEI(0)$、$ENIPO(+6)$ 各指标间的水平相差较大时，如果直接用原始指标值进行分析，就会突出数值较高的指标在降维中的作用，而相对削弱数值水平较低指标的作用，导致降维过程出现偏差。因此，为了解决各指标数值存在不可综合性的问题，就需要在构造综合指数之前，对原始指标数据进行标准化处理。

这里，由于入选的投资者情绪原始代理变量均不服从正态分布，因此，本书选择0~1标准化（又称离差标准化）方法将各指标标准化，该方法是将某变量的观察值减去该变量最小值，然后除以该变量的极差，具体的计算公式为

$$y_i = \frac{x_i - \min_{1\leq j\leq n}\{x_j\}}{\max_{1\leq i\leq n}\{x_j\} - \min_{1\leq j\leq n}\{x_j\}} \quad (4-13)$$

$ELPM(0)$、$ECAI(0)$、$EHPBI(0)$、$EHPEI(0)$、$ENIPO(+6)$ 经离差标准化后的序列，以 $sLPM(0)$、$sCAI(0)$、$sHPBI(0)$、$sHPEI(0)$、$sNIPO(+6)$ 表示，标准化后，各变量的观察值都将落在（0，1）之间，且经标准化的数据都是没有单位的纯数量，可直接用于下文的指数构造。

预处理后，对入选的情绪代理指标再次进行描述性统计，结果见表4-8。

表4-8　预处理后指标描述性统计结果

变量	均值	标准差	偏度	峰度	J-B值	Prob	ADF检验	Prob
$sLPM(0)$	0.5994	0.2150	-0.42	-0.12	9.51	0.009	-2.05	0.555
$sCAI(0)$	0.3197	0.1457	1.31	3.64	275.78	0.000	-3.80	0.019

续表

变量	均值	标准差	偏度	峰度	J–B 值	Prob	ADF 检验	Prob
sHPBI(0)	0.3387	0.1558	1.10	3.14	201.23	0.000	−3.75	0.022
sHPEI(0)	0.3629	0.1818	0.62	0.38	23.34	<0.001	−2.76	0.256
sNIPO(+6)	0.1566	0.1251	2.11	8.60	1249.25	0.000	−2.82	0.231

注：Prob 代表左侧统计量对应的 p 值，p 值越小，意味着越有理由拒绝原假设。

4.2 投资者情绪综合测度指数构建

为了克服单一指标在表征投资者情绪时所存在的弊端，本节将沿袭以往研究中部分学者的观点，试图通过一定的处理手段，将多个单一指标的信息结合起来，构造某种综合指数以表征投资者的情绪变动。关于投资者情绪综合测度指数的构造，目前，多数的学术研究以及金融机构的投资策略中，主要是基于主成分分析法，如贝克和沃格勒早在 2006 年就基于封闭式基金折价率、市场成交量、IPO 上市公司数量、IPO 上市公司首日收益率、股利收益率和股票发行/证券发行比率六个客观市场指标采用主成分分析法，并依据第一主成分准则，仅选取第一主成分的因子组成来构造投资者情绪综合测度指数；国内学者易志高和茅宁（2009）则基于封闭式基金折价率、交易量、IPO 数量及上市首日收益、消费者信心指数以及新增投资者开户数进行主成分分析，其依据累计解释力 85% 准则，采用六个变量所合成的第一至第五主成分的加权平均值来构造投资者情绪综合测度指数；之后李正欣等（2013）分析了传统主成分分析方法在多元时间序列降维中的局限性，提出了一种基于共同主成分分析的多元时间序列降维方法，并通过仿真实验比较了传统主成分分析法与共同主成分分析法的降维有效性和计算复杂度，实证分析结果表明，共同主成分分析法能够以相对较小的计算代价，更有效地对多元时间序列进行降维。总而言之，主成分分析法虽然能最大限度地提取出变量中非重复的信息，但也存在着弊端，由于合成主成分因子的代理指标中，可能仍混杂着大量与投资者真实情绪无关的偏差信息，且究竟是基于第一主成分准则，还是选用多个共同成分加权平均来构造投资者情绪综合测度指数，更能提高其拟合精度，也同样难以确定。为了解决这个问题，王镇和郝刚（2014）借鉴黄等（2014）的研究方式，采用偏最小二乘法（PLS 法）来重新构建投资者情绪综合指数，并与传统的主成分分析法构建的综合指数进行比较,结果发现采用 PLS 法在反映投资者情绪与市场收益率的变动趋势时,效果要优于主成分分析法。原因主要是 PLS 法的优势在于可以从投资者情绪代理指标中尽可能地直接挖掘出与投资者情绪相关的信息,从而保证所提取的信息更接近于真实的投资者情绪。基于此,本书也将采用偏最小二乘法来重构投资者情绪综合测度指数。同时,相比于主成分分析法和偏最小二乘法,LASSO 法对于数据的要求更低,应用范围更广。此外,LASSO 回归法在拟合广义线性模型的同时还可进行变量筛选和复杂度调整,这里的变量筛选指的是不把所有的变量都放入模型中进行拟合,而是有选择地把变量放入模型中,从而得到更好的性能参数。复杂度调整指的是通过一系列参数控制模型的复杂度,从而避免过度拟合,因为对于线性模型来说,复杂度与模型的变量数有直接的关系,变量数越多,模型的复杂度就越高,较多的变量在拟合时往往可以构造一个看似更好的模型,但同时也可能导致过度拟合,LASSO 法主要是通过构造惩罚函数来剔除异常点对模型拟合效果的影响,并且最大程度地避免模型的过度拟合。据此,本书也将充分利用 LAS-SO 回归方法的上述优势,尝试将 LASSO 回归法运用于情绪综合指数的构建中,以构造出精度更高的情绪综合测度指数。

本节将利用预处理后的投资者情绪代理变量,即 2008 年 1 月 4 日至 2014 年 5 月 30 日的 $sLPM(0)$、$sCAI(0)$、$sHPBI(0)$、$sHPEI(0)$、$sNIPO(+6)$ 数据,然后基于三种方法,分别是主成分分析法、偏最小二乘法以及 LASSO 回归法以实现投资者情绪综合测度指数的构造。

4.2.1 基于主成分分析法

1. 主成分分析法构造指数原理简介

主成分分析法(Principal Component Analysis,PCA 法)应该是多变量分析中最古老也是应用最广泛的分析方法,其最早是由美国统计学家皮尔逊(Pearson,1901)提出并引入至生物学理论的研究中,之后浩特林(Hotelling,1933)将此分析手段运用至心理学研究领域,卡胡南(Karhunen,1947)用概率论的形式再次对其进行研究和改进,后经勒努(Loe've)进一步扩充和完善后,可用来解决原始变量的信息提取问题,因此,主成分分析理论又称为 Karhunen – Loe've 变换,它是统计学中用于分析多元数据的一种有效方法。

主成分分析法的实质是寻找一组相互正交的方向向量（主成分），构成一个低维特征空间，使得原始数据在保留主要特征的前提下，在低维特征空间上的投影能够最大限度地体现差异性。这里，将方差的大小视作衡量保留信息量多少的标准，通过线性变换保留方差大、含信息多的分量，舍弃含信息量少的分量，或者说变异不大的变量方向，从而在最小均方误差下，降低数据的维数。例如，对二元变量（X_1，X_2）的 30 次观察值进行主成分分析，得到两个相互正交的主成分 PC_1 和 PC_2，两个主成分均可由原始变量的线性变化得到，如图 4-3 所示，二维平面上 30 个点的波动大部分可以归结为在 PC_1 方向的波动，而在 PC_2 方向上的波动很小，可以忽略，如此可以在不损失或损失很少原有信息的前提下，将原来个数较多且彼此相关的二维变量（X_1，X_2），用线性组合的方法转化成新的个数较少且彼此不相关的一维变量 PC_1，从而达到降维的目的。主成分分析法可据此扩展至多维的原始变量系统中。

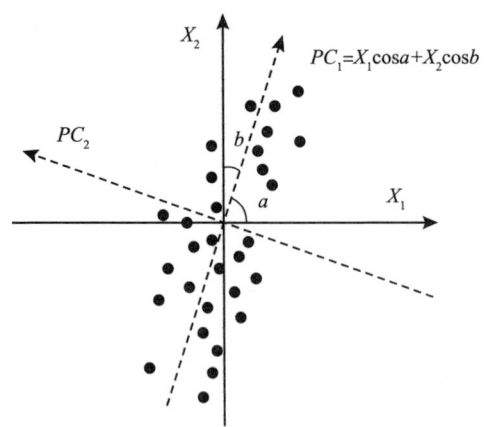

图 4-3　多元数据对象的两个主成分

考虑到此次研究分析的重点，本书将不再对主成分分析法中的特征值、特征向量以及各主成分的组合系数等概念进行过多的赘述，而是仅描述主成分分析法在提取投资者情绪信息，构造投资者情绪综合测度指数方面的应用。就迄今为止的研究成果来看，在测度投资者情绪的问题上，最大的难点依然是跟踪体系的多目标性，即判断当前的投资者情绪是高涨还是低迷时，往往需要综合观察多个投资者情绪代理变量，对于多变量空间中的点，很难直接测度其包含情绪信息的充分程度、重要程度，以及当前的投资者情绪状态。因此，投资者情绪测度的研究焦点，依然是如何科学、客观且全面地将一个多目标问题综合成一个单一复合指数的形式，而构造复合指数的主要方法是对各原始代理变量进行加权，然后再将其通过线性组合的方式进行综合。例如，原始投资者情绪代理指标分别为 I_1，I_2，$\cdots$，I_p，通过某种技术手段可以得到它们的权重分别是 w_1，w_2，$\cdots$，w_p，则投资者情绪综合测度指数应表示为

$$SENT = w_1 I_1 + w_2 I_2 + \cdots + w_p I_p \quad (4-14)$$

显然，在式（4-14）中，情绪综合测度指数 $SENT$ 被视作代理变量 I_1，I_2，$\cdots$，I_p 的线性组合，I_1，I_2，$\cdots$，I_p 均为已知的代理变量时间序列，因此，构造情绪综合测度指数的关键点就转化为指标权重的确定问题。在确定指标权重的问题上，主成分分析法优于专家评分法的地方在于，主成分分析法是以较少数不相关的综合变量取代原有的多维变量，即把原始指标体系综合成较少个主成分，再以这几个主成分的贡献率为权重进行加权平均，构造出一个综合测度指数，也就是说，各主成分的权重是取自于其本身的贡献率，它反映了该主成分包含原始数据的信息量占全部信息量的比重，依此方法确定的权重是客观、合理的，它克服了其他方法中人为主观确定权重的缺陷，且消除了评价指标之间的相关性，减小了信息的交叉和冗余。

具体来看，基于 PCA 法构造投资者情绪综合测度指数包括以下 3 个步骤。

（1）将剔除理性成分且标准化之后的情绪代理指标序列 I 进行主成分分析，得到所有主成分中各代理变量的组合系数 β_{ij}，以及对应的方差贡献率 w_k。

（2）确定主成分的个数。依据累积贡献率 85% 准则，选取累积贡献率大于等于 85% 的前 m 个主成分，舍弃剩余的包含信息较少的 $(p-m)$ 个主成分：

$$\begin{aligned} comp_1 &= \beta_{11} I_1 + \beta_{12} I_2 + \cdots + \beta_{1p} I_p \\ comp_2 &= \beta_{21} I_1 + \beta_{22} I_2 + \cdots + \beta_{2p} I_p \\ &\cdots \\ comp_m &= \beta_{m1} I_1 + \beta_{m2} I_2 + \cdots + \beta_{mp} I_p \end{aligned} \quad (4-15)$$

（3）计算每个主成分的综合得分公式为

$$\begin{aligned} SENT\_PCA &= w_1 \times comp_1 + w_2 \times comp_2 + \cdots + w_m \times comp_m \\ &= w_1 \times (\beta_{11} I_1 + \beta_{12} I_2 + \cdots + \beta_{1p} I_p) + w_2 \times (\beta_{21} I_1 + \beta_{22} I_2 + \cdots \\ &\quad + \beta_{2p} I_p) + \cdots + w_m \times (\beta_{m1} I_1 + \beta_{m2} I_2 + \cdots + \beta_{mp} I_p) \end{aligned}$$

$$= (w_1 \quad w_2 \quad \cdots \quad w_m) \begin{bmatrix} \beta_{11} & \beta_{12} & \cdots & \beta_{1p} \\ \beta_{21} & \beta_{22} & \cdots & \beta_{2p} \\ \vdots & \vdots & \vdots & \vdots \\ \beta_{m1} & \beta_{m2} & \cdots & \beta_{mp} \end{bmatrix} \begin{bmatrix} I_1 \\ I_2 \\ \vdots \\ I_p \end{bmatrix} \quad (4-16)$$

也就是说，PCA 法构造的投资者情绪综合测度指数最终可以表示为

$$SENT\_PCA = W'\beta I \quad (4-17)$$

式中，$W = (w_1, w_2, \cdots, w_m)$ 为各主成分对应的方差贡献率矩阵，β 为所有主成分中各代理变量的系数矩阵，$I = (I_1, I_2, \cdots, I_p)'$ 为所有入选的原始情绪代理指标。

2. 基于 PCA 法构造投资者情绪综合测度指数

基于上述理论，可以利用主成分分析法将各原始代理指标所包含的情绪信息通过线性组合的方式综合起来，构造出能最大程度反映投资者情绪的综合测度指数。本书利用预处理后得到的投资者情绪代理指标序列：$sLPM(0)$、$sCAI(0)$、$sHPBI(0)$、$sHPEI(0)$、$sNIPO(+6)$ 共 5 个指标，采用累积贡献率 85% 准则进行主成分分析。

根据表 4-9 的分析结果，结合图 4-4 可以发现，选取第 1 个主成分和前两个主成分时，方差累积贡献率分别达到 75.60% 和 92.93%，根据累积贡献率 85% 准则，本书将选择前两个主成分（累积贡献率达到 92.93% > 85.00%），构造投资者情绪综合测度指数。

表 4-9 PCA 法各主成分解释力

主成分	特征值	相邻特征值的差异	主成分贡献率	累积贡献率
$comp_1$	3.77983868	2.91317113	0.7560	0.7560
$comp_2$	0.86666755	0.64918233	0.1733	0.9293
$comp_3$	0.21748522	0.13394278	0.0435	0.9728
$comp_4$	0.08354244	0.03107633	0.0167	0.9895
$comp_5$	0.05246611		0.0105	1

第4章 投资者情绪综合测度指数的构建研究

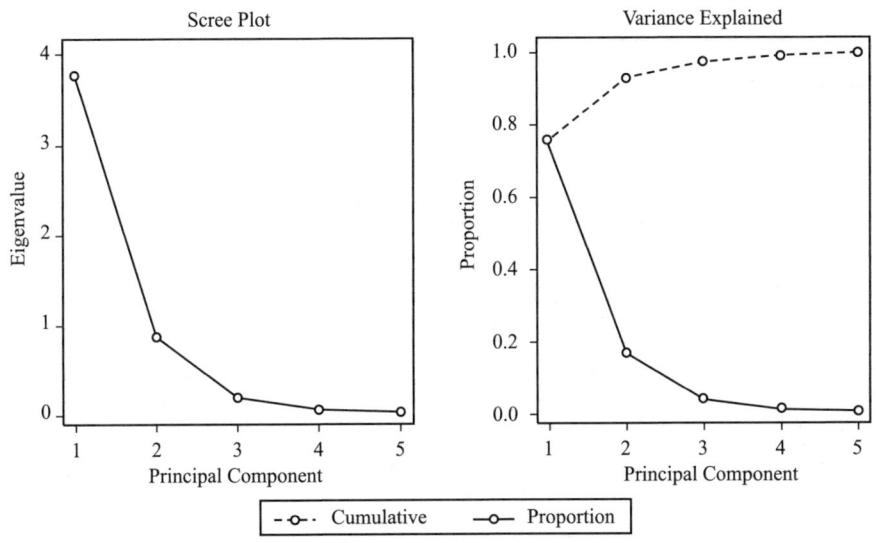

图 4-4 各主成分对应特征值及贡献度

基于表 4-10：各主成分中代理变量的组合系数，并以表 4-10 中各主成分的解释力为权重进行加权平均，代入式（4-15）中，构造出投资者情绪综合测度指数 SENT_PCA 为

$$comp_1 = 0.4684 \times sLPM_t + 0.4813 \times sCAI_t + 0.4846 \times sHPBI_t$$
$$\qquad + 0.5016 \times sHPEI_t + 0.2503 \times sNIPO_{t+6}$$
$$comp_2 = 0.0892 \times sLPM_t - 0.2368 \times sCAI_t - 0.2542 \times sHPBI_t$$
$$\qquad - 0.0748 \times sHPEI_t + 0.9305 \times sNIPO_{t+6} \qquad (4-18)$$
$$SENT\_PCA_t = 0.7560 \times comp_1 + 0.1733 \times comp_2$$
$$SENT\_PCA_t = 0.3695 \times sLPM_t + 0.3228 \times sCAI_t + 0.3223 \times sHPBI_t$$
$$\qquad + 0.3662 \times sHPEI_t + 0.3504 \times sNIPO_{t+6} \qquad (4-19)$$

基于主成分分析法拟合出的情绪综合测度指标 SENT_PCA 与各情绪代理变量间的相关系数见表 4-11。

表 4-10 PCA 法各主成分中代理变量的系数

主成分	sLPM(0)	sCAI(0)	sHPBI(0)	sHPEI(0)	sNIPO(+6)
$comp_1$	0.46835	0.481288	0.484563	0.50158	0.25025
$comp_2$	0.089212	-0.236756	-0.254206	-0.074777	0.930471

— 111 —

续表

主成分	sLPM(0)	sCAI(0)	sHPBI(0)	sHPEI(0)	sNIPO(+6)
$comp_3$	-0.862448	0.384827	0.148002	0.175741	0.235166
$comp_4$	-0.150386	-0.672534	0.720046	0.067464	0.045433
$comp_5$	0.079104	0.334537	0.400259	-0.841064	0.119297

表4-11 投资者情绪综合测度指标（基于PCA法）与代理变量之间的相关性

SENT_PCA	sLPM(0)	sCAI(0)	sHPBI(0)	sHPEI(0)	sNIPO(+6)
因子组成	0.3695	0.3228	0.3223	0.3662	0.3504
相关系数	0.9508***	0.9118***	0.9393***	0.9592***	0.5963***
sLPM(0)	1.0000				
sCAI(0)	0.8320***	1.0000			
sHPBI(0)	0.8927***	0.8694***	1.0000		
sHPEI(0)	0.8786***	0.8922**	0.9144***	1.0000	
sNIPO(+6)	0.4894***	0.4351***	0.4133***	0.5790***	1.0000

注：表4-11中的第1行数据为5个代理指标在情绪复合指数中的因子组成，第2行数据为情绪复合指数与代理指标间的相关系数，第3~7行为代理指标之间的相关系数，***、**、* 分别代表在1%、5%、10%的显著性水平下显著。

表4-11中的数据是利用5个最终入选的代理变量所构建的情绪综合测度指数 SENT_PCA 与这5个指标之间的相关系数，以及各代理变量在 SENT_PCA 中的因子组成。由相关系数统计结果可以看出，sLPM(0)、sCAI(0)、sHPBI(0)、sHPEI(0) 与 SENT_PCA 的相关程度最高，相关系数分别为 0.9508、0.9118、0.9393、0.9592；sNIPO(+6) 与 SENT_PCA 之间也具有一定程度的相关性，相关系数为 0.5963，说明在本次样本期间内，不存在提前反映投资者情绪变动的指标，多数指标均倾向于同步反映投资者的情绪变动，代理变量滞后项对情绪的影响较弱。再从因子组成系数的角度来分析，可以看出，各情绪代理变量的因子组成系数均为正，说明 sLPM(0)、sCAI(0)、sHPBI(0)、sHPEI(0)、sNIPO(+6) 均为基于PCA法构造综合指数的正向指标。

为了初步观察 SENT_PCA 的波动对股票市场收益变动的解释能力，故绘制图4-5：基于PCA法构造的投资者情绪综合测度指数与中证流通指数收盘价的对比图。通过两者走势的对比，可以看出，SENT_PCA 的变动对中证流通指数收盘价的变动具有一定的解释能力，且效果较为理想。

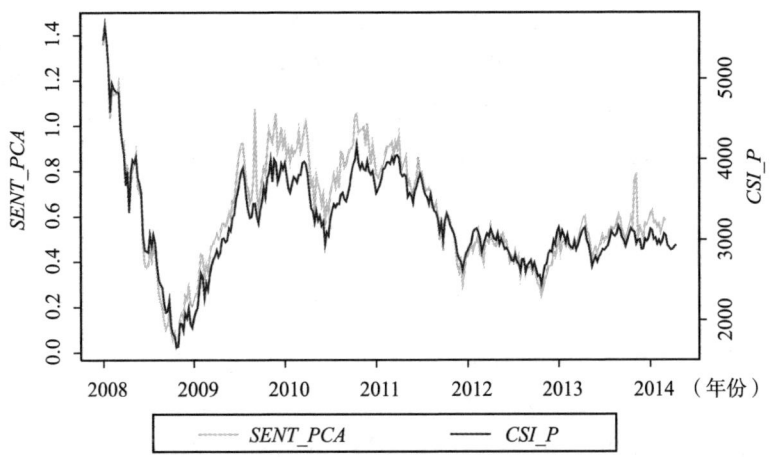

图 4-5　投资者情绪综合测度指数与中证流通指数收盘价对比（基于 PCA 法）

4.2.2　基于偏最小二乘法

1. 偏最小二乘法构造指数的原理简介

偏最小二乘法（Partial Least Squares，PLS 法）于 1983 年由沃德（Wold）和阿尔伯纳（Albano）等首次提出，它能够在小样本的情况下实现多变量对多变量的回归建模，后经克里和普如特（Kelly & Pruitt，2015）改进后可用来解决变量信息的提取问题。与主成分分析法不同的是，偏最小二乘法采用对预测变量 X 和响应变量 Y 都进行分解的方法，从两者中同时提取成分（通常称为因子），再将因子按照它们之间的相关性从大到小排列。也就是说，偏最小二乘法所提取的成分既能很好地解释预测变量中的信息，又能很好地概括响应变量，并排除系统中的噪声干扰，因而可有效改善 PCA 法仅提取隐藏在预测变量 X 中的信息，导致回归模型精度下降的问题。考虑到此次研究的核心问题，本书也仅描述偏最小二乘法在提取投资者情绪信息，构造投资者情绪综合测度指数方面的应用。假设股指当期收盘价在一定程度上受到当期投资者情绪的影响，用公式可以表示为

$$E(P_t) = \alpha + \beta SENT_t \qquad (4-20)$$

式中，$SENT_t$ 表示第 t 期的投资者情绪综合测度指数，P_t 表示中证流通指数第 t 期的收盘价，该式表明中证流通指数在第 t 期的期望收盘价与第 t 期的投资者情绪相关。则中证流通指数在第 t 期的真实收盘价为

$$P_t = E(P_t) + \varepsilon_t = \alpha + \beta SENT_t + \varepsilon_t \quad (4-21)$$

式中，ε_t 为残差项，其不可预测且与情绪 $SENT_t$ 无关，令 $\boldsymbol{I}_t = (I_{1t}, I_{2t}, \cdots, I_{pt})'$ 表示在第 t 期的 $n \times 1$ 阶单个投资者情绪代理变量向量，且假设各原始代理指标中均包含一定比例的投资者情绪成分，具体表示为

$$I_{it} = \eta_{i0} + \eta_{i1} SENT_{it} + \eta_{i2} V_{it} + e_{it} \quad (4-22)$$

$SENT_t$ 应为 $SENT_{it}$ 的某种线性组合，即 $SENT_t$ 与 $SENT_{it}$ 之间的关系为

$$SENT_t = \sum_{i=1}^{p} w_i SENT_{it} \quad (4-23)$$

式中，$SENT_{it}$ 表示原始代理变量 I_{it} 中所包含的投资者情绪信息，V_{it} 表示与投资者情绪无关但与中证流通指数收盘价相关的偏差信息，e_{it} 为代理变量 I_{it} 中包含的特有噪音，η_{i1}、η_{i2} 分别代表 $SENT_{it}$ 和 V_{it} 对代理变量 I_{it} 的敏感度，w_i 表示代理变量 I_{it} 所包含的投资者情绪信息占综合测度指数的权重。

因此认为，构造情绪综合测度指数的核心在于如何将每个原始代理指标 I_{it} 结构中的投资者情绪信息 $SENT_{it}$ 分解出来，偏最小二乘法优于主成分分析法之处就在于可有效排除信息偏差 V_{it} 和特有噪声 e_{it} 的干扰，构造出更能反映真实投资者情绪的综合测度指数。

综合式（4-21）~式（4-23），整理可以得到，单个投资者情绪代理指标 $\boldsymbol{I}_t = (I_{1t}, I_{2t}, \cdots, I_{pt})'$ 与中证流通指数收盘价 P_t 之间存在的关系为

$$P_t = \pi_0 + \sum_{i=1}^{p} \pi_i I_{it} + \mu_t \quad (4-24)$$

式中，π_i 表示原始代理变量 I_{it} 对中证指数收盘价的解释能力。结合式（4-21）~式（4-23）可以看出，各投资者情绪代理变量 I_{it} 可表示成中证流通指数收盘价的线性函数，且与不可预测的偏差 ε_t 无关，因此认为，式（4-24）的 π_i 可以用来反映各投资者情绪代理变量 I_{it} 对投资者情绪综合测度指数 $SENT_t$ 的贡献程度，至于每个代理变量对投资者情绪的贡献度具体为多少，可以通过各投资者情绪代理变量 I_{it} 与中证指数收盘价 P_t 之间的协方差来确定。然后，基于 PLS 法构造的投资者情绪综合测度指数可以表示为

$$SENT\_PLS_t = \pi I_t \quad (4-25)$$

式中，$\boldsymbol{I}_t = (I_{1t}, I_{2t}, \cdots, I_{pt})'$ 表示单个情绪原始代理变量序列，$\pi = (\pi_1,$

$\pi_2, \cdots, \pi_p)'$表示各代理指标在投资者情绪综合测度指数中所占的权重。

2. 基于 PLS 法构造投资者情绪综合测度指数

基于上述简要推导得出，利用偏最小二乘法构造的投资者情绪综合测度指数在理论上要优于主成分分析法，本书同样选用预处理后得到的投资者情绪代理指标序列：$sLPM(0)$、$sCAI(0)$、$sHPBI(0)$、$sHPEI(0)$、$sNIPO(+6)$ 共 5 个指标，基于偏最小二乘法构造投资者情绪综合测度指数。

首先，在模型中的主成分个数没有确定之前，应先通过一定的方法来确定主成分的个数，对于主成分的选取问题，一般情况下，如果选取的成分个数过多，则极有可能导致模型中存在过度拟合的问题；反之，如果选取的主成分个数过少，则很可能漏掉某些重要的信息。因此，为了找到最优的主成分个数，有必要根据"留一交叉验证法"（Leave-one-out Cross Validation）的结果，选取误差平方和最小，或者误差平方和几乎不再变化时，所对应的成分个数作为最终模型选取的成分个数。基于"留一交叉验证法"选取不同的主成分，对模型进行初步拟合，结果见表 4 - 12。

表 4 - 12　　　　　　　　　PLS 法模型初步拟合结果

(a) 不同主成分个数对应的误差平方和						
	(Intercept)	1comps	2comps	3comps	4comps	5comps
CV	0.156	0.0371	0.0311	0.0297	0.0286	0.0286
adjCV	0.156	0.0371	0.0311	0.0297	0.0286	0.0286
(b) 不同主成分个数对应方差累积贡献率						
	1comps	2comps	3comps	4comps	5comps	
I	81.38	90.96	96.87	98.91	100.00	
P	94.44	96.10	96.49	96.74	96.74	

表 4 - 12 列示了不同主成分个数对应的模型拟合结果，基于表 4 - 12 中"留一交叉验证法"求得的不同成分个数所对应的误差平方和结果，结合图 4 - 6 可以看出，当主成分个数为 2 时，误差平方和几乎不再发生变化，且对中证流通指数收盘价 P、各原始代理变量 I 的方差累积贡献率均达到了 85% 以上（对中证流通指数收盘价 P 的方差累积贡献率为 96.10%，对各原

始代理变量 I 的方差累积贡献率为 90.96%），因此，确定模型中主成分的最终个数为 2，并基于该结论构造投资者情绪综合测度指数 SENT_PLS 为

$$SENT\_PSL_t = 0.1369 \times sLPM_t + 0.2916 \times sCAL_t + 0.2234 \times sHPBi_t$$
$$+ 0.2969 \times sHPEI_t - 0.0104 \times sNIPO_{t+6} \qquad (4-26)$$

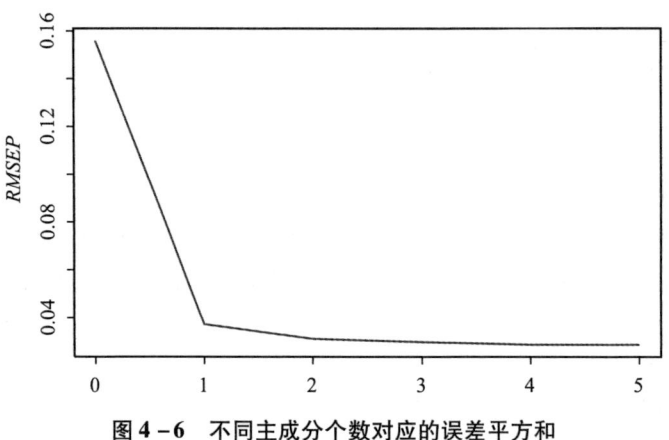

图 4-6　不同主成分个数对应的误差平方和

基于偏最小二乘法拟合出的投资者情绪综合测度指标 SENT_PCA 与各情绪代理变量间的相关系数见表 4-13。

表 4-13　投资者情绪综合测度指标（基于 PLS 法）与代理变量之间的相关性

SENT_PLS	sLPM(0)	sCAI(0)	sHPBI(0)	sHPEI(0)	sNIPO(+6)
因子组成	0.1369	0.2916	0.2234	0.2969	-0.0104
相关系数	0.9350***	0.9439***	0.9626***	0.9704***	0.4913***
sLPM(0)	1.0000				
sCAI(0)	0.8320***	1.0000			
sHPBI(0)	0.8927***	0.8694***	1.0000		
sHPEI(0)	0.8786***	0.8922**	0.9144***	1.0000	
sNIPO(+6)	0.4894***	0.4351***	0.4133***	0.5790***	1.0000

注：表中的第 1 行数据为 5 个代理指标在情绪复合指数中的因子组成，第 2 行数据为情绪复合指数与代理指标间的相关系数，第 3~7 行为代理指标之间的相关系数，***、**、* 分别代表在 1%、5%、10% 的显著性水平下显著。

表4-13中列示了基于5个最终入选的代理变量，采用偏最小二乘法构建的情绪综合测度指数 SENT_PLS 与这5个指标之间的相关系数，以及各代理变量在 SENT_PLS 中的因子组成。由相关系数统计结果可以看出，与主成分分析结论相同的是，sLPM(0)、sCAI(0)、sHPBI(0)、sHPEI(0) 与投资者情绪综合测度指数 SENT_PLS 的相关程度最高，相关系数分别为0.9350、0.9439、0.9626、09704；sNIPO(+6) 与 SENT_PLS 之间的相关系数为0.4913，低于主成分分析法中的0.5963。从因子组成系数的符号来看，可以发现，除了 sNIPO(+6)，其他各情绪代理变量的因子组成系数均为正，这与主成分分析的结论略有不同，即 sLPM(0)、sCAI(0)、sHPBI(0)、sHPEI(0) 均为基于 PLS 法构造综合指数的正向指标，基本符合理论预期，sNIPO(+6) 却为基于 PLS 法构造综合指数的负向指标，但影响程度不大。再从因子组合系数的大小来看，对比主成分分析法，PLS 法在构造投资者情绪综合测度指数时，提高了 sCAI(0)、sHPBI(0)、sHPEI(0) 中所包含的情绪信息对复合指数的作用，而适当减弱了 sLPM(0)、sNIPO(+6) 对投资者情绪综合测度指数的影响。

为了初步观察 SENT_PLS 的波动对股票市场价格变动的解释能力，并将其解释效果与 SENT_PCA 作对比，可以绘制图4-7：基于 PLS 法构造的投资者情绪综合测度指数与中证流通指数收盘价的对比，通过两者走势的对比，可以看出，SENT_PLS 对中证流通指数收盘价变动的解释能力要略优于 SENT_PCA。

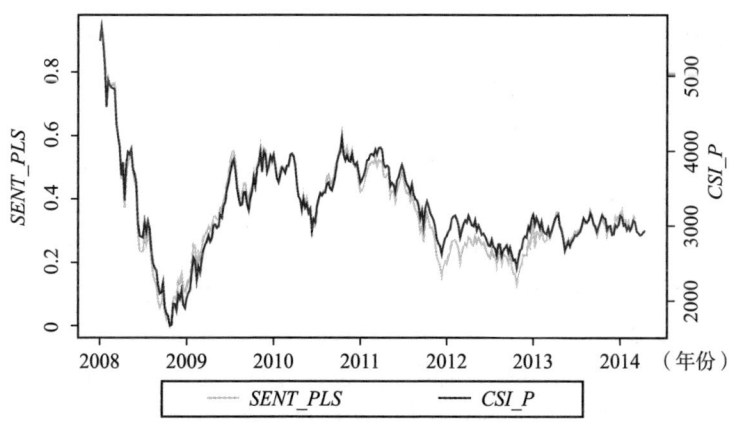

图4-7 投资者情绪综合测度指数与中证流通指数收盘价对比（基于 PLS 法）

通过以上两节的实证分析，可以看出，基于主成分分析法（PCA法）和偏最小二乘法（PLS法）均拟合出了效果较好的投资者情绪综合测度指数，且PLS法提取信息的效果要优于PCA法，但为了进一步提高所构造投资者情绪复合指数的精度，本书仍作出猜测，是否依然存在着可以改进的方向？比如，对于模型中的异常值以及可能会出现的过度拟合现象，是否可以通过尝试使用LASSO回归法来构造惩罚函数，以最大程度地剔除异常值的负面效应，避免模型的过度拟合，从而构建出精度更高的投资者情绪综合测度指数？此外，LASSO回归法在拟合广义线性模型的同时还可进行变量筛选和复杂度调整，据此，将尝试利用LASSO回归法的上述优势，构造投资者情绪综合测度指数，以验证LASSO回归法是否可以有效提高拟合的精度。

4.2.3 基于LASSO回归法

1. LASSO回归法构造指数原理简介

前两节已经分别基于主成分分析法和偏最小二乘法构造了投资者情绪综合测度指数，但为了进一步挖掘出情绪代理变量中的有用信息，提高所构造的投资者情绪复合指数的精度，本书认为仍存在可以改进之处。比如，在模型建立之初，为了尽量降低因缺少重要自变量而引致的模型偏差，人们通常会选择尽可能多的自变量，但实际建模过程中，往往需要寻找对因变量最具解释性的自变量子集，即变量选择，以提高模型的解释性和预测程度。因此，变量选择在建模过程中是极其重要的，而主成分分析法和偏最小二乘法均忽略了这一点。相比主成分分析法和偏最小二乘法，LASSO法兼顾了子集选择和岭回归的优点，不仅对于数据的要求更低，应用程度更广。此外，LASSO回归在拟合广义线性模型的同时，还可以进行变量的筛选和复杂度的调整，这里的变量筛选指的是不把所有的变量都放入模型中进行拟合，而是有选择地把变量放入模型中，从而得到更好的性能参数。复杂度调整指的是通过一系列参数控制模型的复杂度，从而避免过度拟合，因为，对于线性模型来说，复杂度与模型的变量数有直接的关系，变量数越多，模型的复杂度就越高，较多的变量在拟合时往往可以构造一个看似更好的模型，但同时也可能导致过度拟合，LASSO法主要是通过构造惩罚函数来最大程度地避免模型的过度拟合。目前，LASSO法及其衍生相关方法已经被广泛地运用于多元线性回归模型、广义线性模型等模型中用于解决变量选择、信用评分、变点分析等实际问题，鉴于 LASSO 法具有如上所述的优点，本书创新性地将 LASSO 法用于投资者情绪综合测度指数的构建中。

提比什兰（Tibshirani，1996）在弗兰克（Frank，1993）提出的"Bridge Regression（BR）"和毕尔曼（Bireman，1995）提出的"Non‒Negative Garrote（NNG）"的启发下，首次提出了一种称之为 LASSO（Least Absolute Shrinkage and Selection Operator，LASSO）的新的变量选择方法，并将其成功应用于 COX 模型的变量选择。提比什兰等于 2004 年验证了 LASSO 回归估计值是模型惩罚力度的线性函数，并提出具有明确几何意义的最小角回归（Least Angle Regression）算法，为 LASSO 回归提供了较好的算法支撑。之后，提比什兰和绍德沃斯（Tibshiralli & Sawnders，2005）通过加入约束条件控制了回归系数的波动性，对 LASSO 回归法进行了改进，可将其用于变量的筛选以及变量信息的提取。

假设有样本数据 (X^i, y_i)，$i=1, 2, \cdots, N$，这里，$X^i = (x_{i1}, \cdots, x_{ip})'$ 和 y_i 分别是第 i 个观测值对应的自变量和响应变量。考虑多元线性回归模型

$$y_i = \alpha_i + \sum_{j=1}^{p} \beta_j x_{ij} + \varepsilon_i, \quad \varepsilon_i \sim N(0, \sigma^2) \quad (4-27)$$

不失一般性，在多元线性回归模型中，观测值通常彼此独立，或者响应变量 y_i 在观测值给定的情况下独立，即 y_i 关于 X^i 条件独立，同时假设 x_{ij} 是标准化的，也就是说 $\sum_j x_{ij}/N = 0$、$\sum_j x_{ij}^2/N = 1$。此时，对应的 LASSO 估计为

$$(\hat{\sigma}, \hat{\beta}) = \arg\min_{\beta} \{ \sum_i (y_i - \alpha_i - \sum_j \beta_j x_{ij})^2 \},$$

$$\text{s. t.} \sum_j |\beta_j| \leq t \quad (4-28)$$

这里的 $t \geq 0$ 为调和参数，对于一切的 t，均有 α 的估计 $\hat{\alpha} = \bar{y}$，不失一般性，假定 $\bar{y} = 0$，这样就省略了 α。调和参数 t 的控制使得回归系数总体变小，若令 $t_0 = \sum |\beta_j|$，$t \leq t_0$，就会使得一些回归系数缩小并趋向于 0，甚至导致一些系数等于 0。例如，当 $t = t_0/2$ 时，粗糙的描述产生的结果就是使不为 0 的回归系数的个数由 p 个减少到大约 $p/2$ 个，也就是说，变量集中不仅使一些变量的作用减小了，而且使得起作用的变量个数也仅大致为原先的一半。

结合上述 LASSO 回归法的基本思想，对比 4.2.2 节中偏最小二乘法在构造投资者情绪综合测度指数中的应用，LASSO 算法的优势及本质在于，

它是在回归系数的绝对值之和小于一个常数的约束条件下,使残差平方和最小化,从而产生某些严格等于0的回归系数,以达到降低模型复杂度,同时保证模型解释力的作用。在式(4-24)的基础上,结合式(4-28)中的定义,可通过以下公式来理解 LASSO 回归法在投资者情绪综合测度指数中的应用:

$$\hat{\pi}^{lasso} = \arg\min_{\pi}\{(P_t - \pi_0 - \sum_{i=1}^{p}\pi_i I_{it})^2\} \quad 约束条件: \sum_{i=1}^{p}|\pi_i| \leqslant \lambda$$

(4-29)

式中,P_t 表示中证流通指数第 t 期的收盘价;$I_t = (I_{1t}, I_{2t}, \cdots, I_{pt})'$ 表示在第 t 期的 $n \times 1$ 阶单个投资者情绪代理变量向量;π_i 为待估参数,代表原始代理变量 I_{it} 对中证指数收盘价的解释能力;$\lambda \geqslant 0$,用来控制 LASSO 模型的复杂程度,λ 越大,对变量较多的线性模型的惩罚力度就越大,针对 λ 具体取多少最为合适的问题,可通过观察若干次 λ 不同取值下的拟合效果来选取最优的 λ,或者结合交叉验证法(CV 法)来确定最优 λ。

基于 LASSO 算法进行回归,可以求得式(4-29)中的 π_i(这里的 π_i 可以取0),然后将 π_i 代入式(4-25)中,即可得到基于 LASSO 法构造的投资者情绪综合测度指数 SENT_LASSO。

2. 基于 LASSO 回归法构造投资者情绪综合测度指数

基于上述理论得出,将 LASSO 回归法运用于变量筛选及信息提取方面具有一定的优势,因此,在本节的实证分析中,同样选用预处理后得到的投资者情绪代理指标序列:sLPM(0)、sCAI(0)、sHPBI(0)、sHPEI(0)、sNIPO(+6)共5个指标,尝试通过 LASSO 回归法筛选变量,并构造情绪综合测度指数。首先,通过交叉验证法确定模型的惩罚力度 λ,结果见图 4-8。

图 4-8 中,左边虚线对应着最佳 λ,右边虚线对应一个标准误差内的最佳模型,横轴为 λ 的对数,纵轴是模型误差。基于图 4-8 的结果,可以看到,最佳的 λ 取值就在曲线的最低点处,对应的变量个数为5个,而右侧虚线是在其一个标准误内更简洁的模型(对应变量个数为3),由于两个 λ 对应的模型误差变化并不显著,所以倾向于选择更为简洁的模型,确定对应的 λ 值为 0.0083。基于该惩罚力度,可以通过 LASSO 回归法估计出各代理变量的系数,从而构造出投资者情绪综合测度指数 SENT_LASSOO 为

$$SENT\_LASSO_i = 0.1045 \times sLPM_t + 0.4154 \times sCAI_t + 0.3701 \times sHPEI_t$$

(4-30)

第4章 投资者情绪综合测度指数的构建研究

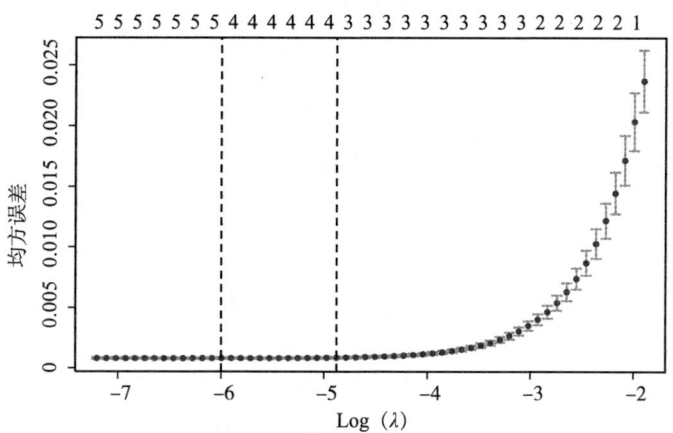

图4-8 不同 λ 取值下的交叉验证结果

基于式（4-30）的拟合结果可以看出，LASSO算法筛选出的仅有 sLPM(0)、sCAI(0)、sHPEI(0) 这3个与中证流通指数同步变动的代理变量，而变量 sHPBI(0)、sNIPO(+6) 的回归参数估计值均为0，也就是说，微利股股价的波动、新财富最佳分析师指数以及高市盈率股票价格的变化可最大程度地反映出投资者的情绪变动，这与理论预期相符。由此可见，LASSO算法在减少变量个数的同时，也降低了模型的复杂度，但该算法的拟合精度及鲁棒性还有待检验。同样地，将拟合出的情绪综合测度指标 SENT_LASSO 与各情绪代理变量进行相关性分析，见表4-14。

表4-14 投资者情绪综合测度指标（基于LASSO法）与代理变量之间的相关性

SENT_PLS	sLPM(0)	sCAI(0)	sHPBI(0)	sHPEI(0)	sNIPO(+6)
因子组成	0.1045	0.4154	0	0.3701	0
相关系数	0.9132***	0.9573***		0.9735***	
sLPM(0)	1.0000				
sCAI(0)	0.8320***	1.0000			
sHPBI(0)	0.8927***	0.8694***	1.0000		

续表

SENT_PLS	sLPM(0)	sCAI(0)	sHPBI(0)	sHPEI(0)	sNIPO(+6)
sHPEI(0)	0.8786 ***	0.8922 **	0.9144 ***	1.0000	
sNIPO(+6)	0.4894 ***	0.4351 ***	0.4133 ***	0.5790 ***	1.0000

注：表中的第 1 行数据为 5 个代理指标在情绪复合指数中的因子组成，第 2 行数据为情绪复合指数与代理指标间的相关系数，第 3~7 行为代理指标之间的相关系数，***、**、* 分别代表在 1%、5%、10% 的显著性水平下显著。

表 4-14 列示了 3 个最终入选的代理变量所构建的投资者情绪综合测度指数 SENT_LASSO 与这 3 个指标之间的相关系数，以及各代理变量在 SENT_LASSO 中的因子组成。从因子组成系数的角度来看，可以发现，各原始情绪代理变量的组成系数符号均为正，这与主成分分析法、偏最小二乘法的结论也保持一致，即 sLPM(0)、sCAI(0)、sHPEI(0) 均为基于 LASSO 回归法构造综合指数的正向指标。同样，为了初步观察 SENT_LASSO 的波动对股票市场收益变动的解释能力，可以绘制图 4-9：基于 LASSO 法构造的投资者情绪综合测度指数与中证流通指数收盘价的对比，通过两者之间的走势对比，可以初步看出，SENT_LASSO 对中证流通指数收盘价变动的解释能力与 SENT_PLS 相差不大，但就模型的复杂程度来言，LASSO 算法在构造投资者情绪综合测度指数时，仅提取了 3 个原始代理变量中的信息，这比起主成分分析法、偏最小二乘法要更具优势。

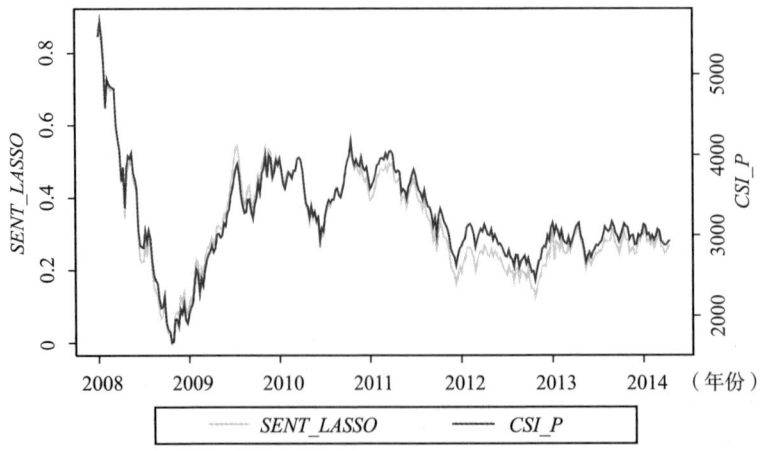

图 4-9 投资者情绪综合测度指数与中证流通指数收盘价对比（基于 LASSO 法）

4.3 实证性对比检验分析

4.2节中分别通过三种不同的方法：主成分分析法、偏最小二乘法、LASSO回归法，构造了投资者情绪综合测度指数，但三种方法究竟孰优孰劣，还有待检验，因此，本节将从三个方面来比较三种方法的拟合效果，从而挑选出构造投资者情绪复合指数的最优方法。

第一个方面，是模型的合理性检验。一般情况下，投资者情绪应该是股市收益率波动的原因变量，如果构造出的投资者情绪综合测度指数是股市收益率波动的格兰杰原因，则认为该复合指数通过合理性检验；否则，认为构建的投资者情绪综合测度指数所反映出的情绪信息是无效的。

第二个方面，是模型的稳健性对比。模型是否鲁棒也是研究中非常关注的问题，不能通过鲁棒性检验的模型是没有价值的，因此，有必要在不同的市场状态下，分别构建投资者情绪综合测度指数，观察各代理指标的系数是否发生显著地改变，若无显著改变，认为该方法构造的投资者情绪综合测度指数是稳健的；反之，则无法通过模型稳健性检验。

第三个方面，是投资者情绪复合指数对中证指数收盘价的解释能力对比。如果构造的投资者情绪综合测度指数对未来股指价格变动的解释能力较强，则可以认为其与市场走势趋于一致，具有较为理想的预测能力。

4.3.1 模型合理性检验

总结现有的研究成果来看，部分研究认为投资者情绪是市场收益率的单向格兰杰原因；也有研究得出的结论相反，认为市场收益率是投资者情绪的单向格兰杰原因；还有部分研究认为，投资者情绪与市场收益率互为格兰杰原因。本书的观点更倾向于认为投资者的情绪是影响市场收益变动的格兰杰原因，也就是说，投资者的情绪越倾向于乐观，就越会带动市场交易的活跃度，从而推动市场的收益率上涨；反之则会给市场施加下行压力，导致市场收益率降低。为了验证该观点，将分别对三种方法构造出的情绪综合测度指数与中证流通指数收益率进行格兰杰因果关系检验。

考虑到格兰杰因果关系检验只对平稳的时间序列数据有效，因此，在格兰杰因果关系检验之前，有必要对各投资者情绪指数序列 *SENT_PCA*、

$SENT\_PLS$、$SENT\_PASSO$ 与中证指数收盘价之间,及情绪代理变量的一阶差分序列 $dSENT\_PCA$、$dSENT\_PLS$、$dSENT\_LASSO$ 与股指收益率序列之间分别进行 ADF 单位根检验,以判断时间序列数据是否平稳。ADF 的检验结果见表 4-15。

表 4-15　　　　　　　　变量 ADF 检验结果

变量名	滞后阶数	ADF 值	Prob	结论
P	6	-3.2385	0.0817	序列非平稳
R	6	-6.9499	0.0100	序列平稳
$SENT\_PCA$	6	-2.4319	0.3944	序列非平稳
$SENT\_PLS$	6	-3.1432	0.0978	序列非平稳
$SENT\_LASSO$	6	-3.1363	0.0989	序列非平稳
$dSENT\_PCA$	6	-7.8210	0.0100	序列平稳
$dSENT\_PLS$	6	-7.2485	0.0100	序列平稳
$dSENT\_LASSO$	6	-7.2710	0.0100	序列平稳

注:Prob 代表 ADF 检验统计量对应的 p 值,p 值越小,意味着越有理由拒绝原假设。

基于表 4-15 所示的 ADF 检验结果,可以看出,在 5% 的显著性水平下,投资者情绪综合测度指数的变动序列 $dSENT\_PCA$、$dSENT\_PLS$、$dSENT\_LASSO$ 均为平稳的时间序列,中证流通指数收益率序列 R 也通过了单位根检验,故可对投资者情绪指数一阶差分序列与中证流通指数收益率序列进行格兰杰因果关系检验,检验结果见表 4-16。

表 4-16　　　投资者情绪变动与中证流通指数收益率的格兰杰检验结果

原假设	F 统计量	Prob	结论
$SENT\_PCA$ 变动是股指收益率变动的格兰杰原因	3.8129	0.0517	接受
股指收益率变动是 $SENT\_PCA$ 变动的格兰杰原因	24.417	<0.0010	拒绝
$SENT\_PLS$ 变动是股指收益率变动的格兰杰原因	3.5458	0.0606	接受
股指收益率变动是 $SENT\_PLS$ 变动的格兰杰原因	4.6944	0.0310	拒绝
$SENT\_LASSO$ 变动是股指收益率变动的格兰杰原因	3.1800	0.0755	接受
股指收益率变动是 $SENT\_LASSO$ 变动的格兰杰原因	5.0499	0.0253	拒绝

注:Prob 代表格兰杰检验 F 统计量对应的 p 值,p 值越小,意味着越有理由拒绝原假设。

由表 4-16 的格兰杰因果关系检验结果可以看出，在 5% 的显著性水平下，通过三种方法构造的投资者情绪综合测度指数均是中证流通指数收益率变动的格兰杰原因，但是反过来，中证流通指数收益率变动却不是投资者情绪复合指数的格兰杰原因，这就验证了本书的假设，即投资者的情绪单方面显著地推动着市场收益率的变动。总而言之，三种方法构造的投资者情绪综合测度指数均通过了合理性检验，对中证流通指数的变动均有一定程度的影响，从这个层面来看，三种不同的方法并不存在显著的差异。

4.3.2 模型稳健性检验

通过合理性检验之后，为了保证各代理指标在情绪复合指数因子组成中的稳定性，有必要对以上三种方法所构造的情绪综合测度指数进行稳定性检验。本书在具体操作时，将借鉴王镇（2014）的检验方法，根据中证流通指数的收盘价，将整个研究期间划分为两个"牛市"期（时间跨度分别为 2008.11.7—2010.11.5、2012.12.7—2014.5.30）和两个"熊市"期（时间跨度分别为 2008.1.4—2008.11.7、2010.11.5—2012.12.7），然后在两种市场状态下，分别构建投资者情绪综合测度指数，观察各代理指标的系数大小、符号与 4.2 节中相比，是否发生了显著的变化。需要特别注意的是，考虑到这个部分虽然将样本期具体划分为"牛市"期和"熊市"期，但就样本期的跨度来看，2008 年 1 月 1 日至 2014 年 5 月 30 日，市场整体行情从未超过前一个高点，故还是将整个样本期视作一个大"熊市"，因此，对于稳健性检验的条件将适当放宽：只要"熊市"期间，情绪综合测度指数的因子构成与全样本指数不存在显著的差异，则可以认为该方法构造的情绪综合测度指数是稳健的；否则，则认为该方法构造的投资者情绪综合测度指数并不稳健，其会随着市场状态的改变而发生变化，影响实证结果的有效性和准确性。

1. 基于 PCA 法构造投资者情绪复合指数的稳健性检验

在"牛市"期和"熊市"期分别利用 PCA 法，将各原始代理指标所包含的情绪信息通过线性组合的方式综合起来，利用 $sLPM(0)$、$sCAI(0)$、$sHPBI(0)$、$sHPEI(0)$、$sNIPO(+6)$ 共 5 个指标，同样采用累积贡献率 85% 准则进行主成分分析。其中，"牛市"期间选取前两个主成分（累积贡献率达到 92.02%），"熊市"期间选取前两个主成分（累积贡献率达到

96.05%），分别构造投资者情绪综合测度指数为

$$SENT\_PCA_t^{bull} = 0.3588 \times sLPM_t + 0.3307 \times sCAI_t + 0.3394 \times sHPBI_t$$
$$+ 0.3767 \times sHPEI_t + 0.3820 \times sNIPO_{t+6} \quad (4-31)$$

$$SENT\_PCA_t^{bear} = 0.4016 \times sLPM_t + 0.3186 \times sCAI_t + 0.3359 \times sHPBI_t$$
$$+ 0.3644 \times sHPEI_t + 0.3356 \times sNIPO_{t+6} \quad (4-32)$$

结合表4-17的统计结果，将"牛市"期间投资者情绪综合测度指数[式（4-31）]、"熊市"期间投资者情绪综合测度指数[式（4-32）]与式（4-19）中的投资者情绪复合指数进行对比可以发现，各投资者情绪代理指标的系数符号均未发生改变，且系数大小也无显著差异，只有微利股指数LPM的系数在"牛市"期间稍小于其他样本期，说明该变量在"熊市"期间对整个市场表现的影响更大，得到这样的结论也非常合理，因为，当市

表4-17 "牛市"期和"熊市"期投资者情绪综合测度指标（基于 PCA 法）对比

市场状态	SENT_PCA	$sLPM(0)$	$sCAI(0)$	$sHPBI(0)$	$sHPEI(0)$	$sNIPO(+6)$
牛市	因子组成	0.3588	0.3307	0.3394	0.3767	0.3820
	相关系数	0.9576***	0.8268***	0.9072***	0.9527***	0.7120***
	$sLPM(0)$	1.0000				
	$sCAI(0)$	0.7807***	1.0000			
	$sHPBI(0)$	0.9204***	0.7179***	1.0000		
	$sHPEI(0)$	0.9297***	0.7891***	0.8698***	1.0000	
	$sNIPO(+6)$	0.6066***	0.4932***	0.5117***	0.6937***	1.0000
熊市	因子组成	0.4016	0.3186	0.3359	0.3644	0.3356
	相关系数	0.9612***	0.9558***	0.9413***	0.9715***	0.5288***
	$sLPM(0)$	1.0000				
	$sCAI(0)$	0.8795***	1.0000			
	$sHPBI(0)$	0.8711***	0.9568***	1.0000		
	$sHPEI(0)$	0.9097***	0.9777***	0.9533***	1.0000	
	$sNIPO(+6)$	0.5294***	0.3943***	0.3517***	0.4281***	1.0000

注：***、**、*分别代表在1%、5%、10%的显著性水平下显著。

场进入"熊市"行情时，投资者对后市普遍看跌，对买进微利股的信心会急剧下降，直接反映到微利股指数 *LPC* 上，表现为市场中的微利股股价显著降低，且极大程度地推动投资者情绪继续低迷。

2. 基于 PLS 法构造投资者情绪复合指数的稳健性检验

同样的，依据上述检验方法，在"牛市"期和"熊市"期分别利用偏最小二乘法，将各原始代理指标所包含的投资者情绪信息提取出来，并拟合成投资者情绪综合测度指数，这里仍利用 *sLPM*(0)、*sCAI*(0)、*sHPBI*(0)、*sHPEI*(0)、*sNIPO*(+6) 这 5 个指标，同样采用交叉验证法的结果确定模型中的主成分个数。其中，"牛市"期间选取前两个主成分（对投资者情绪代理变量的累积贡献率达到 93.90%，对中证流通指数收盘价的累积贡献率达到 97.34%），"熊市"期间选取前两个主成分（投资者情绪代理变量的累积贡献率达到 96.73%，对中证流通指数收盘价的累积贡献率达到 98.86%），分别构造投资者情绪复合指数为

$$SENT\_PLS_t^{bull} = 0.3320 \times sLPM_t + 0.2319 \times sCAI_t + 0.1263 \times sHPBI_t$$
$$+ 0.1957 \times sHPEI_t - 0.0187 \times sNIPO_{t+6} \quad (4-33)$$

$$SENT\_PLS_t^{bear} = 0.1759 \times sLPM_t + 0.2549 \times sCAI_t + 0.2305 \times sHPBI_t$$
$$+ 0.2605 \times sHPEI_t - 0.0047 \times sNIPO_{t+6} \quad (4-34)$$

结合表 4-18 的统计结果，将"牛市"期间投资者情绪综合测度指数［式（4-33）］、"熊市"期间投资者情绪综合测度指数［式（4-34）］与式（4-26）中的全样本期间投资者情绪复合指数进行对比可以发现：式（4-33）与式（4-34）中情绪综合测度指数的因子组成的大小、符号与式（4-26）相差不大，这可以说明，市场状态的改变，并没有使得各个情绪原始代理变量在构造投资者情绪综合测度指数时发生改变，即在"牛市""熊市"时期，基于偏最小二乘法构造的投资者情绪综合测度指数均较为稳健，与全样本指数的因子组成相差不大。

表 4-18　　　　"牛市"期和"熊市"期投资者情绪
综合测度指标（基于 PLS 法）对比

市场状态	SENT_PLS	sLPM(0)	sCAI(0)	sHPBI(0)	sHPEI(0)	sNIPO(+6)
牛市	因子组成	0.3320	0.2319	0.1263	0.1957	-0.0187
	相关系数	0.9815***	0.8520***	0.9202***	0.9595***	0.6023***

续表

市场状态	SENT_PLS	sLPM(0)	sCAI(0)	sHPBI(0)	sHPEI(0)	sNIPO(+6)
牛市	sLPM(0)	1.0000				
	sCAI(0)	0.7807 ***	1.0000			
	sHPBI(0)	0.9204 ***	0.7179 ***	1.0000		
	sHPEI(0)	0.9297 ***	0.7891 ***	0.8698 ***	1.0000	
	sNIPO(+6)	0.6066 ***	0.4932 ***	0.5117 ***	0.6937 ***	1.0000
	因子组成	0.1759	0.2549	0.2305	0.2605	-0.0047
	相关系数	0.9368 ***	0.9787 ***	0.9692 ***	0.9873 ***	0.4284 ***
熊市	sLPM(0)	1.0000				
	sCAI(0)	0.8795 ***	1.0000			
	sHPBI(0)	0.8711 ***	0.9568 ***	1.0000		
	sHPEI(0)	0.9097 ***	0.9777 ***	0.9533 ***	1.0000	
	sNIPO(+6)	0.5294 ***	0.3943 ***	0.3517 ***	0.4281 ***	1.0000

注：***、**、* 分别代表在1%、5%、10%的显著性水平下显著。

3. 基于 LASSO 回归法构造投资者情绪复合指数的稳健性检验

同样的，依据上述检验方法，在"牛市"期和"熊市"期分别利用 LASSO 回归法，确定各原始情绪代理指标 sLPM(0)、sCAI(0)、sHPBI(0)、sHPEI(0)、sNIPO(+6) 对投资者情绪综合测度指数的贡献度，采用交叉验证法的结果确定惩罚的力度以及变量的个数，构造出投资者情绪复合指数为

$$SENT\_LASSO_t^{bull} = 0.4143 \times sLPM_t + 0.3938 \times sCAI_t + 0.0014 \times sHPEI_t$$
（4-35）

$$SENT\_LASSO_t^{bear} = 0.1926 \times sLPM_t + 0.4827 \times sCAI_t + 0.2612 \times sHPEI_t$$
（4-36）

结合表4-19的统计结果，将"牛市"期间投资者情绪综合测度指数 [式（4-35）]、"熊市"期间投资者情绪综合测度指数 [式（4-36）] 与式（4-30）中的全样本期间投资者情绪复合指数进行对比可以发现，式（4-35）、式（4-36）中各投资者情绪代理变量的选取及符号与式（4-30）中保持一致。但是，再从投资者情绪复合指数的因子组成大小来看，"牛市"期

间，微利股指数 *LPM* 的系数以及申万高市盈率指数 *HPEI* 的系数与式（4-30）之间相比，存在显著的差异，表现为 *LPM* 的贡献度显著增强，*HPEI* 的贡献度显著减弱，而"熊市"期间则不存在显著的差异。这同样可以说明，不同的市场状态下，各个情绪原始代理变量在构造投资者情绪综合测度指数时的贡献度也不同，且"熊市"时期构造的投资者情绪综合测度指数较为稳健，"牛市"投资者情绪复合指数的稳健性较差，即基于 LASSO 回归法所构造的投资者情绪综合测度指数更适合解释"熊市"行情。但总而言之，基于预先设定的稳健性检验条件，认为 LASSO 回归法所构造的投资者情绪综合测度指数也同样是具有稳健性的。

表 4-19　"牛市"期和"熊市"期投资者情绪综合测度指标（基于 LASSO 回归法）对比

市场状态	SENT_LASSO	sLPM(0)	sCAI(0)	sHPBI(0)	sHPEI(0)	sNIPO(+6)
牛市	因子组成	0.4143	0.3938	0	0.0014	0
	相关系数	0.9671***	0.9009***	/	0.9239***	/
	sLPM(0)	1.0000				
	sCAI(0)	0.7807***	1.0000			
	sNAFA(+1)	0.1482**	0.1626**			
	sHPBI(0)	0.9204***	0.7179***	1.0000		
	sHPEI(0)	0.9297***	0.7891***	0.8698***	1.0000	
	sNIPO(+6)	0.6066***	0.4932***	0.5117***	0.6937***	1.0000
熊市	因子组成	0.1926	0.4827	0	0.2612	0
	相关系数	0.9379***	0.9831***	/	0.9880***	/
	sLPM(0)	1.0000				
	sCAI(0)	0.8795***	1.0000			
	sNAFA(+1)	0.5564***	0.3298***			
	sHPBI(0)	0.8711***	0.9568***	1.0000		
	sHPEI(0)	0.9097***	0.9777***	0.9533***	1.0000	
	sNIPO(+6)	0.5294***	0.3943***	0.3517***	0.4281***	1.0000

注：***、**、* 分别代表在 1%、5%、10% 的显著性水平下显著。

4.3.3 模型解释能力检验

经过以上的合理性检验与稳健性对比，依然无法明确判断出三种方法孰优孰劣，因此，为了找到构造投资者情绪综合测度指数的最优方法，本书将检验三种方法所构造的投资者情绪综合测度指数对中证流通指数收盘价的解释能力。通常情况下，投资者的情绪越倾向于乐观，即投资者情绪综合测度指数取值越高，短期内中证流通指数的收盘价也会越高；反之，则越低。也就是说，投资者情绪的高低与市场行情的变动轨迹理论上是趋于一致的。这里，选取测试集（2014 年 6 月 6 日至 2015 年 5 月 29 日）样本数据，经与训练集数据做同样的预处理之后，再分别基于式（4-19）、式（4-26）、式（4-30）构造基于 PCA 法的投资者情绪综合测度指数、基于 PLS 法的投资者情绪综合测度指数，以及基于 LASSO 回归法的投资者情绪综合测度指数，并对比三者对中证流通指数收盘价的解释能力。

首先，分别绘制三种方法构造的投资者情绪综合测度指数与中证流通指数收盘价的时间序列对比，如图 4-10~图 4-12 所示。

从走势对比图可以初步判断，基于 LASSO 回归法构造的投资者情绪综合测度指数对中证流通指数收盘价的解释能力要明显地优于主成分分析法和偏最小二乘法，其中，基于主成分分析法构造的投资者情绪综合测度指数，其对中证流通指数收盘价的解释能力最不理想，两者之间存在着较为明显的

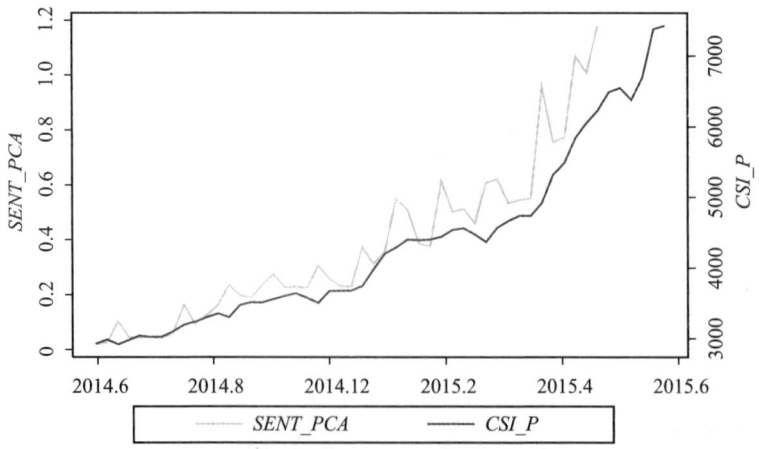

图 4-10 PCA 法构造的情绪指数与中证流通指数收盘价对比（测试集）

第 4 章 | 投资者情绪综合测度指数的构建研究

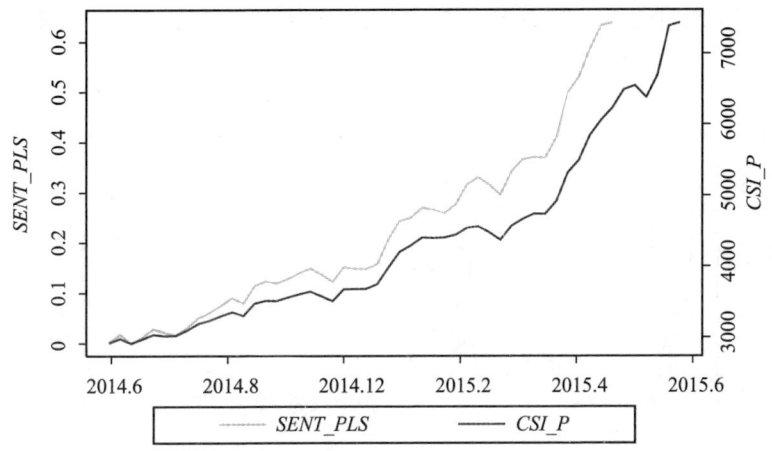

图 4-11　PLS 法构造的投资者情绪指数与中证流通指数收盘价对比（测试集）

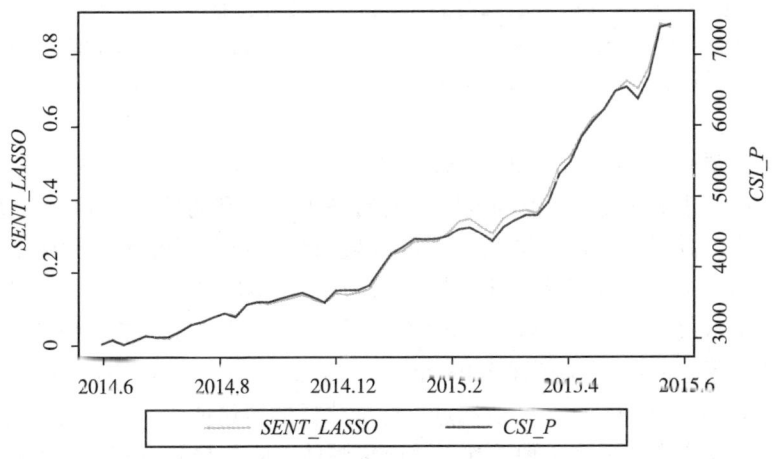

图 4-12　LASSO 回归法构造的情绪指数与中证流通指数收盘价对比（测试集）

偏差。偏最小二乘法相对于主成分分析法来说，其模型的精度与解释能力有了显著的提高，但从 2015 年 2 月开始，该模型对中证流通指数收盘价的解释能力开始明显下降。对比主成分分析法与偏最小二乘法来说，LASSO 回归法的贡献在于，它仅提取了三个变量中的投资者情绪信息，便构建出了精度较高、解释能力理想的投资者情绪综合测度指数。

由此可见，LASSO 回归法拟合效果最优，相比主成分分析法和偏最小二乘法来说，其更适合用于构造情绪综合测度指数。现绘制 2008.1.1 —

2015.5.29 期间的 SENT_LASSO 与中证流通指数收盘价对比,如图 4 – 13 所示。

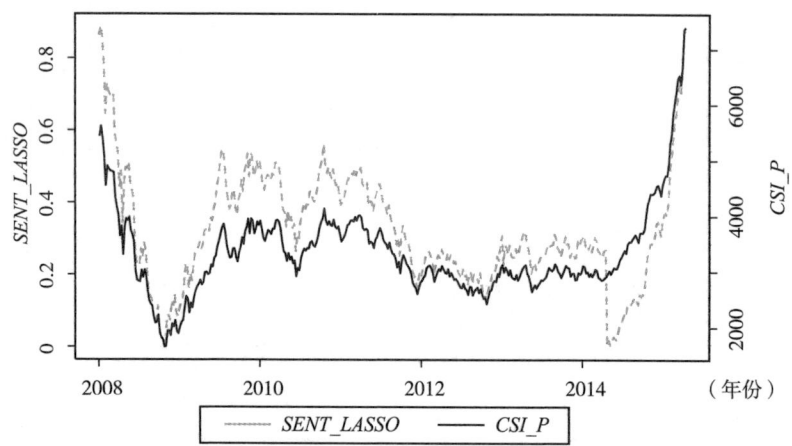

图 4 – 13 LASSO 回归法构造的情绪指数与中证流通指数收盘价对比
(2008.1.1 — 2015.5.29)

单独观察 2008.1.1 — 2015.5.29 期间投资者情绪综合指数的变动(见图 4 – 14)可以发现,当前的投资者情绪基本与研究初期(2008 年 1 月 11 日)持平,并且整个研究区间总体可以被划分为两个下降区间和两个上升区间:第一个投资者情绪低迷时期大概发生在 2008 年全球金融危机期间,因受到全球次贷危机的影响,市场中的投资者对未来经济局势丧失信心,情绪迅速低落,从第 2 周(即 2008 年 1 月 11 日)的 0.8869 下降至第 43 周(即 2008 年 10 月 31 日)的最低点,标准化后的情绪值为 0,在此期间,投资者情绪虽有微幅反弹,但依然无法改变整体下降的趋势;第二个投资者情绪下降期间大概是从第 146 周开始(即 2010 年 11 月 5 日)至第 251 周(即 2012 年 11 月 30 日)为止,在此期间,中国宏观经济复苏面倾向于利空,货币政策收紧,使得投资者对未来经济局势信心不足,表现为市场中的投资者情绪从 0.5611 降至 0.1247。第一个情绪上升区间起始于全球金融危机末期,大概从第 43 周(即 2008 年 10 月 31 日)开始到第 81 周(即 2009 年 7 月 31 日)为止,之后投资者情绪逐渐趋于稳定,基本在 0.3 ~ 0.6 上下浮动;第二个情绪高涨期间大概是从第 331 周(即 2014 年 6 月 20 日)开始,到了 2015 年 5 月 29 日市场中的投资者情绪综合指数已经从 0.0035 快速上升到 0.8713。

图 4-14 LASSO 回归法构造的投资者情绪指数走势
（2008.1.1—2015.5.29）

4.4 本章小结

投资者情绪作为投资者真实情感的反映，如何对其进行合理测度，长期以来都是行为金融学研究领域中尚未解决的重难点之一。

在构造投资者情绪综合测度指数之前，首要问题是选择哪种情绪代理指标能够更准确地表征投资者情绪。综合大多数研究来看，其在表征投资者情绪变动时，所选用的代理指标均较为繁杂，对变量的选取具有较强的主观性，缺乏对入选代理变量表征能力的验证说明，且对于不适合的代理变量也无相应的剔除操作，使得构造出的情绪指标缺乏一定的科学程序与依据。为此，本章提出了一套更为合理的投资者情绪代理变量客观评判程序，从而更恰当地对投资者情绪进行描述，以期为投资者情绪综合指数的构建提供一定的研究方法论基础，以及为投资者情绪领域的未来研究提供一定的参考。首先，本章从情绪的传导机制入手，确定情绪代理变量的选取范围，并将所有入选的 20 个指标按市场行为、市场结构及特殊股组合表现等类别进行划分，分别阐述每类指标表现与投资者情绪变动之间的传导关系，以使投资者情绪代理变量的跟踪体系更为清晰，本书创新性地引入了大宗交易平均溢价折价率指标和新财富最佳分析师指数，分别用于识别市场中机构投资者的情绪以及证券分析师对后市的预期。其次，在明确投资者情绪代理变量的范围之后，本书基于格兰杰因果关系检验结果来判断投资者情绪代理变量入选的合理性认为，若代理变量的变动是中证流通指数波动率的原因变量，则说明其可以表征投资者情绪；否则，将在初次筛选中予以剔除，在这个过程中，仅有 11 个指标通过情绪代理变量入选的合理性检验。由于当期的投资者情绪可能会受到代理变量领先 n 期或滞后 n 期值的影响，而这正是以往研究中经常忽略的地方，因此，在构建投资者情绪指数之前，有必要考虑将代理变量领先 n 期或滞后 n 期值作为情绪指数构成因子的可能性，本章基于互相关分析法，分别对各投资者情绪代理变量与股票收益间的"领先—滞后"关系进行了分析，从而筛选出了对股市收益率影响较大的情绪指标同步项以及"领先—滞后"项。最后，先后从两个层面进行相关性分析，第一个层面是基于投资者情绪代理变量与中证流通指数间的相关性分析，剔除了与中证流通指数相关性较弱的原始代理变量；第二个层面是基于投资者情绪代理变量间的相关性分析，剔除了与其他变量相关性较强的代理变量，以此得到最终入选的投资者情绪代理变量 $LPM(0)$、$CAI(0)$、$HPBI(0)$、$HPEI(0)$、$NIPO(+6)$。值得特别指出的是，本书新引入的主观指标：新财富最佳分析师指数 CAI 可以较好地表征投资者情绪，这也是本书的一个创新性结论。

为了克服单一指标在表征投资者情绪时所存在的弊端，本章在后续内容中沿袭了以往研究中部分学者的观点，试图通过一定的处理手段，将多个单一指标的信息结合起来，通过构造某种综合指数以表征投资者的情绪变动，因此，在解决单个情绪代理指标的筛选问题之后，如何构造投资者情绪综合测度指数，可准确地跟踪市场中投资者的情绪变动便成了本章需要解决的核心问题。

关于投资者情绪综合测度指数的构造，目前，多数的学术研究以及金融机构的投资策略中，主要是基于主成分分析法，主成分分析法虽然能最大限度地提取出变量中非重复的信息，但也存在着弊端，由于合成主成分因子的代理指标中，可能仍混杂着大量与投资者真实情绪无关的偏差信息，导致模型的精度降低，为了解决主成分分析法的缺陷，本章在构造投资者情绪综合测度指数方面，做了两个创新性的尝试，其一是基于王镇和郝刚（2014）的研究方式，运用不同的投资者情绪代理变量，采用偏最小二乘法来重新构建投资者情绪综合指数；其二是将 LASSO 回归法应用于投资者情绪综合测度指数的构造中，也就是分别采用三种方法来重构投资者情绪复合指数，包括传统的主成分分析法、偏最小二乘法以及 LASSO 回归法，并从三个方面，即合理性检验、稳健性对比以及对中证流通指数收盘价的解释能力三个角度，对以上三种方法所构建的投资者情绪复合指数进行对比。对比结果发现，三种方法在合理性及稳健性层面上并不存在显著的差异，但在对中证流通指数收盘价的解释能力方面，基于 LASSO 回归法构造的投资者情绪综合测度指数，其解释效果要明显优于其余两种方法。因此，相比主成分分析法和偏最小二乘法来说，LASSO 回归法更适合用于构造投资者情绪综合测度指数，它的主要优势在于，在拟合广义线性模型的同时还可进行变量筛选和复杂度调整，从而在降低模型复杂程度的同时，最大限度地保证所构建的情绪综合测度指数能够真实地衡量投资者情绪。

研究投资者情绪的关键是投资者情绪的度量。本章通过投资者情绪代理指标的优化和三种方法构建投资者情绪综合测度指标的比较分析，认为应用 LASSO 回归法构建的投资者情绪综合测度指数能够较为准确地度量中国股票市场投资者的情绪。接下来将运用本章构建的投资者情绪综合测度指数 $SENT\_LASSO$，将其作为反映市场中投资者整体情绪的指标 SENT，验证二元市场结构下投资者情绪对股票市场的影响。

第5章　均态市场下投资者情绪对股市收益波动影响

综上所述，经调整后的 DSSW 噪声交易者模型已经为情绪对中国股市平均收益及平均波动的影响提供了理论支撑。基于调整后的 DSSW 模型，在第3章中提出了对应于均态市场的三个假设，分别为：

假设1　投资者情绪会显著影响股市收益，且与股市的平均收益呈正向变动，即当中国股市收益处于均态水平时，"持有更多效应"要强于"价格压力效应"。

假设3　投资者情绪的波动会降低股市收益，即中国股市存在显著的"弗里德曼效应"。

假设4　投资者情绪的频繁波动会导致股市收益波动增大，即中国股市存在"创造空间效应"。

为了对以上的三个假设进行验证，本章将通过实证的方法，采用第4章中基于 LASSO 回归法构建的投资者情绪综合测度指数 $SENT\_LASSO$，将其作为反映市场中投资者整体情绪的指标 $SENT$，以验证均态市场环境下投资者情绪对股票市场的影响。本章内容结构安排如下：5.1节，基于 OLS 回归法设计投资者情绪对股市收益及波动影响的实证方案。5.2节，依据设计的实证方案，分别分析当股票市场收益处于均态水平时，中国股票市场中的"持有更多效应""价格压力效应""弗里德曼效应""创造空间效应"，并比较四种效应之间的强弱。5.3节，与发展较为成熟的美国股票市场对比，以论证投资者情绪对股票市场收益的影响是否仅存在于新兴市场中。5.4节为本章小结。

5.1　OLS 回归模型构建

为了探讨投资者情绪对股市平均超额收益的影响，也为了对假设1进行

验证，本节将构建情绪与中证流通指数收益率之间的多项式滞后模型为

$$R_t - r_t = \beta_0 + \beta_1 \Delta SENT_t \cdot I_t + \beta_2 \Delta SENT_t \cdot (1 + I_t) + \beta_3 (R_{t+1} - r_{t-1}) + \varepsilon_t \tag{5-1}$$

式中，R_t 代表中证流通指数在第 t 期的对数收益率，r_t 为第 t 期的无风险利率，这里以央行三个月的 Shibor 利率来代替。$\Delta SENT_t = SENT_t - SENT_{t-1}$，代表投资者情绪的变动，当 $\Delta SENT_t > 0$ 时，认为投资者对后市更倾向于乐观；反之，当 $\Delta SENT_t < 0$ 时，认为投资者对后市更倾向于悲观。I_t 为示性变量，用于区分投资者情绪的上涨和下降，当投资者情绪上涨，即 $\Delta SENT_t > 0$ 时，I_t 取值为 1；反之则取值为 0。ε_t 为回归方程残差项。

关于股市收益率（R_t）的算法，在此作具体说明。从万得资讯数据库中获取 2008 年 1 月 4 日至 2015 年 5 月 29 日期间中证流通指数每周最后一个交易日的收盘价数据，将收盘价自然对数的一阶差分序列作为计算收益率的基础数据。由于中证流通指数是综合反映沪深两市全流通 A 股的跨市场指数，受权重股、中小板和创业板的影响均相对较小，因此，对整个中国股市的收益情况具有广泛代表性。R_t 的具体计算公式为

$$R_t = \ln(P_t) - \ln(P_{t-1}) = \ln(P_t/P_{t-1}) \tag{5-2}$$

式中，R_t 代表第 t 周中证流通指数的周度收益率；P_t 和 P_{t-1} 分别代表中证流通指数第 t 周、第 $t-1$ 周的周末（即每周的最后一个交易日）收盘价。

采用普通最小二乘回归法对式（5-1）进行回归，以探讨投资者情绪对股指收益均值变化的线性影响。如果式（5-1）的回归结果显示 β_1 和 β_2 对应的 p 值均是显著的，则说明高涨的投资者情绪与低迷的投资者情绪均对股市收益产生了显著的影响。且当 $\beta_1 > 0$ 时，说明当投资者对后市更倾向于看涨时，将会推动股票价格上涨，从而获得超额收益，这不仅验证了假设 1，从 DSSW 模型的角度分析，认为其还揭示了在均态环境下中国股市的"持有更多效应"要强于"价格压力效应"；反之，当 $\beta_1 < 0$ 时，则说明在中国股票市场背景下投资者情绪与股市收益呈反向变动，情绪的高涨非但没有为股票价格提供上升的动力，反而促使其下跌，表明"持有更多效应"弱于"价格压力效应"。同样的，当 $\beta_2 > 0$ 时，说明投资者情绪与股市收益呈正向变动，情绪的低迷给股票价格的上升造成了阻力，这样的结论也为假设 1 中的假设提供了支撑；反之，当 $\beta_2 < 0$ 时，则说明当投资者对后市更倾向于看跌时，股票价格反而上涨，从而获得超额收益。再来对比 β_1 和 β_2 的大小，如果 $|\beta_1| > |\beta_2|$，则说明高涨情绪对股价的助推作用要显著大于低迷情绪对股价的阻碍作用。

此外，基于 DSSW 模型推演出的情绪对股市收益影响机理可以发现，投资者情绪与股市收益之间不仅存在以上有待验证的线性关系，还应存在明显的非线性关系，表现为市场中的投资者情绪波动越大，所获得的股市平均超额收益反而越低（即"弗里德曼效应"），以及股市超额收益的波动与投资者情绪的波动呈正相关（即"创造空间效应"）。据此，为了探究在均态市场环境下投资者情绪波动对股市超额收益及其波动的影响，也为了对假设3和假设4中的假设进行验证，本书将借鉴巴托什·格布卡（Bartosz Gebka，2014）的做法，分别构建以下情绪波动与中证流通指数超额收益率之间[式（5-3）]、情绪波动与中证流通指数波动率之间[式（5-4）]的非线性模型：

$$R_t - r_t = \alpha_0 + \alpha_1 \Delta SENT_t \cdot I_t + \alpha_2 \Delta SENT_t \cdot (1 - I_t) + \alpha_3 \Delta SENT_t^2 \cdot I_t \\ + \alpha_4 \Delta SENT_t^2 \cdot (1 - I_t) + \alpha_5 (R_{t-1} - r_{t-1}) + \mu_t \quad (5-3)$$

与前面所涉及的变量解释保持一致，R_t 代表中证流通指数在第 t 期的对数收益率。r_t 为第 t 期的无风险利率。$\Delta SENT_t = SENT_t - SENT_{t-1}$，代表投资者情绪的变动。$\Delta SENT_t^2$，代表投资者情绪的波动。$I_t$ 同样为示性变量，用于区分投资者情绪上涨和下降，当投资者情绪上涨，即 $\Delta SENT_t > 0$ 时，I_t 取值为 1；反之则取值为 0；α_0 为非线性回归方程的截距项。$\alpha_i (i = 1, 2, 3, 4, 5)$ 为各解释变量对应的回归系数。μ_t 为非线性回归方程的残差项。

$$VOLAT_t = \lambda_0 + \lambda_1 \Delta SENT_t \cdot I_t + \lambda_2 \Delta SENT_t \cdot (1 - I_t) \\ + \lambda_3 \Delta SENT_t^2 \cdot I_t + \lambda_4 \Delta SENT_t^2 \cdot (1 - I_t) + \lambda_5 (R_{t-1} - r_{t-1}) \\ + \sum_{k=1}^{3} \lambda_{5+k} VOLAT_{t-k} + \theta_t \quad (5-4)$$

式中，R_{t-1}、r_{t-1}、$\Delta SENT_t$、$\Delta SENT_t^2$、I_t 等变量均与前面的解释保持一致；新引入的变量 $VOLAT_t$ 为中证流通指数超额收益的周度波动率，主要用于测度中国股市超额收益率的波动情况；λ_0 为非线性回归方程的截距项；$\lambda_i (i = 1, 2, 3, 4, 5, 6, 7, 8)$ 为各解释变量对应的回归系数；θ_t 为残差项。这里，特别说明的是，在构建式（5-3）回归模型时，主要借鉴了巴托什·格布卡（2014）的做法，同时引入 $VOLAT_t$ 的滞后 1 期、滞后 2 期、滞后 3 期项，在研究情绪波动对股市收益波动影响的同时，考虑股市收益自身的前期波动对其后期波动的解释作用。

关于式（5-4）中涉及的股市超额收益率的波动率（$VOLAT_t$）的算法，在此作详细说明。$VOLAT_t$ 用于测度股市超额收益率的波动情况，$VOLAT_t$ 越大，表明股市收益率的波动幅度越大，隐含的投机性也就越明显；反之，则

表明股市收益率的变化相对平稳,投资者在进行投资交易时较为理性。$VOLAT_t$ 的具体计算公式为

$$VOLAT_t = \frac{5}{N_t - 1} \sum_{d=1}^{N_t} \left[(R_{t,d} - r_{t,d}) - \frac{1}{N_t} \sum_{d=1}^{N_t} (R_{t,d} - r_{t,d}) \right]^2 \quad (5-5)$$

式中,$VOLAT_t$ 代表第 t 周中证流通指数超额收益率的波动率;$R_{t,d}$ 代表第 t 周第 d 个交易日的中证流通指数收益率;$r_{t,d}$ 代表第 t 周第 d 个交易日的无风险利率,这里以央行 3 个月的 Shibor 利率代替;$R_{t,d} - r_{t,d}$ 即为第 t 周第 d 个交易日的超额收益率;N_t 代表第 t 周内的交易日总天数;数字 5 指的是一般情况下,周度交易日的总天数。

同样采用普通最小二乘回归法对式 (5-3)、式 (5-4) 进行回归,以分别探讨情绪对股指超额收益均值变化,以及情绪对股指波动率均值变化的影响。

如果式 (5-3) 的 OLS 回归结果显示 α_3 和 α_4 对应的 p 值均是显著的,则说明高涨的投资者情绪波动、低迷的投资者情绪波动均对股市收益产生了显著的影响。且当 $\alpha_3 > 0$ 时,说明乐观投资者情绪的波动,将会推动股市超额收益均值上涨;反之,当 $\alpha_3 < 0$ 时,则说明在中国股票市场背景下,高涨投资者情绪的波动,与股市超额收益的均值呈反向变动。同样的,当 $\alpha_4 > 0$ 时,说明当投资者对后市更倾向于看跌时,其情绪的反复波动反而助推股票价格上涨,从而获得超额收益;反之,当 $\alpha_4 < 0$ 时,则说明低落的投资者情绪波动将导致股市收益均值下跌。当 $\alpha_3 < 0$ 与 $\alpha_4 < 0$ 同时成立时,表明不论是高涨的情绪还是低落的情绪,只要市场中的投资者对未来走势存在不确定性,从而导致其情绪反复波动,就会使得股市超额收益的均值降低,这样的回归结果说明"弗里德曼效应"的确存在,即非理性的投资者情绪会诱导投资者往往作出错误的决策,假设 3 得以验证。

同样的,如果式 (5-4) 的 OLS 回归结果显示 λ_3 和 λ_4 对应的 p 值均是显著的,则说明高涨的投资者情绪波动、低迷的投资者情绪波动均对股市收益的波动产生了显著的影响。且当 $\lambda_3 > 0$ 时,说明乐观投资者情绪的波动,将会导致股市超额收益同样产生波动;反之,当 $\lambda_3 < 0$ 时,则说明高涨投资者情绪的波动,会降低股市超额收益的波动,这可能是由于当投资者情绪趋向于乐观时,其往往对自己所作出的判断过于自信,不会轻易改变决策,也就不会随意卖出自己手中持有的股票,因此股价波动较小。同样的,当 $\lambda_4 > 0$ 时,说明当投资者对后市更倾向于看跌时,其情绪的反复波动也会导致股市收益发生波动,造成这样结果的原因可能是,当市场中的情绪普遍

较为悲观时，投资者会抱有更强的投机心理，对市场中的各种消息过于敏感，因此，可能随时准备卖出自己持有的股票，从而导致股市收益波动加剧；反之，当 $\lambda_4 < 0$ 时，则说明低落的投资者情绪波动与股市收益波动呈反向变动。但总而言之，本书更倾向于认为 $\lambda_3 > 0$ 与 $\lambda_4 > 0$ 同时成立，即不论是高涨的情绪还是低落的情绪，只要市场中的投资者对未来走势存在不确定性，从而导致其无法果断地作出决策，情绪反复波动，则会加剧股市收益的波动，这样的回归结果可以说明"创造空间效应"的确存在，即非理性的投资者情绪波动会诱导股市风险加剧，假设 4 中的假设得以验证。

5.2 基于 OLS 模型的回归分析

首先，对实证分析部分将会涉及的变量，如投资者情绪指标 SENT、股市收益率 R、投资者情绪的变动 $\Delta SENT$、股市超额收益率的波动率 VOLAT 以及无风险利率 r 等时间序列数据，进行描述性统计分析，结果见表 5 – 1。

表 5 – 1 实证变量的描述性统计结果

变量	均值	标准差	偏度	峰度	J – B 值	Prob	ADF 检验	Prob
SENT	0.32	0.16	0.70	0.98	47.04	<0.001	-1.31	0.860
P	3370.72	824.07	1.60	4.78	533.00	0.000	0.47	0.990
$\Delta SENT$	6.56e-4	0.03	-0.60	2.90	158.62	0.000	-5.80	0.010
R	8.07e-4	0.04	-0.34	2.04	7.47	<0.001	-5.64	0.010
$(\Delta SENT)^2$	1.03e-3	2.27e-3	5.45	35.93	225.4	0.000	-3.74	0.022
VOLAT	1.29e-3	1.83e-3	3.27	12.92	335.3	0.000	-3.90	0.014
r	7.48e-4	2.69e-4	-0.57	-0.74	29.59	<0.001	-2.02	0.570
R – r	1.45e-4	0.04	-0.34	2.03	74.59	<0.001	-5.62	0.010

注：(1) Prob 代表左侧统计量对应的 p 值，p 值越小，意味着越有理由拒绝原假设；
(2) 表格中的 $me-n$、$me+n$ 分别代表 $m \times 10^{-n}$、$m \times 10^{+n}$。

表 5 – 1 详细列明了本章实证分析中，将会涉及的变量的基本特征，包括均值、标准差、偏度、峰度、Jarque – Bera 正态检验以及 ADF 单位根检验结果，根据表 5 – 1 的统计结果，可以发现：①投资者情绪指标 SENT 和中证流通指数收盘价 P 的均值分别为 0.32、3370.72，标准差分别为 0.16、

824.07,从均值和标准差角度来看,整个研究区间市场中的整体情绪偏低,且波动幅度较大,股市中的投机性与风险性显著;②在5%的显著性水平下,投资者情绪指标 SENT 和中证流通指数收盘价 P 均拒绝了正态分布的假定,其中,中证流通指数收盘价序列 P 还有明显的"尖峰、厚尾"特征,且两者在5%的显著性水平下,均未通过 ADF 单位根检验,证明均为非平稳序列;③投资者情绪波动指标 $\Delta SENT$ 及其平方项($\Delta SENT)^2$、中证流通指数收益率 R、超额收益率($R-r$)及波动率 VOLAT 均不服从正态分布的假定,但均通过了 ADF 单位根检验,认为以上时间序列均为平稳序列,可直接用于后续的实证分析中。

5.2.1 "持有更多效应"与"价格压力效应"检验

为了探讨均态市场环境下投资者情绪对股市平均超额收益的线性影响,也为了对假设1进行验证,本书将基于式(5-1):情绪与中证流通指数超额收益率之间的多项式滞后模型,采用 OLS 对模型进行回归分析,以探讨市场中的高涨情绪、低落情绪分别如何影响股市的平均超额收益。OLS 回归结果见表5-2。

表5-2　　　式(5-1)的 OLS 回归结果(中国股市)

回归1:当自变量中不引入投资者情绪时					
变量	参数	参数估计值	标准误	t 值	p 值
截距项	β_0	2.821e-5	2.044e-3	-0.014	0.989
$(R_{t-1}-r_{t-1})$	β_3	0.0405	0.0515	0.786	0.432
F - statistic = 0.618,p - value = 0.4323					
$R^2 = 0.0016$					
Adjusted R - squared = -0.0010					
回归2:当自变量中引入投资者情绪时					
变量	参数	参数估计值	标准误	t 值	p 值
截距项	β_0	-0.0076***	0.0013	-5.675	<0.001
$\Delta SENT_t \cdot I_t$	β_1	1.3771***	0.0556	24.782	<0.001
$\Delta SENT_t \cdot (1-I_t)$	β_2	0.7506***	0.0407	18.436	<0.001

续表

		回归2：当自变量中引入投资者情绪时			
变量	参数	参数估计值	标准误	t 值	p 值
$(R_{t-1} - r_{t-1})$	β_3	0.0372	0.0236	1.575	0.116
		$F - statistic = 482.3$，$p - value < 0.001$			
		$R^2 = 0.7946$			
		Adjusted $R - squared = 0.7930$			

注：（1）***、**、* 分别代表在1%、5%、10%的显著性水平下显著；
（2）$me - n$ 代表 $m \times 10^{-n}$。

表5-2中的回归结果中显示，β_1、β_2 均在1%的显著性水平上显著，且情绪对股市超额收益的解释程度达到0.7946（R^2 从回归1中的0.0016提高到回归2中的0.7946，解释能力提高了0.7930），说明无论是高涨的投资者情绪，还是低迷的投资者情绪，其均与股市平均超额收益之间存在着显著的线性关系，这样的结论也为观点"投资者情绪是影响股市收益的系统因子"提供了有力的证据。

再来具体观察 β_1、β_2 的符号及大小：①从回归系数的符号来看，$\beta_1 > 0$、$\beta_2 > 0$ 均在1%的显著性水平下成立，表明乐观的投资者情绪将会助推股票价格上升，从而获得较高的超额回报；而悲观的投资者情绪则会给股票价格带来上升压力，从而降低股市超额收益，即投资者情绪与股市超额收益之间呈正向变动，假设1中的假设得到证实。因此认为，当中国股票市场处于均态环境下时，"持有更多效应"要强于"价格压力效应"，表现为乐观的投资者情绪终将会提高中国股市的超额收益。②从回归系数的大小来看，$\beta_1 = 1.3771$、$\beta_2 = 0.7506$，即 $|\beta_1| > |\beta_2|$，说明在研究区间（2008年1月4日至2015年5月29日）内，乐观情绪对股价的助推作用要远大于悲观情绪对股价的阻碍作用。

5.2.2 "弗里德曼效应"检验

为了探讨投资者的情绪变动对股市平均收益的影响，也为了对假设3中的假设进行验证，本节将同样基于式（5-3）：情绪波动与中证流通指数超额收益率之间的多项式滞后模型，并采用OLS对模型进行回归分析，以初步探讨市场中高涨情绪、低落情绪的波动分别如何影响股市的平均超额收益。OLS 回归结果见表 5-3。

表 5-3　式 (5-3) 的 OLS 回归结果 (中国股市)

回归1：当自变量中不引入投资者情绪波动项时					
变量	参数	参数估计值	标准误	t 值	p 值
截距项	α_0	-0.0076***	0.0013	-5.675	<0.001
$\Delta SENT_t \cdot I_t$	α_1	1.3771***	0.0556	24.782	<0.001
$\Delta SENT_t \cdot (1-I_t)$	α_2	0.7506***	0.0407	18.436	<0.001
$(R_{t-1} - r_{t-1})$	α_5	0.0372	0.0236	1.575	0.116
F-statistic = 482.3，p-value < 0.001					
$R^2 = 0.7946$					
Adjusted R-squared = 0.7930					
回归2：当自变量中引入投资者情绪波动项时					
变量	参数	参数估计值	标准误	t 值	p 值
截距项	α_0	0.0010	0.0012	0.840	0.401
$\Delta SENT_t \cdot I_t$	α_1	1.2618***	0.0858	14.704	<0.001
$\Delta SENT_t \cdot (1-I_t)$	α_2	1.6157***	0.0562	28.753	<0.001
$\Delta SENT_t^2 \cdot I_t$	α_3	-2.0680*	1.1242	-1.840	0.067
$\Delta SENT_t^2 \cdot (1-I_t)$	α_4	-5.7787***	0.3053	-18.929	<0.001
$(R_{t-1} - r_{t-1})$	α_5	-0.0019	0.0166	-0.114	0.909
F-statistic = 676.2，p-value < 0.001					
$R^2 = 0.9009$					
Adjusted R-squared = 0.8995					

注：(1) ***、**、* 分别代表在 1%、5%、10% 的显著性水平下显著；
(2) $me-n$ 代表 $m \times 10^{-n}$。

表 5-3 中的回归结果中显示，α_3、α_4 均在 10% 的显著性水平上显著，且情绪的波动对股市平均超额收益的确具有一定的解释能力（R^2 从回归 1 中的 0.7946 提高到回归 2 中的 0.9009，解释能力提高了约 0.11），这说明投资者情绪与股市超额收益之间除了存在显著的线性关系之外，还存在非线性关系。

再来具体观察 α_3、α_4 的大小及符号：①从回归系数的符号来看，$\alpha_3 < 0$ 与 $\alpha_4 < 0$ 均在 10% 的显著性水平下成立，表明无论是乐观的投资者情绪，还是悲观的投资者情绪，其波动都将降低股市平均超额收益，这样的结果可能是由于当投资者情绪的波动性越大时，其对股票定价的错觉就越大，非理性的情绪使得投资者越容易高买低卖，最终招致损失，据此，假设 3 中的假设得到初步证实，即认为，当中国股市的超额收益处于均态水平时，"弗里德曼效应"确实存在；②从回归系数的大小来看，$\alpha_3 = -2.0680$、$\alpha_4 = -5.7787$，即 $|\alpha_3| < |\alpha_4|$，说明当市场中的投资者情绪倾向于悲观时，其波动将更容易导致股市平均超额收益下降。分析造成这样结果的原因，认为可能是由于当市场整体情绪悲观的时候，多数投资者往往更容易陷入恐慌的情绪中，主动努力去获取、收集私人信息的意愿将会下降，对市场中散布的所谓"利好"信息的敏感性加剧，且不愿去认真分析消息的准确性及股票的内在价值，非理性行为将更为频繁，市场中对于股票的需求将会产生泡沫，在这种情况下情绪的波动更容易给股市注入巨大的风险，造成股市平均超额收益下降。

5.2.3 "创造空间效应"检验

5.2.1 节与 5.2.2 节通过 OLS 回归法论证了假设 1 和假设 3 中的假设，为了进一步分析在均态市场环境下，中国股市中的"创造空间效应"是否存在，即投资者的情绪波动对股市平均波动的影响，本书在此将基于式（5-4）：情绪波动与中证流通指数超额收益波动之间的多项式滞后模型，同样采用 OLS 对模型进行回归分析，以探讨市场中高涨情绪、低落情绪的波动分别如何影响股市超额收益的平均波动。OLS 回归结果见表 5-4。

表 5-4　　　　式（5-4）的 OLS 回归结果（中国股市）

变量	参数	参数估计值	标准误	t 值	p 值
截距项	λ_0	0.0005 ***	0.0002	3.255	0.001
$\Delta SENT_t \cdot I_t$	λ_1	-0.0107	0.0105	-1.016	0.310
$\Delta SENT_t \cdot (1 - I_t)$	λ_2	-0.0158 **	0.0071	-2.222	0.027

续表

变量	参数	参数估计值	标准误	t 值	p 值
$\Delta SENT_t^2 \cdot I_t$	λ_3	0.1494	0.1384	1.079	0.281
$\Delta SENT_t^2 \cdot (1-I_t)$	λ_4	0.0648 *	0.0379	1.708	0.088
$R_{t-1} - r_{t-1}$	λ_5	-0.0057 ***	0.0021	-2.780	0.006
$VOLAT_{t-1}$	λ_6	0.2150 ***	0.0494	4.354	<0.001
$VOLAT_{t-2}$	λ_7	0.1734 ***	0.0506	3.423	<0.001
$VOLAT_{t-3}$	λ_8	0.1422 ***	0.0484	2.936	0.004
F-statistic = 16.4, p-value < 0.001					
$R^2 = 0.2633$					
Adjusted R-squared = 0.2473					

注：***、**、*分别代表在1%、5%、10%的显著性水平下显著。

表5-4中的结果显示，OLS回归拟合优度：$R^2 = 0.2633$，虽然该模型中的自变量对于股市超额收益波动率的解释能力较弱，但考虑到股市超额收益的波动不仅受到情绪的影响，还可能受到其他信息的"干扰"，因此，暂不考虑模型的拟合优度，仅从解释能力的角度分析，投资者情绪及其波动，以及股市收益波动的滞后项可以解释26.33%的当期超额收益波动。此外，仅有 $\hat{\lambda}_4 > 0$ 在10%的显著性水平上显著，这说明悲观的情绪波动的确会加剧股市超额收益的平均波动，且影响较为显著，但乐观的情绪波动则不然，其虽可以加剧股市超额收益的平均波动，但影响并不显著。这样的分析结果似乎无法支持假设4中提出的全部假设，不过仅依据传统的OLS回归结果，只能揭示情绪波动对股市超额收益的平均波动的影响，即当市场波动处于均值水平时，情绪波动与股市波动之间的相互关系。而在极端市场行情下，即股市超额收益波动的上下尾部，或是其他分位点，情绪与股市超额收益的非线性关系可能会与OLS回归的结果存在差异，因此，有必要在后续章节中基于非线性分位数回归方法，展现出完整的统计分布回归结果，以对假设4进行更为深入的分析与探讨。

5.3 中美股票市场对比分析

由于经济环境、政府调控手段、股市运行机制以及投资者结构等诸多因素的不同，作为新兴市场的中国股市本身就存在一些不同于国外市场的特质，尤其是目前的这个阶段，中国股票市场正处于不断调整以期逐步趋于成熟的时期，在这样的环境下，其自身不利于市场效率提高的特征就会逐渐凸显，比如，中国股市的走势对市场情绪波动较为敏感。为了论证投资者情绪对股市的影响效应是否仅存在于新兴市场中，也为了对比新兴市场与成熟市场的有效性以及投资者的理性程度，本节引入美国股票市场，将其发展较为成熟的市场作为代表，具体分析中美两国投资者情绪对股市的影响有何差异。

在美国投资者情绪代理指标的选取上，本书基于贝克和沃格勒（2006）的研究，选用封闭式基金折价率 $CEFD$、市场成交量 S、IPO 上市公司数量 $NIPO$、IPO 上市公司首日收益率 $RIPO$、股利溢价指标 $PDND$ 五个客观市场指标，同样采用 LASSO 回归法构造美国投资者情绪综合测度指数 $SENT\_US_t$ 为

$$SENT\_US_t = -0.3188 \times sPDND_t - 0.3548 \times sNIPO_t \\ + 0.2512 \times sCEFD_t - 0.5707 \times sS_t \quad (5-6)$$

式中，$sPDND_t$、$sNIPO_t$、$sCEFD_t$、sS_t 同样指的是剔除宏观经济影响且经标准化后的情绪代理指标。根据式（5-6）的拟合结果可以看出，LASSO 算法筛选出的仅有 $sPDND_t$、$sNIPO_t$、$sCEFD_t$、sS_t 四个原始代理变量，而 $sRIPO_t$ 的回归参数估计值为 0，也就是说，封闭式基金折价率、市场成交量、IPO 上市公司数量及股利溢价指标已经可以最大限度地反映出美国市场中的投资者情绪变动。同样地，为了初步观察美国投资者情绪的波动对股票市场收益变动的解释能力，将绘制图 5-1，通过两者走势的对比可以看出，2009 年之前与 2012 年之后，美国投资者情绪的变动对标普 500 指数收盘价的变动具有一定程度的解释能力。

再单独来观察 2008.1—2015.5 美国投资者情绪的变动，可以发现，整个区间总体由 1 个下降区间和 1 个上升区间组成：情绪低迷时期大概发生在 2008 年 7 月至 2009 年 5 月，同样受到金融危机的影响，美国投资者情绪从 -0.5654 跌至 -0.9018。情绪上升区间起始于 2009 年 7 月，一直持续到 2015 年 5 月，期间投资者情绪虽有微幅震荡，但依然呈现整体上升的趋势，表明美国投资者情绪自 2009 年 7 月全球金融危机基本结束之后，逐渐转为乐观。

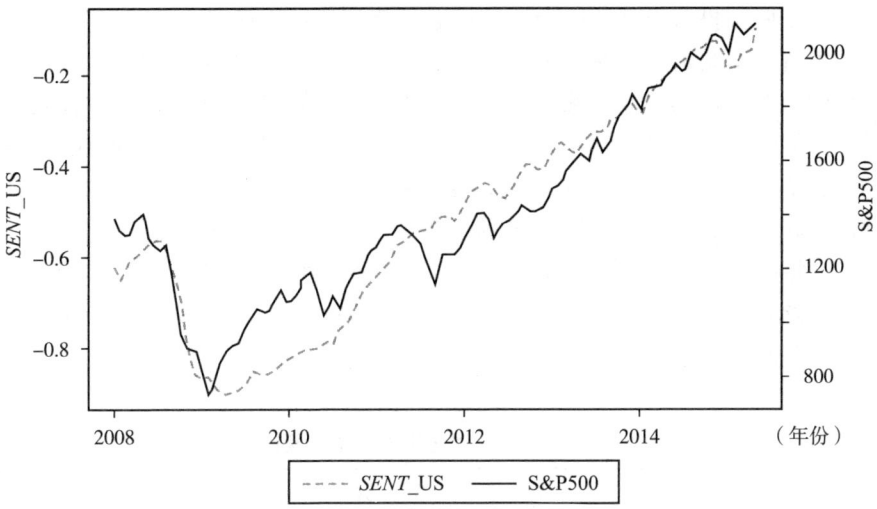

图 5-1　美国投资者情绪指数与标普 500 指数收盘价对比（2008.1—2015.5）

为了与美国投资者情绪的更新频率保持一致，在此也将中国投资者情绪测度指数 $SENT\_CHINA_t$ 转为月频，绘制图 5-2，并用于后续的对比分析中。

$$SENT\_CHINA_t = 0.5917 \times sLPM_t + 1.1453 \times sCAI_t + 0.0226 \times sNASA_t \\ - 0.0452 \times sTURNAMOUNT_t + 0.4774 \times sHPEI_t$$

$$(5-7)$$

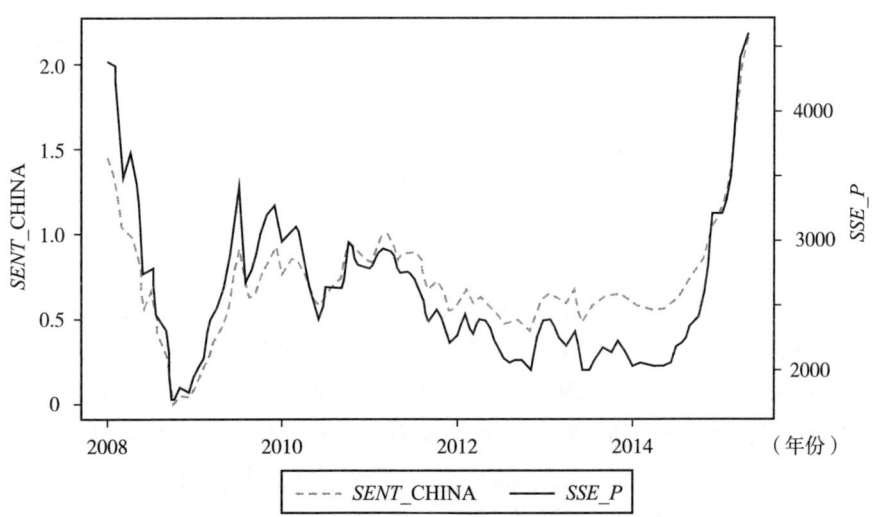

图 5-2　中国投资者情绪指数与中证流通指数收盘价对比（2008.1—2015.5）

基于两国投资者情绪综合测度指数,首先来对比均态市场环境下,中美两国投资者情绪对股市平均超额收益的线性影响。本节同样基于 OLS 分别分析中美两国市场中的高涨情绪、低落情绪分别如何影响股市的平均超额收益。如果某国投资者情绪与股市收益呈现显著的正相关性,则说明该国市场的"持有更多效应"要强于"价格压力效应";如果情绪与股市收益呈现显著的负相关性,则说明该国市场的"持有更多效应"要弱于"价格压力效应";如果情绪与股市收益间的关系并不显著,则说明该国股市走势不受投资者情绪的"干扰",即不存在"持有更多效应"和"价格压力效应"。OLS 回归结果见表 5-5。

表 5-5 式 (5-1) 的 OLS 回归结果 (中美股市对比)

回归 1：中国市场					
变量	参数	参数估计值	标准误	t 值	p 值
$\Delta SENT\_CHINA_t \cdot I_t$	β_1	0.4507 ***	0.0489	9.256	<0.001
$\Delta SENT\_CHINA_t \cdot (1-I_t)$	β_2	0.7441 ***	0.0483	15.399	<0.001
$R^2 = 0.8557$					
Adjusted R-squared $= 0.8523$					
回归 2：美国市场					
变量	参数	参数估计值	标准误	t 值	p 值
$\Delta SENT\_US_t \cdot I_t$	β_1	0.1884	0.3916	0.481	0.632
$\Delta SENT\_US_t \cdot (1-I_t)$	β_2	0.8125 **	0.3059	2.656	0.010
$R^2 = 0.7946$					
Adjusted R-squared $= 0.7930$					

注：***、**、* 分别代表在 1%、5%、10% 的显著性水平下显著。

表 5-5 中的结果显示：当中国股市收益处于均态水平时,β_1、β_2 均在 5% 的显著性水平上显著,且情绪对于股市超额收益具有较强的解释能力 ($R^2 = 0.8557$),这说明中国投资者的情绪状态显著地影响着股市超额收益。再来具体观察 β_1、β_2 的符号,从符号来看,$\beta_1 > 0$ 与 $\beta_2 > 0$ 均在 5% 的显著性水平下成立,表明无论是乐观的投资者情绪,还是悲观的投资者情绪,其均与股市收益呈显著的正相关关系。据此认为,即便是月频的投资者情绪指数,也能证明中国股市中的确存在"持有更多效应"与"价格压力效应",

且"持有更多效应"要强于"价格压力效应",表现为投资者情绪与股市收益正向变动。对比美国市场,β_1 在 10% 的显著性水平上并不显著,而 β_2 则较为显著,说明当美国股市收益处于均态水平时,其变动较容易受到悲观投资者情绪的影响,表现为投资者情绪越倾向于悲观,则股市超额收益越低。美国股市的收益也会在一定程度上受到投资者情绪的影响,即美国股市中也存在"持有更多效应"与"价格压力效应",且"持有更多效应"的强度同样要稍优于"价格压力效应"。

接着,同样基于 OLS 对式(5-3)进行回归,分别来分析高涨、低落情绪的波动如何影响中美股市的超额收益,从而检验均态市场环境下中美两国是否存在明显的"弗里德曼效应":如果某国投资者情绪波动显著的降低了股市超额收益,则说明该国市场存在"弗里德曼效应";反之,如果情绪波动对股市收益没有任何影响,则说明该国市场并不存在"弗里德曼效应"。OLS 回归结果见表 5-6。

表 5-6　　式(5-3)的 OLS 回归结果(中美股市对比)

回归 1:中国市场				
变量	参数	参数估计值	标准误	t 值	p 值
$\Delta SENT\_CHINA_t^2 \cdot I_t$	α_3	-0.8973***	0.3263	-2.750	0.007
$\Delta SENT\_CHINA_t^2 \cdot (1-I_t)$	α_4	-0.9428*	0.5413	-1.742	0.085
$R^2 = 0.8686$					
Adjusted R-squared $= 0.8623$					
回归 2:美国市场					
变量	参数	参数估计值	标准误	t 值	p 值
$\Delta SENT\_US_t^2 \cdot I_t$	α_3	0.7788	24.1263	0.032	0.974
$\Delta SENT\_US_t^2 \cdot (1-I_t)$	α_4	-1.8018	9.0399	-0.199	0.843
$R^2 = 0.1033$					
Adjusted R-squared $= 0.0601$					

注:***、**、* 分别代表在 1%、5%、10% 的显著性水平下显著。

表 5-6 中的回归结果显示:当中国股市收益处于均态水平时,α_3、α_4 均在 10% 的显著性水平上显著,且情绪的波动对股市超额收益的确具有一定的解释能力($R^2 = 0.8686$),这说明中国投资者情绪波动与股市超额收益

之间存在着显著的关系。再来具体观察 α_3、α_4 的大小及符号：①从符号来看，$\alpha_3 < 0$ 与 $\alpha_4 < 0$ 均在 10% 的显著性水平下成立，表明投资者情绪的波动始终会降低股市平均超额收益，这可能是由于当情绪的波动性越大时，对股票定价的错觉就越大，非理性的情绪使得投资者越容易高买低卖，最终招致损失。据此认为，中国股市中的"弗里德曼效应"确实存在；②从大小来看，$|\alpha_3| < |\alpha_4|$，说明当投资者情绪倾向于悲观时，其波动将更容易导致股市平均超额收益下降。对比美国市场，α_3、α_4 在 10% 的显著性水平上均不显著，投资者情绪的波动对股市超额收益的解释力较弱（$R^2 = 0.1033$），认为美国股市的收益并未受到投资者情绪波动的影响，即美国股市中并不存在显著的"弗里德曼效应"。

最后通过对式（5-4）的 OLS 回归，分别来分析高涨、低落情绪的波动如何影响中美股市收益的波动，从而检验均态市场环境下，中美两国是否均存在着明显的"创造空间效应"：如果某国投资者情绪波动显著的加剧股市收益波动，则说明该国市场存在"创造空间效应"；反之，如果情绪波动对股市收益波动没有任何影响，则说明该国市场并不存在明显的"创造空间效应"。对应的 OLS 回归结果见表 5-7。

表 5-7　式（5-4）的 OLS 回归结果（中美股市对比）

回归 1：中国市场					
变量	参数	参数估计值	标准误	t 值	p 值
$\Delta SENT\_CHINA_t^2 \cdot I_t$	λ_3	0.0251	0.0263	0.953	0.343
$\Delta SENT\_CHINA_t^2 \cdot (1 - I_t)$	λ_4	0.1560*	0.0308	5.064	<0.001
$R^2 = 0.4629$					
Adjusted R - squared = 0.4370					
回归 2：美国市场					
变量	参数	参数估计值	标准误	t 值	p 值
$\Delta SENT\_US_t \cdot I_t$	λ_3	0.1557	3.2601	0.048	0.962
$\Delta SENT\_US_t \cdot (1 - I_t)$	λ_4	1.3660	1.2215	1.118	0.267
$R^2 = 0.2325$					
Adjusted R - squared = 0.2145					

注：***、**、* 分别代表在 1%、5%、10% 的显著性水平下显著。

表 5-7 中的结果显示，中国市场的 OLS 回归拟合优度为 $R^2 = 0.4629$，虽然，该模型中的自变量对于股市超额收益波动率的解释能力不是特别强，但考虑到股市超额收益的波动不仅受到情绪的影响，还可能受到其他信息的"干扰"。因此，暂不考虑拟合优度，仅从解释能力的角度分析，当中国股市波动处于均态水平时，投资者情绪及其波动可以解释 46.29% 的当期超额收益波动。此外，仅有 $\lambda_4 > 0$ 在 10% 的显著性水平上显著，这说明在中国市场中，悲观的情绪波动的确会显著加剧股市超额收益的平均波动；而乐观的情绪波动虽然可以加剧股市超额收益的平均波动，但是影响并不显著。同样地，对比美国市场，可以看出，λ_3、λ_4 在 10% 的显著性水平上均不显著，即美国股市波动并未受到投资者情绪波动的影响，也就是说，美国股票市场中并不存在明显的"创造空间效应"。

5.4 本章小结

本章以第 3 章中推导的影响机理为理论依据，采用第 4 章构造的投资者情绪综合测度指数。基于普通最小二乘回归法，验证了均态市场环境下中美两国投资者情绪对股票市场的影响，得出以下结论。

（1）均态市场环境下，中美两国股市中均存在"持有更多效应"和"价格压力效应"。具体来说，OLS 的回归结果显示，当中国股市收益处于均态水平时，高涨与低落的投资者情绪均与股市收益呈显著的正相关关系，即高涨情绪将会推高股市收益，而低落情绪则会对股市收益上升造成压力。据此认为，中国股市中的确存在"持有更多效应"与"价格压力效应"，且表现为"持有更多效应"强于"价格压力效应"。对比美国市场，当美国股市收益处于均态水平时，其变动较容易受到悲观投资者情绪的影响，表现为投资者情绪越倾向于悲观，则股市超额收益越低。因此认为，美国股市的收益也会在一定程度上受到投资者情绪的影响，且同样表现为"持有更多效应"稍强于"价格压力效应"。

（2）均态市场环境下，中国股市存在着明显的"弗里德曼效应"，美国股市的"弗里德曼效应"则不明显。具体来说，OLS 回归结果表明在中国市场中，投资者情绪波动与股市超额收益之间存在显著的关系，表现为情绪波动将降低股市平均超额收益，即"弗里德曼效应"确实存在于中国市场。美国投资者情绪波动与股市超额收益之间则不存在显著的关系，即美国股市超额收益的变动则始终未受到投资者情绪的干扰。

(3) 均态市场环境下,中国股市存在较为明显的"创造空间效应",美国股市则不存在"创造空间效应"。具体来说,OLS 的回归结果显示,在中国市场中悲观的情绪波动的确会加剧股市超额收益的平均波动,且影响较为显著,但乐观情绪的作用却并不显著。相比之下,美国股市波动则并没有受到投资者情绪波动的显著影响。

总而言之,当中美两国股市同处于均态环境下时(市场收益处于均值水平,或市场收益的波动处于均值水平),中国股市的收益及波动更容易受到投资者情绪的影响,表现为投资者情绪的波动在显著降低股市超额收益的同时,还会加剧股市的波动,从而为股市的运行带来风险。从这个角度来分析,相比中国股票市场,美国股市的运作要更为有效,其市场中的投资者在交易决策时更多地依赖基本面信息而非市场中的"噪声",因此表现得更为理性。

第6章　极端市场下投资者情绪对股市收益波动影响

关于投资者情绪对股市收益的影响，之前已有较多研究对此进行过探讨，并通过一些实证方法进行论证，但多数学者均是基于普通最小二乘法（Ordinary Least Square，OLS）来研究两者分布中心之间的相互影响，而忽略了变量上尾分布或下尾分布所包含的信息。事实上，在投资者情绪极度高涨/极度低落阶段，或是股市处于极端环境时（股市收益极端高/极端低，或是股市波动极端剧烈/平缓），再研究两者之间的关系可能会得出不同的结论，但是，通过 OLS 回归所得到的结果并不能很好地体现这一维度的信息。鉴于 OLS 的局限性，巴塞特和肯可于 1978 年提出了分位数回归方法（Quantile Regression，QR），该方法在刻画变量之间相互关系时，相比 OLS 具有更为明显的优势，尤其是对条件分布函数极值点信息的刻画，且 QR 法回归系数估计比 OLS 法回归系数估计更稳健。据此，本章将通过分位数回归方法，揭示在不同分位点下，即不同的市场状态下，投资者情绪对股市收益及其波动的影响，尤其是投资者情绪尾部分布与股市收益或波动分布尾部的相互关系。同样地，基于调整后的 DSSW 模型，在第3章中也提出了对应于极端市场的三个假设，分别为：

假设 2　投资者情绪对股票收益有显著的非对称性影响：在股市收益较低时，低迷投资者情绪对收益的抑制作用大于高涨投资者情绪的助推作用，即当市场越趋向于"熊市"，则"持有更多效应"要越弱于"价格压力效应"；在股市收益较高时，高涨投资者情绪对股市收益的助推作用则更为显著，即当市场越趋向于"牛市"，"持有更多效应"就越强于"价格压力效应"。

假设 3　投资者情绪的波动会降低股市收益，即中国股市存在显著的"弗里德曼效应"。

假设 4　投资者情绪的频繁波动会导致股市收益波动增大，即中国股市存在"创造空间效应"。

为了对以上的三个假设进行验证，本章将再次通过实证的方法，同样采用第4章中：基于 LASSO 回归法构建的投资者情绪综合测度指数 $SENT\_LASSO$，将其作为反映市场中投资者整体情绪的指标 $SENT$，以验证在极端市场环境下，投资者情绪对股票市场的影响效应。本章内容结构安排如下：6.1 节，首先简要介绍分位数回归的基本思想、参数估计方法以及拟合优度的检验方法，指出其区别于普通最小二乘回归法的优势。并基于分位数回归法设计投资者情绪对股市收益及其波动影响的实证方案。6.2 节，依据设计的实证方案，分别分析当股票市场收益或波动处于极端水平时，中国股票市场中的"持有更多效应""价格压力效应""弗里德曼效应""创造空间效应"，并比较四种效应之间的强弱。6.3 节，与发展较为成熟美国股票市场对比，分析当美国股市同样处于极端环境时，市场收益及波动是否会受到投资者情绪的影响，从而论证 DSSW 模型提出的四种效应是否仅存在于新兴市场中。6.4 节为本章小结。

6.1 分位数回归模型构建

6.1.1 分位数回归法简介

传统的回归模型描述了因变量 Y 的条件均值分布受自变量 X 的影响过程，其中，OLS 是估计回归系数最基本的，也是最常用的方法。如果模型的随机误差项来自均值为 0，方差相同的分布，那么 OLS 回归系数的最小二乘估计为最佳线性无偏估计（Best Linear Unbiased Estimate，BLUE）；如果随机误差项服从正态分布，那么 OLS 回归系数的最小二乘估计与极大似然估计一致，均为最小方差无偏估计（Minimum – Variance Unbiased Estimate，MVUE）。此时，OLS 具有无偏性、有效性等优良性质。但是，在实际的金融市场中，以上假设通常难以满足，如金融时间序列多不服从正态分布的假定，而是具有明显的"尖峰、厚尾"的特性，在这种情况下，OLS 将不再具有上述优良性质。为了克服它的不足，肯可（Koenker）和巴塞特（Bassett）在莱布里氏（Laplace，1818）提出的中位数回归的基础上，于 1978 年提出的分位数回归模型为

第6章 | 极端市场下投资者情绪对股市收益波动影响

$$Q_{Y_t}(\tau \mid X_t) = f(X_t, \beta(\tau))$$
$$= \beta_0(\tau) + \beta_1(\tau) x_{t,1} + \cdots + \beta_m(\tau) x_{t,m}$$
$$= X_t' \beta(\tau) \tag{6-1}$$

式中,$Q_{Y_t}(\tau \mid X_t) = \inf\{y_t: F(y_t \mid X_t) \geqslant \tau\}$,代表因变量 Y 在自变量 X 给定条件下的 τ 分位数;$\tau \in (0, 1)$ 为分位点;$\beta(\tau) = [\beta_0(\tau), \beta_1(\tau), \cdots, \beta_m(\tau)]'$ 为回归系数向量,其取值依赖于分位点 τ 的变动,可以度量自变量 X 对因变量 Y 的异质影响(随分位点变动)。在式(6-1)中,由于采用线性函数设定,故可称其为线性分位数回归模型;同样地,如果采用非线性函数设定,则称其为非线性分位数回归模型。式(6-1)中依据因变量 Y 在各个分位点 τ 处的条件分位数 $Q_{Y_t}(\tau \mid X_t)$ 对自变量 X 进行回归,进而得到所有分位数下的回归模型。这样,分位数回归相比普通最小二乘回归只能描述自变量 X 对于因变量 Y 局部变化的影响而言,更能精确地描述自变量 X 对于因变量 Y 的变化范围,以及条件分布形状的影响,从而得到更全面的分析结果,挖掘出更有价值的信息。

式(6-1)中,对于系数向量 $\beta(\tau)$ 的估计,令加权误差绝对值之和最小,可转化为求解以下优化问题:

$$\hat{\beta}(\tau) = \arg\min_{\beta} \left[\tau \sum_{y_t \geqslant X_t'\beta} |y_t - X_t'\beta| + (1-\tau) \sum_{y_t < X_t'\beta} |y_t - X_t'\beta| \right] \tag{6-2}$$

式(6-2)可等价表示为

$$\hat{\beta}(\tau) = \arg\min_{\beta} \sum_{T=1}^{T} \rho_\tau (y_t - X_t'\beta) \tag{6-3}$$

式中,T 为样本总量;$\rho_\tau(u)$ 为依赖于分位点 τ 的非对称损失函数,满足

$$\rho_\tau(u) = \begin{cases} \tau u, & u \geqslant 0 \\ (\tau - 1)u, & u < 0 \end{cases} \tag{6-4}$$

式(6-3)是通过对模型估计的残差,加之一定的权重,并采取线性规划法来计算其最小加权绝对偏差,从而得到系数向量估计 $\hat{\beta}(\tau)$。将通过式(6-3)得到的系数向量估计 $\hat{\beta}(\tau)$ 代入至式(6-5)中,即可得到因变量 Y 的条件分位数估计为

$$\hat{Q}_{Y_t}(\tau \mid X_t) = f(X_t, \hat{\beta}(\tau)) = X_t' \hat{\beta}(\tau) \tag{6-5}$$

基于线性回归模型方程:$Q_{Y_t}(\tau \mid X_t) = X_t'\beta(\tau)$,为了分析自变量 X 对因变量 Y 在其各分位点 τ 处的影响,则需要将问题转化为对式(6-2)或式(6-3)的求解。目前,对于式(6-2)或式(6-3)的算法,常见的主要有以下两种。

(1)单纯形算法(Simplex Algorithm)。肯可和奥瑞(Koenker & Orey,

1993)将分两步解决最优化问题的单纯形算法扩展至所有的回归分位数中,基于单纯形算法,分位数回归系数的最优化模型[式(6-2)]可以重新表述为

$$\hat{\beta}(\tau) = \arg\min_{\beta}\{\tau e_T'u + (1-\tau)e_T'v \mid y_t - X_t'\beta$$
$$= u - v, \beta \in R^p, (u,v) \in R_+^{2T}\} \quad (6-6)$$

式中,e_T'为单位向量,p表示β中的元素个数。单纯形算法估计出来的参数具有较好的稳定性,但在处理大型的数据时,该算法的运算速度会显著地降低。

(2)内点算法(Interior Point Algorithm)。由于单纯形算法在处理大样本的数据时效率会降低,之后,珀特尼和肯可(Portnoy & Koenker, 1997)便尝试将内点算法运用到分位数回归中,得出在处理大样本数据时,内点算法运算速度快于单纯形算法的结论。基于内点算法,分位数回归系数的最优化模型[式(6-2)]可以重新转化为以下线性规划问题:

$$\hat{\beta}(\tau) = \arg\min_{\beta}\{\tau e_T'u + (1-\tau)e_T'v \mid y_t = X_t'\beta + u - v, (u,v) \in R_+^{2T}\}$$

$$(6-7)$$

且有对偶表达式

$$\max_{d}\{y_t'd \mid X_t'd = 0, d \in [\tau-1, \tau]^T\} \quad (6-8)$$

或者可以写为

$$\max_{z}\{y_t'z \mid X_t'z = (1-\tau)X_t'e, z \in [0,1]^T\} \quad (6-9)$$

式中,e为单位向量,$z = d + 1 - \tau$。式(6-9)中的分位数回归的对偶表达式,非常适合采用可解决有界变量线性规划问题的内点算法。本书采用的分位数回归参数估计法是由珀特尼和肯可(1997)提出的Frisch-Newton内点方法,该方法可以在R 3.2.2软件中通过调用quantreg包执行。

通过以上算法求得系数向量估计$\hat{\beta}(\tau)$之后,关于模型系数显著性的假设检验$H_0: \beta_2(\tau) = 0$[以$\beta_2(\tau)$为例],较为常用的两种检验方法分别是Wald检验与似然比检验方法。Wald显著性检验主要是检验两样本的分位数之间的距离是否相等,其定义检验统计量为$T_w(\tau) = \hat{\beta}_2'(\tau)\sum(\tau)^{-1}\hat{\beta}_2'(\tau)$,这里的$\sum(\tau) = \hat{w}(\tau)^2\Omega^{22}/n$为$\hat{\beta}_2(\tau)$的协方差估计量,其中,$\hat{w}(\tau) = \sqrt{\tau(1-\tau)}\hat{s}(\tau)$;$\hat{s}(\tau)$为Sparsity函数的估计值,$\hat{s}(\tau) = [f(F^{-1})\tau]^{-1}$;$\Omega^{22} = (\Omega_{22} - \Omega_{21}\Omega_{11}^{-1}\Omega_{12})^{-1}$,$\Omega_{ij}$为参数估计的协方差阵中的对应元素。该检验方法相比于传统的最小二乘法来说,具有很强的稳健性。似然比检验法首先要分别计算$D_0(\tau) = \sum\rho_t[y_t - x_t\hat{\beta}(\tau)]$和$D_1(\tau) = $

$\sum \rho_t [y_t - x_{t,1} \hat{\beta}_1(\tau)]$,再定义检验统计量 $T_{LR}(\tau) = 2[\tau(1-\tau)\hat{s}(\tau)]^{-1}$ $[D_1(\tau) - D_0(\tau)]$。肯可和莫那多(Koenker & Machado, 1999)证明了 Wald 检验统计量 $T_w(\tau)$ 和似然比检验统计量 $T_{LR}(\tau)$ 在原假设下均服从 χ_q^2,这样即可以对系数向量估计 $\hat{\beta}(\tau)$ 的显著性进行检验。当然,不论采用的是 Wald 显著性检验法还是似然比显著性检验法,如若在 5% 的显著性水平下,检验统计量对应的 p 值小于 0.05,则认为有理由拒绝 $H_0: \beta_2(\tau) = 0$ 的原假设,即变量 $x_{t,2}$ 显著影响因变量 Y 的变动。

对于分位数回归模型拟合优度的测度,肯可和莫纳多(1999)依据普通最小二乘回归中拟合优度 R^2 的计算思想,提出了分位数回归模型拟合优度的计算方法,具体公式为:$R^1(\tau) = 1 - D_0(\tau)/D_1(\tau)$,根据似然比参数显著性检验中的定义,很明显,$D_1(\tau) \geq D_0(\tau)$,故 $0 \leq R^1(\tau) \leq 1$。普通最小二乘回归中的 R^2 根据残差平方和度量了回归平方和占总离差平方和的比重,而 $R^1(\tau)$ 则按照残差绝对值的加权和,度量在某个分位点 τ 下分位数回归的拟合效果,因此,与 R^2 反映的是整个分布的拟合优度不同,$R^1(\tau)$ 刻画的是在某个分位点 τ 下的局部拟合效果。

目前,分位数回归法已经被广泛应用于宏观经济、环境科学以及生存分析等各个领域。如在宏观经济方面,布钦斯基(Buchinsky, 1995)采用分位数回归法研究了美国的工资结构。肯可和哈洛克(Koenker & Hallock, 2001)基于分位数回归法研究了诸多因素对于新生儿体重的影响。鉴于分位数回归相对于 OLS 回归的优势,故将其运用于研究投资者情绪对股市收益的线性、非线性影响中,以获得 OLS 回归法不能挖掘出的有效信息。

6.1.2 实证模型构建

为了探讨当市场超额收益处于极端高或极端低水平时,投资者情绪对股市超额收益的影响,也为了对假设 2 中的假设进行验证。本节将基于分位数回归法对上式(5-1)进行回归。与 OLS 回归法:$E(y_i | X_t) = X_t \hat{\beta}$,仅集中于因变量的期望值或平均值的思路不同,分位数回归法:$Q_y(\tau | X_t) = X_t \hat{\beta}$,可以捕捉到自变量 X 对因变量 Y 分布其他分位点的影响,而不仅是 Y 的期望值,从而可以挖掘出其他更有价值的信息。将分位数回归法运用于回归模型(5-1)之后,其具体的形式为

$$R_t - r_t = \beta_0(\tau) + \beta_1(\tau) \Delta SENT_t \cdot I_t + \beta_2(\tau) \Delta SENT_t \cdot (1 - I_t)$$
$$+ \beta_3(\tau)(R_{t-1} - r_{t-1}) + \varepsilon(\tau)_t \qquad (6-10)$$

式中，$\beta_0(\tau)$ 为分位数回归方程的截距项；$\beta_i(\tau)(i=1,2,3)$ 为中证流通指数收益在不同分位点 τ 下，解释变量对应的回归系数；$\varepsilon(\tau)_t$ 为回归方程的随机误差项；其余变量与式（5-1）中的解释保持一致。

基于式（6-10）可以得到股市收益在不同分位点 τ 下，分位数回归的全部结果。如果式（6-10）中的分位数回归结果显示，分位点 τ 的取值越大，$\beta_1(\tau)$ 和 $\beta_2(\tau)$ 对应的 p 值表现为显著，且显著性水平越高，则说明当市场收益水平越高时，投资者情绪对股市收益的线性影响越明显；当分位点 τ 的取值较小时，如果 $\beta_1(\tau)$ 和 $\beta_2(\tau)$ 对应的 p 值表现为不显著，这说明市场收益水平较低时，投资者情绪与股市收益之间的线性关系并不明显，即当股市收益较低时，投资者情绪与股市超额收益之间的关系并不稳健。此外，再对比 $\beta_1(\tau)$ 和 $\beta_2(\tau)$ 的大小，如果股市超额收益处于较高的分位点 τ 时，有 $|\beta_1(\tau)|>|\beta_2(\tau)|$，说明当股市收益率较高时，市场中高涨的投资者情绪占上风；同样，如果股市超额收益处于较低的分位点 τ 时，有 $|\beta_1(\tau)|<|\beta_2(\tau)|$，则说明当股市收益率较低时，市场中低迷的投资者情绪占上风，假设2得以验证，从而也间接表明了投资者情绪对股市收益的解释作用。

与线性影响分析相同，市场投资者的情绪对股市收益极端值（极高/极低收益率，极高/极低波动率）的非线性影响也不同于对中间值的影响。因此，同样将分位数回归法运用于回归模型式（5-3）和式（5-4）中，其具体的形式为

$$R_t - r_t = \alpha_0(\tau) + \alpha_1(\tau)\Delta SENT_t \cdot I_t + \alpha_2(\tau)\Delta SENT_t \cdot (1-I_t)$$
$$+ \alpha_3(\tau)\Delta SENT_t^2 \cdot I_t + \alpha_4(\tau)\Delta SENT_t^2 \cdot (1-I_t)$$
$$+ \alpha_5(\tau)(R_{t-1} - r_{t-1}) + \mu(\tau)_t \quad (6-11)$$

式中，$\alpha_0(\tau)$ 为分位数回归方程的截距项；$\alpha_i(\tau)(i=1,2,3,4,5)$ 为中证流通指数收益在不同分位点 τ 下，解释变量对应的回归系数；$\mu(\tau)_t$ 为回归方程的随机误差项；其余变量与式（5-3）中的解释保持一致。

$$VOLAT_t = \lambda_0(\tau) + \lambda_1(\tau)\Delta SENT_t \cdot I_t + \lambda_2(\tau)\Delta SENT_t \cdot (1-I_t)$$
$$+ \lambda_3(\tau)\Delta SENT_t^2 \cdot I_t + \lambda_4(\tau)\Delta SENT_t^2 \cdot (1-I_t)$$
$$+ \lambda_5(\tau)(R_{t-1} - r_{t-1}) + \sum_{k=1}^{3}\lambda_{5+k}(\tau)VOLAT_{t-k} + \theta(\tau)_t$$
$$(6-12)$$

式中，$\lambda_0(\tau)$ 为分位数回归方程的截距项；$\lambda_i(\tau)(i=1,2,3,4,5,6,7,8)$ 为中证流通指数超额收益率的波动率在不同分位点 τ 下，解释变量

对应的回归系数；$\theta(\tau)_t$ 为回归方程的随机误差项；其余变量与式（5-4）中的解释保持一致。

基于式（6-11）、式（6-12）可以分别得到股市收益、股市波动在不同分位点 τ 下，分位数回归的全部结果。如果式（6-11）中的分位数回归结果显示，不论分位点 τ 取何值，$\alpha_3(\tau)<0$ 与 $\alpha_4(\tau)<0$ 均同时成立，则表明在不同的市场态势下（"牛市"或"熊市"），只要市场中的投资者对未来走势存在不确定性，从而导致其情绪反复波动，就会使得股市超额收益降低，这一结论使得假设 3 中的假设具有稳健性；反之，则表明在不同的分位点 τ 下，非线性模型的回归结果存在显著的差异，从而可以分别分析，在不同的市场环境下，投资者情绪对股市超额收益的非线性影响。同样地，如果式（6-12）中的分位数回归结果显示，不论分位点 τ 取何值，$\lambda_3(\tau)>0$ 与 $\lambda_4(\tau)>0$ 均同时成立，则表明不论是高涨的情绪还是低落的情绪，只要市场中的投资者对未来走势存在不确定性，从而导致其无法果断地作出决策，情绪反复波动，则就会加剧股市收益的波动，这一结论与股市收益的波动程度无关，也就是说，DSSW 模型所反映的"创造空间效应"在任何市场环境下，甚至是极端的市场环境下也会存在，假设 4 中的假设具有稳健性；反之，则说明股市收益在不同的波动程度下，情绪对股市收益波动的影响存在差异。依据上述的方案设计，在后续章节中通过实证对情绪与股市收益之间的线性、非线性关系进行深入分析与探讨。

6.2 基于分位数模型的回归分析

6.2.1 "持有更多效应"与"价格压力效应"检验

通过 OLS 仅能研究投资者情绪的平均值对股市收益均值的影响，但基于该方法，始终无法具体刻画出变量分布的复杂性，即不能够全面解释，当股市超额收益水平处在不同分位点，甚至是极端高或极端低分位点时，情绪对股市超额收益的线性影响程度。考虑到变量本身分布均具有非正态性，认为更适用于在线性分位数回归的框架下，通过对式（6-10）的回归，以探讨在极端股市收益水平下，情绪对股市超额收益的线性影响。

这里，选取 0.05、0.10、0.25、0.50、0.75、0.90 和 0.95 共七个分位

点，分别建立基于式（6-10）的分位数回归模型，回归结果见表6-1。

表6-1　　式（6-10）的分位数回归结果（中国股市）

分位点	变量	参数	参数估计值	标准误	检验统计量	p 值
$\tau=0.05$	截距项	β_0	-0.0099***	0.0019	-5.1079	0.000
	$\Delta SENT_t \cdot I_t$	β_1	0.8851***	0.0632	13.9984	0.000
	$\Delta SENT_t \cdot (1-I_t)$	β_2	1.7596***	0.2270	7.7516	0.000
	$(R_{t-1}-r_{t-1})$	β_3	0.0253	0.0292	0.8657	0.387
$\tau=0.10$	截距项	β_0	-0.0066***	0.0015	-4.2982	0.000
	$\Delta SENT_t \cdot I_t$	β_1	0.9206***	0.0773	11.9083	0.000
	$\Delta SENT_t \cdot (1-I_t)$	β_2	1.5413***	0.1633	9.4374	0.000
	$(R_{t-1}-r_{t-1})$	β_3	-0.0069	0.0221	-0.3140	0.754
$\tau=0.25$	截距项	β_0	-0.0050***	0.0012	-4.0299	0.000
	$\Delta SENT_t \cdot I_t$	β_1	1.1339***	0.0709	15.9922	0.000
	$\Delta SENT_t \cdot (1-I_t)$	β_2	1.2417***	0.0917	13.5399	0.000
	$(R_{t-1}-r_{t-1})$	β_3	0.0011	0.0198	0.0551	0.956
$\tau=0.50$	截距项	β_0	-0.0022*	0.0012	-1.7564	0.080
	$\Delta SENT_t \cdot I_t$	β_1	1.2379***	0.0639	19.3828	0.000
	$\Delta SENT_t \cdot (1-I_t)$	β_2	1.0823***	0.0740	14.6291	0.000
	$(R_{t-1}-r_{t-1})$	β_3	0.0201	0.0192	1.0441	0.297
$\tau=0.75$	截距项	β_0	0.0016	0.0013	1.1851	0.237
	$\Delta SENT_t \cdot I_t$	β_1	1.3344***	0.0939	14.2050	0.000
	$\Delta SENT_t \cdot (1-I_t)$	β_2	1.0113***	0.1186	8.5282	0.000
	$(R_{t-1}-r_{t-1})$	β_3	0.0358	0.0221	1.6195	0.106
$\tau=0.90$	截距项	β_0	0.0029	0.0022	1.3405	0.181
	$\Delta SENT_t \cdot I_t$	β_1	1.6122***	0.1914	8.4251	0.000
	$\Delta SENT_t \cdot (1-I_t)$	β_2	0.8094**	0.3959	2.0444	0.042
	$(R_{t-1}-r_{t-1})$	β_3	0.0587**	0.0267	2.1977	0.029

续表

分位点	变量	参数	参数估计值	标准误	检验统计量	p 值
$\tau = 0.95$	截距项	β_0	0.0026	0.0021	1.2125	0.226
	$\Delta SENT_t \cdot I_t$	β_1	1.9947 ***	0.2069	9.6429	0.000
	$\Delta SENT_t \cdot (1 - I_t)$	β_2	0.0317 *	0.3962	1.8400	0.067
	$(R_{t-1} - r_{t-1})$	β_3	0.1372 ***	0.0437	3.1376	0.002

注：***、**、*分别代表在1%、5%、10%的显著性水平下显著。

基于表6-1的线性分位数回归结果可以初步看出，$\beta_1(\tau)$、$\beta_2(\tau)$ 的估计值在不同分位点处的取值存在明显的差异，如图6-1所示，可以更为直观地观察系数估计值的差异，以及在不同分位点下各系数的变动情况。图6-1中，虚线及阴影区间分别为基于分位数回归得到的各系数的估计值及其95%置信区间，图6-1底部的直线及虚线分别表示均值回归的估计值及其95%置信区间。结合图6-1各系数的变动趋势可以看出，分位数回归估计与OLS的结果具有显著的区别，相比传统的OLS回归法来说，分位数回归法可以挖掘出更多有价值的信息。

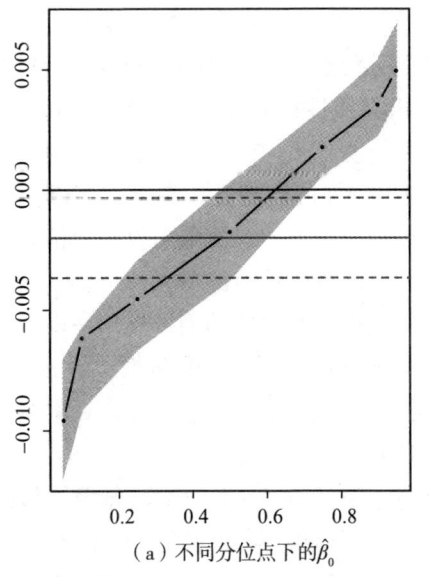
（a）不同分位点下的 $\hat{\beta}_0$

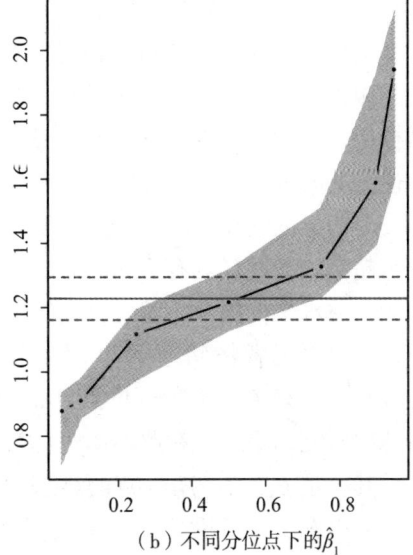
（b）不同分位点下的 $\hat{\beta}_1$

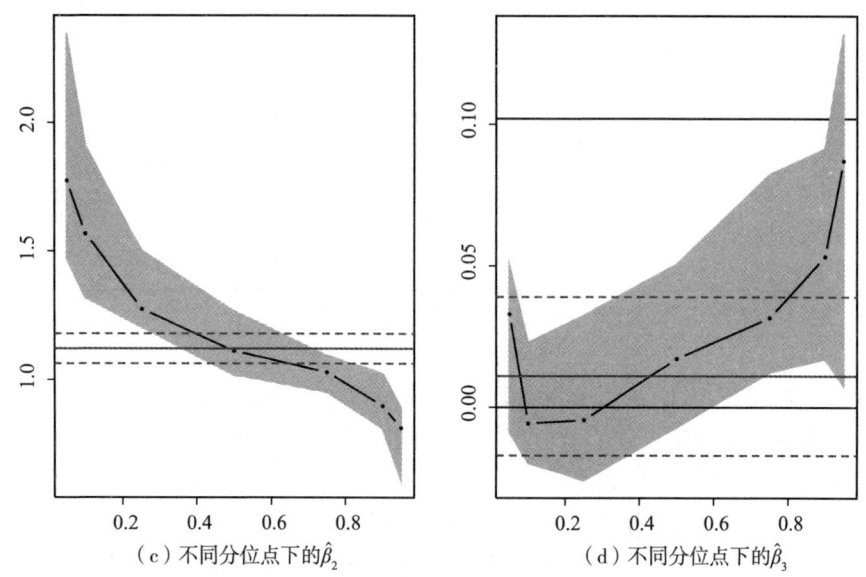

图6-1 不同分位点下的回归系数估计值 [式 (6-10)]

首先是系数估计值的稳健性及变动情况。从图6-1可以看出，$\beta_1(\tau)$的估计值在不同分位点处的取值呈现出逐渐上升的趋势 [见图6-1 (b)]，且在1/2分位点处附近 (0.25、0.5、0.75) 有较好的稳健性，在上下尾部则变化较大，这一变动趋势表明在不同的分位点处，高涨的投资者情绪对股市超额收益具有不同的影响效果，呈现出异质性；而$\beta_2(\tau)$的估计值在不同分位点处的取值则呈现逐渐下降的趋势 [见图6-1 (c)]，其同样在1/2分位点处附近 (0.25、0.5、0.75) 表现出较强的稳健性，在上下尾部出现了较为明显的波动，这一趋势表明在不同的分位点处，低落的投资者情绪对股市超额收益同样具有不同的影响效果，且随着分位点的增大，也就是股市超额收益水平的提高，悲观投资者情绪对股市超额收益的消极作用在逐渐减小，乐观投资者情绪对股市超额收益的推动作用则在逐渐增大；此外，$\beta_3(\tau)$的估计值在不同分位点处也出现明显的差异，但该系数的变动不作为此次研究的重点，在此不作解释与赘述。

其次是$\hat{\beta}_1(\tau)$、$\hat{\beta}_2(\tau)$的显著性问题。基于表6-1中系数显著性检验结果可以看出，不论分位点τ取何值，在10%的显著性水平下，高涨、低迷的投资者情绪与股市超额收益之间均存在显著的线性关系，这说明在不同的市场状态下，投资者情绪均可以显著地作用于股市超额收益，情绪的上涨和低落都会对股市超额收益产生明显的影响，这样的显著性表现也进一步支撑了假设1，认为投资者情绪的变动的确是引起股市收益变化的一个显著因子。

最后是观察 $\hat{\beta}_1(\tau)$、$\hat{\beta}_2(\tau)$ 的大小及符号。从表6-1的分位数回归结果可以看出，不论分位点 τ 取何值，$\hat{\beta}_1(\tau)>0$、$\hat{\beta}_2(\tau)>0$ 均成立，这一点与OLS回归的结果保持一致，也进一步验证了假设1，表明投资者情绪的确与股市超额收益同向变动，即"持有更多效应"强于"价格压力效应"，在任何市场环境下均成立。但是，$\beta_1(\tau)$ 的估计值会随着分位点的增大而显著增大，$\beta_2(\tau)$ 的估计值却随着分位点的增大而逐渐减小：当股市超额收益处于极端低水平时（$\tau=0.05$，或"熊市"），$\beta_1(\tau)$ 的估计值为0.8851、$\beta_2(\tau)$ 的估计值为1.7596，即情绪每提高1%，股市超额收益将会增加0.89%；情绪每下降1%，则股市超额收益将会降低1.76%。从这个角度来看，当收益较低时，悲观情绪对股价的压制作用将强于乐观情绪对股价的推动作用；当股市超额收益处于适中水平时（$\tau=0.50$），$\beta_1(\tau)$、$\beta_2(\tau)$ 的估计值分别为1.2379、1.0823，相对于悲观情绪，乐观情绪反而开始表现出对股价的强推动作用，这一结论在高分位点时更为明显；当股市超额收益处于极端高水平时（$\tau=0.95$，或"牛市"），$\beta_2(\tau)$ 的估计值仅为0.0317。这表明，在不同的超额收益水平下，回归结果的确存在差异，且在超额收益较低时，低迷情绪对股价的压制用会大于高涨情绪的助推作用；反之，在超额收益较高时，高涨情绪对股市收益的助推作用则更为显著，尤其是在超额收益的最高点附近。据此，假设2中的假设得以验证。

图6-2为不同分位点的拟合效果对比（$\tau=0.05$、0.50、0.95），基于图6-2中的拟合效果不难发现，较高分位点下（$\tau=0.95$）的模型参数对应得到的拟合值一般较高，而较低分位点（$\tau=0.05$）对应的拟合值则相对较小，由此可以预测出未来不同分位点情况下，也就是不同的市场状态下，投资者情绪的大致水平。在"牛市"行情下，股市超额收益水平普遍较高，可以采用高分位点对应的拟合值进行解释和预测；反之，在市场走势倾向于"熊市"的行情下，股市超额收益水平普遍较低，甚至出现连续亏损，则可以考虑选取低分位点对应的拟合值进行解释和预测。从这个角度来看，相比传统的最小二乘回归法只能得到均值水平下的回归结果，无法研究不同市场状态下的线性关系，线性分位数回归则提供了完整的统计分布信息，因此可以为不同市场行情下，投资者情绪与股市超额收益之间线性关系的分析与研究提供依据。

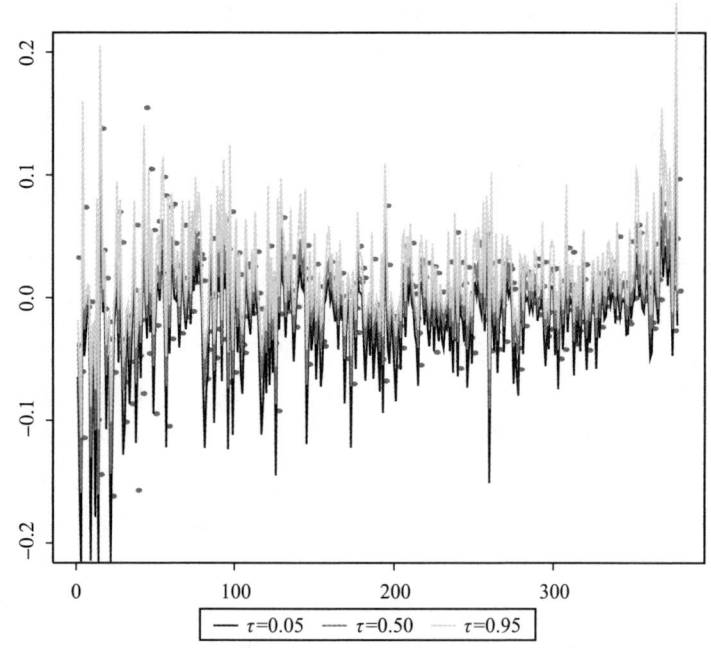

图 6-2 式 (3-25) 不同分位点的拟合效果对比 ($\tau=0.05$、0.50、0.95)

6.2.2 "弗里德曼效应"检验

通过第 5 章中的 OLS 回归法可以初步判断：投资者情绪与股市平均超额收益之间存在显著的非线性关系，且情绪的波动的确会导致股市平均超额收益显著降低，这为"弗里德曼效应"的存在提供了一定的支撑，但依据 OLS 回归法仅能估计出股市超额收益处于均值水平下的各参数值，而无法刻画在极端市场环境下，投资者情绪波动对股市超额收益的非线性影响程度。因此，为了使得假设 3 中的假设更具说服力，也为了研究在不同的市场状态下情绪波动对股市超额收益的影响，将采用分位数回归法，通过对式 (6-11) 的回归，以分别探讨乐观的、悲观的投资者情绪波动对不同水平的股市收益的非线性影响。

同样地，选取 0.05、0.10、0.25、0.50、0.75、0.90 和 0.95 共七个分位点，分别建立基于式 (6-11) 的分位数回归模型，回归结果见表 6-2。

表6-2　式（6-11）的线性分位数回归结果（中国股市）

分位点	变量	参数	参数估计值	标准误	检验统计量	p 值
$\tau=0.05$	截距项	α_0	-0.0072***	0.0023	-3.1546	0.002
	$\Delta SENT_t \cdot I_t$	α_1	0.8210***	0.2633	3.1177	0.002
	$\Delta SENT_t \cdot (1-I_t)$	α_2	2.1849***	0.3057	7.1480	0.000
	$\Delta SENT_t^2 \cdot I_t$	α_3	0.3653	4.5069	0.0810	0.935
	$\Delta SENT_t^2 \cdot (1-I_t)$	α_4	-7.6732*	4.5645	-1.6811	0.094
	$(R_{t-1}-r_{t-1})$	α_5	0.0211	0.096	0.5323	0.595
$\tau=0.10$	截距项	α_0	-0.0064***	0.0013	-4.8166	0.000
	$\Delta SENT_t \cdot I_t$	α_1	1.1261***	0.2029	5.5510	0.000
	$\Delta SENT_t \cdot (1-I_t)$	α_2	1.8929***	0.2256	8.3903	0.000
	$\Delta SENT_t^2 \cdot I_t$	α_3	-2.8902	4.0800	-0.7084	0.479
	$\Delta SENT_t^2 \cdot (1-I_t)$	α_4	-5.3013**	2.4862	-2.1323	0.034
	$(R_{t-1}-r_{t-1})$	α_5	0.118	0.0189	0.6242	0.533
$\tau=0.25$	截距项	α_0	-0.0038***	0.0013	-2.9439	0.003
	$\Delta SENT_t \cdot I_t$	α_1	1.2229***	0.1155	10.5878	0.000
	$\Delta SENT_t \cdot (1-I_t)$	α_2	1.6067***	0.1267	12.6828	0.000
	$\Delta SENT_t^2 \cdot I_t$	α_3	-3.1349	2.1302	-1.4717	0.142
	$\Delta SENT_t^2 \cdot (1-I_t)$	α_4	-5.8078***	1.8330	-3.1685	0.002
	$(R_{t-1}-r_{t-1})$	α_5	-0.0120	0.0168	-0.7114	0.477
$\tau=0.50$	截距项	α_0	-0.0002*	0.0013	-0.1578	0.875
	$\Delta SENT_t \cdot I_t$	α_1	1.3420***	0.1110	12.0919	0.000
	$\Delta SENT_t \cdot (1-I_t)$	α_2	1.4465***	0.1254	11.5384	0.000
	$\Delta SENT_t^2 \cdot I_t$	α_3	-4.3235**	2.0591	-2.0997	0.036
	$\Delta SENT_t^2 \cdot (1-I_t)$	α_4	-5.3730***	1.5299	-3.5120	0.001
	$(R_{t-1}-r_{t-1})$	α_5	0.0123	0.0181	0.6819	0.496
$\tau=0.75$	截距项	α_0	0.0033**	0.0013	2.5631	0.011
	$\Delta SENT_t \cdot I_t$	α_1	1.3134***	0.1853	7.0881	0.000
	$\Delta SENT_t \cdot (1-I_t)$	α_2	1.3555***	0.1001	13.5374	0.000
	$\Delta SENT_t^2 \cdot I_t$	α_3	-0.2813	4.2528	-0.0661	0.947
	$\Delta SENT_t^2 \cdot (1-I_t)$	α_4	-4.9790***	1.2560	-3.9643	0.000
	$(R_{t-1}-r_{t-1})$	α_5	0.0427*	0.0232	1.8444	0.066

续表

分位点	变量	参数	参数估计值	标准误	检验统计量	p 值
$\tau=0.90$	截距项	α_0	0.0071 ***	0.0014	5.0546	0.000
	$\Delta SENT_t \cdot I_t$	α_1	1.2901 ***	0.2870	4.4949	0.000
	$\Delta SENT_t \cdot (1-I_t)$	α_2	1.3266 ***	0.1119	11.8529	0.000
	$\Delta SENT_t^2 \cdot I_t$	α_3	5.3718	8.9331	0.6013	0.548
	$\Delta SENT_t^2 \cdot (1-I_t)$	α_4	-4.8159 ***	1.7592	-2.7376	0.006
	$(R_{t-1}-r_{t-1})$	α_5	0.0449 **	0.0216	2.0834	0.038
$\tau=0.95$	截距项	α_0	0.0083 ***	0.0027	3.0918	0.002
	$\Delta SENT_t \cdot I_t$	α_1	1.2442 ***	0.3521	3.5340	0.000
	$\Delta SENT_t \cdot (1-I_t)$	α_2	1.2426 ***	0.1986	6.2559	0.000
	$\Delta SENT_t^2 \cdot I_t$	α_3	12.1335	8.4079	1.4431	0.150
	$\Delta SENT_t^2 \cdot (1-I_t)$	α_4	-4.4787 *	2.6115	-1.7150	0.087
	$(R_{t-1}-r_{t-1})$	α_5	0.0846 ***	0.0271	3.1228	0.002

注：***、**、* 分别代表在1%、5%、10%的显著性水平下显著。

根据表6-2及图6-3可以初步看出，在不同分位点 τ 处，非线性分位数回归结果存在显著的差异。方差分析的结果（F 统计量为238.81，对应的 p 值 <0.001）也从统计学的角度，进一步论证了回归差异的存在。从图6-3的拟合效果来看，具体表现为高分位点下（$\tau=0.95$）的模型参数对应得到的拟合值也同样较高，其可以解释极端高水平的股市超额收益率；而低分位点（$\tau=0.05$）对应的拟合值则相对较小，其可以预测到极端低水平的股市超额收益率，由此可以完全涵盖到未来在不同分位点情况下，也就是不同的市场状态下，投资者情绪及其波动对股市超额收益的影响程度。同样的，在"牛市"行情下，股市超额收益水平普遍较高，可以采用高分位点对应的拟合值进行解释和预测；反之，在市场走势倾向于"熊市"的行情下，股市超额收益水平普遍较低，则可考虑选取低分位点对应的拟合值进行解释和预测。

接着，同样可以基于以上非线性分位数回归的结果，考察假设3中的假设是否成立，即极端市场行情下，投资者情绪的波动是否会降低股市超额收益。

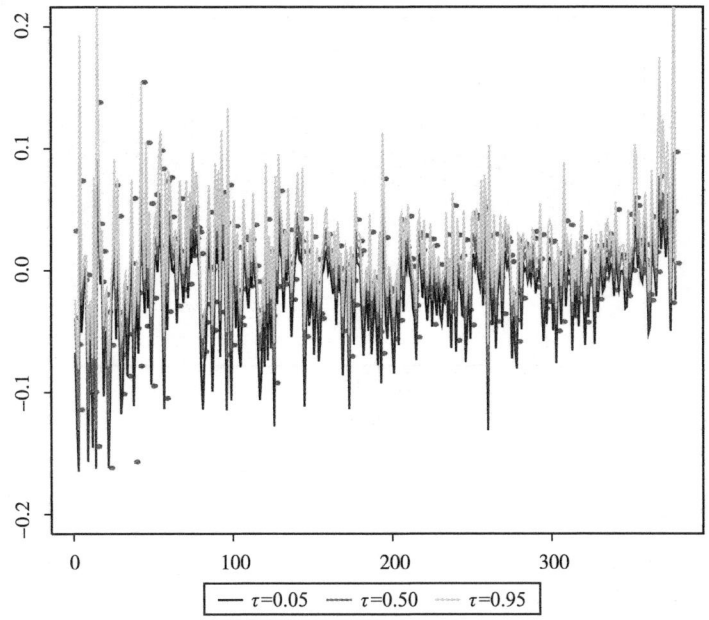

图 6-3 式（6-11）不同分位点的拟合效果对比（$\tau=0.05$、0.50、0.95）

首先是 $\alpha_3(\tau)$、$\alpha_4(\tau)$ 估计值的显著性分析。基于表 6-2 中系数显著性检验结果可以看出，与传统 OLS 回归结果略有不同的是，只有在中分位点（$\tau=0.50$）处附近，高涨的投资者情绪波动才能显著地影响股市超额收益，而低迷情绪的波动与股市超额收益间的非线性关系则始终显著。相比传统 OLS 回归结果，非线性分位数的回归结果则透露出更多的信息：仅当股市收益处于适中水平时，股票超额收益对乐观情绪的变动较为敏感，而在绝大多数市场状态下，均表现为低迷情绪波动对股市超额收益的显著影响。

其次是观察 $\hat{\alpha}_3(\tau)$、$\hat{\alpha}_4(\tau)$ 的大小及符号。根据表 6-2 并结合图 6-4 可以看出，非线性分位数回归结果与 OLS 回归结果存在显著的差异：在极端市场行情下（极高的股市超额收益水平或极低的股市超额收益水平），$\hat{\alpha}_3(\tau)<0$ 均不成立，也就是说，只有在股市行情相对适中的情况下，乐观的投资者情绪波动才会降低股市超额收益；否则，在极端市场行情下，乐观的情绪波动反而会刺激或诱导股市超额收益提高。而悲观情绪波动所得出的结论则不同，$\hat{\alpha}_4(\tau)$ 会随着分位点的增大而逐渐增大，且 $\hat{\alpha}_4(\tau)<0$ 在任何分位点均下成立，这说明无论在何种市场状态下，悲观情绪的波动均会降低股市超额收益，且作用显著。

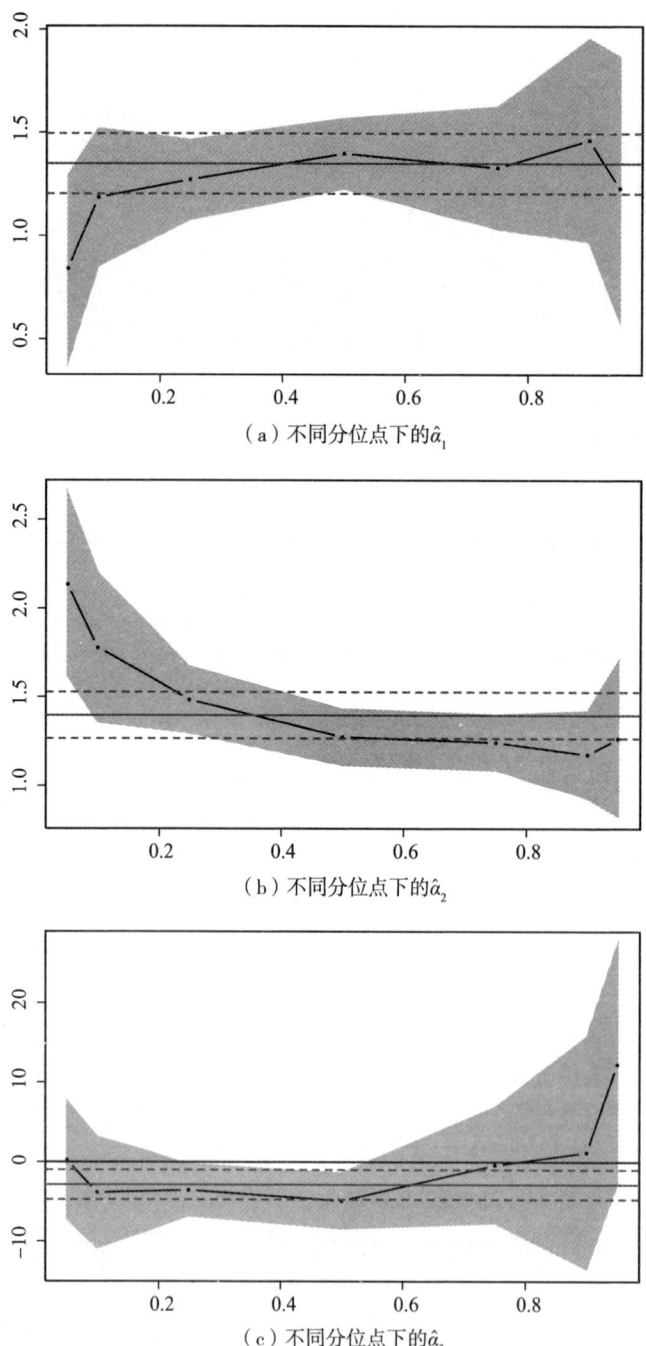

(a) 不同分位点下的 $\hat{a}_1$

(b) 不同分位点下的 $\hat{a}_2$

(c) 不同分位点下的 $\hat{a}_3$

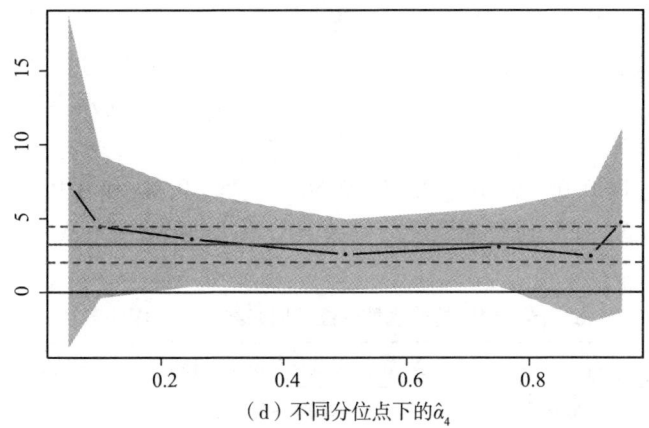

(d) 不同分位点下的 $\hat{a}_4$

图6-4 不同分位点下的回归系数估计值[式(6-11)]

综上所述，当股市超额收益处在适中水平时，乐观的投资者情绪才可能与股市超额收益之间存在较为显著的非线性关系，表现为乐观的投资者情绪波动将会降低股市超额收益；而悲观情绪与股市超额收益之间的非线性关系则总是成立，即不论当前的股市行情如何，悲观情绪的波动都会对股市超额收益造成显著的消极影响。非线性分位数回归结果表明，当中国股市超额收益处于极端高（"牛市"）或极端低水平（"熊市"）时，"弗里德曼效应"均显著存在，但一般表现为低迷投资者情绪波动对股市超额收益的影响，乐观情绪的作用仅在某种条件下的市场中（股市超额收益处于适中水平）成立。

6.2.3 "创造空间效应"检验

关于对假设4的验证，第5章已经通过OLS回归法分析得出：乐观情绪的波动对股市超额收益的平均波动并不存在显著的影响；悲观情绪波动对股市超额收益平均波动的加剧作用虽然明显，但也只能在10%的显著性水平下勉强成立。从这个角度来看，中国股市中的"创造空间效应"可能并不明显。但仅凭OLS回归法的分析结果，只能看到股市超额收益的波动率处于均值水平下，各回归参数的估计值，而无法了解当市场收益处于不同波动程度时，投资者情绪的波动对股市超额收益波动的非线性影响程度。考虑到金融时间序列本身具有明显的"尖峰、厚尾"特性，在复杂分布的情况下，同样需要关注超额收益波动在不同的分位点处，投资者情绪波动与股市收益波动的非线性关系。因此，将引入非线性分位数回归法，通过对式（6-12）的回归，以探讨投资者情绪波动对不同水平股市收益波动的非线性影响。

同样选取 0.05、0.10、0.25、0.50、0.75、0.90 和 0.95 共七个分位点，对式（6-12）进行非线性分位数回归，回归结果见表 6-3。

表 6-3　式（6-12）的非线性分位数回归结果（中国股市）

分位点	变量	参数	参数估计值	标准误	检验统计量	p 值
$\tau = 0.05$	截距项	λ_0	2.00e-5	4.00e-5	0.4174	0.677
	$\Delta SENT_t \cdot I_t$	λ_1	-0.0025	0.0042	-0.6002	0.549
	$\Delta SENT_t \cdot (1 - I_t)$	λ_2	-0.0030	0.0046	-0.6571	0.512
	$\Delta SENT_t^2 \cdot I_t$	λ_3	0.0320	0.0793	0.4036	0.687
	$\Delta SENT_t^2 \cdot (1 - I_t)$	λ_4	0.0723 *	0.0417	1.7361	0.083
	$(R_{t-1} - r_{t-1})$	λ_5	0.0006	0.0009	0.5918	0.554
	$VOLAT_{t-1}$	λ_6	0.0170	0.0202	0.8397	0.402
	$VOLAT_{t-2}$	λ_7	0.0722 ***	0.0196	3.6886	<0.001
	$VOLAT_{t-3}$	λ_8	0.0313	0.0226	1.3840	0.167
$\tau = 0.10$	截距项	λ_0	0.0001 ***	4.00e-5	2.5875	0.010
	$\Delta SENT_t \cdot I_t$	λ_1	-0.0022	0.0045	-0.4801	0.631
	$\Delta SENT_t \cdot (1 - I_t)$	λ_2	-0.0061	0.0043	-1.4137	0.158
	$\Delta SENT_t^2 \cdot I_t$	λ_3	0.0416	0.0933	0.4456	0.656
	$\Delta SENT_t^2 \cdot (1 - I_t)$	λ_4	0.0688 **	0.0554	2.0444	0.042
	$(R_{t-1} - r_{t-1})$	λ_5	-0.0004	0.0009	-0.4270	0.670
	$VOLAT_{t-1}$	λ_6	0.0379	0.0265	1.4266	0.155
	$VOLAT_{t-2}$	λ_7	0.0641 **	0.0250	2.5639	0.011
	$VOLAT_{t-3}$	λ_8	0.0221	0.0256	0.8636	0.388

续表

分位点	变量	参数	参数估计值	标准误	检验统计量	p 值
$\tau=0.25$	截距项	λ_0	0.0002***	7.00e-5	2.6685	0.008
	$\Delta SENT_t \cdot I_t$	λ_1	0.0016	0.0069	0.2315	0.817
	$\Delta SENT_t \cdot (1-I_t)$	λ_2	-0.0044	0.0051	-0.8640	0.388
	$\Delta SENT_t^2 \cdot I_t$	λ_3	0.0042	0.1498	0.0279	0.978
	$\Delta SENT_t^2 \cdot (1-I_t)$	λ_4	0.1255**	0.0558	2.2502	0.025
	$(R_{t-1}-r_{t-1})$	λ_5	-0.0025*	0.0014	-1.8215	0.069
	$VOLAT_{t-1}$	λ_6	0.0620	0.0513	1.2079	0.228
	$VOLAT_{t-2}$	λ_7	0.1120*	0.0645	1.7366	0.083
	$VOLAT_{t-3}$	λ_8	0.0316	0.0397	0.7953	0.427
$\tau=0.50$	截距项	λ_0	0.0002**	0.0001	2.4313	0.016
	$\Delta SENT_t \cdot I_t$	λ_1	0.0041	0.0090	0.4552	0.649
	$\Delta SENT_t \cdot (1-I_t)$	λ_2	-0.0095	0.0064	-1.4823	0.139
	$\Delta SENT_t^2 \cdot I_t$	λ_3	0.0590	0.1975	0.2988	0.765
	$\Delta SENT_t^2 \cdot (1-I_t)$	λ_4	0.0365	0.0802	0.4548	0.650
	$(R_{t-1}-r_{t-1})$	λ_5	-0.0044***	0.0015	-2.8686	0.004
	$VOLAT_{t-1}$	λ_6	0.1206**	0.0587	2.0535	0.041
	$VOLAT_{t-2}$	λ_7	0.2015***	0.0733	2.7508	0.006
	$VOLAT_{t-3}$	λ_8	0.1041	0.0646	1.6111	0.108
$\tau=0.75$	截距项	λ_0	0.0004**	0.0002	2.3038	0.022
	$\Delta SENT_t \cdot I_t$	λ_1	-0.0037	0.0109	-0.3379	0.736
	$\Delta SENT_t \cdot (1-I_t)$	λ_2	-0.0314**	0.0126	-2.5015	0.013
	$\Delta SENT_t^2 \cdot I_t$	λ_3	0.1850	0.2134	0.8667	0.387
	$\Delta SENT_t^2 \cdot (1-I_t)$	λ_4	0.0235	0.1937	0.1214	0.903
	$(R_{t-1}-r_{t-1})$	λ_5	-0.0024	0.0023	-1.0288	0.304
	$VOLAT_{t-1}$	λ_6	0.3779***	0.1208	3.1274	0.002
	$VOLAT_{t-2}$	λ_7	0.2949***	0.1066	2.7656	0.006
	$VOLAT_{t-3}$	λ_8	0.0919	0.1075	0.8548	0.393

续表

分位点	变量	参数	参数估计值	标准误	检验统计量	p 值
$\tau=0.90$	截距项	λ_0	0.0007	0.0004	1.5945	0.112
	$\Delta SENT_t \cdot I_t$	λ_1	0.0130	0.0226	0.5724	0.567
	$\Delta SENT_t \cdot (1-I_t)$	λ_2	-0.0682***	0.0259	-2.6278	0.009
	$\Delta SENT_t^2 \cdot I_t$	λ_3	-0.1892	0.3192	-0.5928	0.554
	$\Delta SENT_t^2 \cdot (1-I_t)$	λ_4	-0.4332	0.4023	-1.0766	0.282
	$(R_{t-1}-r_{t-1})$	λ_5	-0.0035	0.0067	-0.5239	0.601
	$VOLAT_{t-1}$	λ_6	0.3130	0.2140	1.4631	0.144
	$VOLAT_{t-2}$	λ_7	0.5113***	0.1958	2.6119	0.009
	$VOLAT_{t-3}$	λ_8	0.3136	0.3183	0.9853	0.325
$\tau=0.95$	截距项	λ_0	0.0014	0.0010	1.3922	0.165
	$\Delta SENT_t \cdot I_t$	λ_1	-0.0277	0.0504	-0.5502	0.583
	$\Delta SENT_t \cdot (1-I_t)$	λ_2	-0.0493	0.0521	-0.9460	0.345
	$\Delta SENT_t^2 \cdot I_t$	λ_3	0.0969	0.5566	0.1741	0.862
	$\Delta SENT_t^2 \cdot (1-I_t)$	λ_4	-0.4344	0.5416	-0.8021	0.423
	$(R_{t-1}-r_{t-1})$	λ_5	-0.0003	0.0098	-0.0310	0.975
	$VOLAT_{t-1}$	λ_6	0.7158	0.4719	1.5167	0.130
	$VOLAT_{t-2}$	λ_7	0.3633*	0.2113	1.7190	0.087
	$VOLAT_{t-3}$	λ_8	0.8527**	0.3915	2.1782	0.030

注：（1）***、**、*分别代表在1%、5%、10%的显著性水平下显著；
（2）表格中的 $me-n$ 代表 $m\times10^{-n}$。

同样的，根据表6-3以及图6-5可以作出初步判断，认为在不同分位点τ处，非线性分位数回归结果存在显著的差异。方差分析的结果显示，F统计量为3.01，对应的p值<0.001，从统计学的角度，也进一步论证了回归差异的存在。因此，可以依据以上非线性分位数回归的结果，分别考察在不同的超额收益波动程度下，假设4中的假设是否可能成立，即当市场收益波动极端剧烈或极端平稳时，投资者情绪的波动是否会显著加剧股市超额收益的波动，并测度其具体的影响程度。

第6章 | 极端市场下投资者情绪对股市收益波动影响

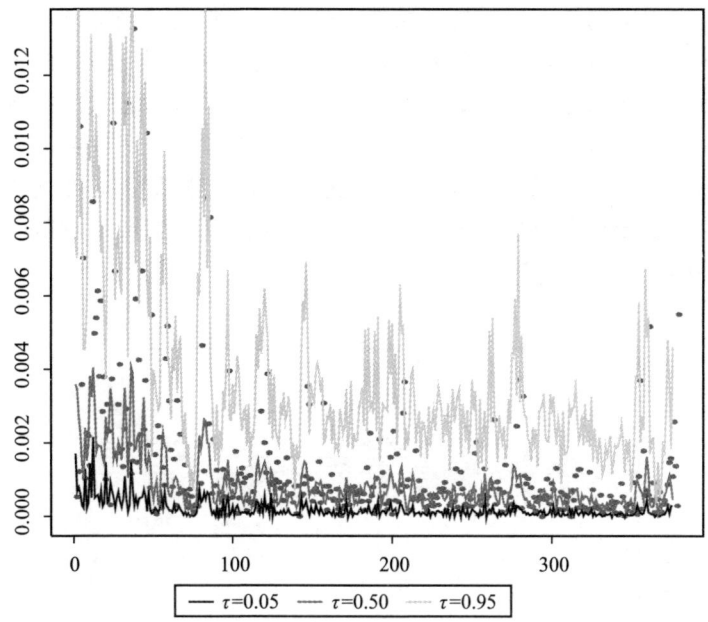

图6-5 式(6-12)不同分位点的拟合效果对比（$\tau=0.05$、0.50、0.95）

首先是 $\lambda_3(\tau)$、$\lambda_4(\tau)$ 估计值的显著性分析。对比表6-3中系数显著性检验结果可以看出，OLS回归结果分析得出的结论是，乐观情绪的波动对股市超额收益的平均波动并不存在显著的影响；悲观情绪波动对股市超额收益平均波动的影响在10%的显著性水平下，表现为显著。与OLS的回归结果相比，非线性分位数可以挖掘出更多信息：在较低分位点处及以下（$\tau \leq 0.25$），悲观的投资者情绪波动对股市超额收益波动有显著的非线性影响，表现为低迷的情绪波动将会明显加剧股市超额收益的波动，但乐观的投资者情绪波动则不会对股市波动带来显著的作用。也就是说，当股市走势较稳定时，悲观情绪的波动将会刺激股市出现较大的波动。

其次是观察 $\hat{\lambda}_3(\tau)$、$\hat{\lambda}_4(\tau)$ 的大小及符号。根据表6-3的非线性分位数回归结果，并结合图6-6可以看出，在股市波动程度处于75%分位点以下时，不论是乐观的情绪波动，还是悲观的情绪波动，只要是市场总体情绪发生波动，均会导致股市出现波动；而在股市本身波动程度较大时（$\tau \geq 0.90$），$\hat{\lambda}_4(\tau)$ 小于0，说明当股市本身投机性较大的情况下，悲观情绪的波动反而会减缓股市收益的波动，这可能是由于在股市处于震荡行情下，大多数投资者情绪趋于消极，并开始反思自己的交易行为，理性而

— 173 —

谨慎地买卖手中的持仓，投资者情绪的理性回归将会适当降低股市收益的波动程度。总而言之，当股市收益波动程度较小时，只有悲观的投资者情绪与股市收益波动之间存在显著的非线性关系，表现为悲观的投资者情绪波动将会加剧股市超额收益的波动，而乐观的情绪与股市收益波动之间的关系并不显著。分位数回归法表明假设4中的"创造空间效应"的确存在，但仅表现于稳定市场环境下，低迷的投资者情绪对股市超额收益波动的非线性影响。

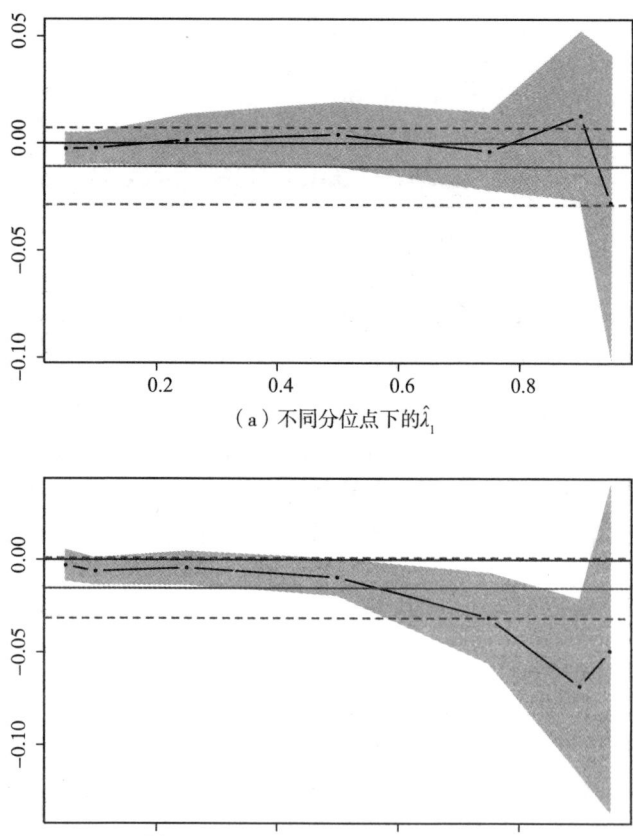

（a）不同分位点下的$\hat{\lambda}_1$

（b）不同分位点下的$\hat{\lambda}_2$

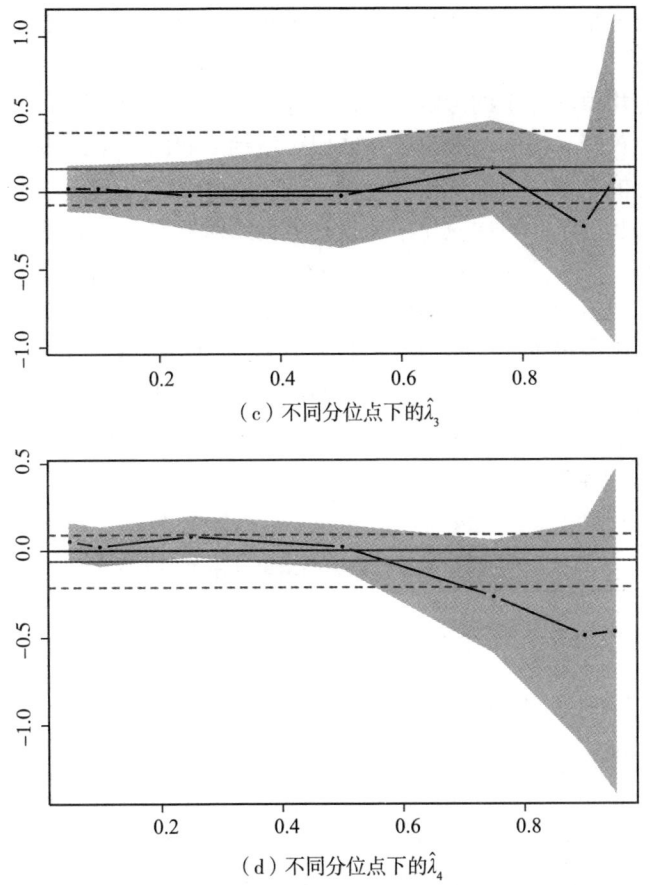

(c) 不同分位点下的 $\hat{\lambda}_3$

(d) 不同分位点下的 $\hat{\lambda}_4$

图 6-6 不同分位点下的回归系数估计值 [式 (6-12)]

6.3 中美股票市场对比分析

在 5.3 节中,基于 OLS,对比分析了均态市场环境下,中美两国投资者情绪对股票市场的影响效应。中美两国股市中均存在"持有更多效应"和"价格压力效应",且表现为"持有更多效应"强于"价格压力效应"。此外,中国股市还存在明显的"弗里德曼效应"和"创造空间效应",但美国股市的收益及波动则并没有收到投资者情绪波动的干扰。总而言之,当中美两国股市同处于均态环境下时(市场收益处于均值水平,或市场收益的波动处于均值水平),中国股市的收益及波动更容易受到投资者情绪的影响,表现为投资者情绪的波动在显著降低股市超额收益的同时，还会加剧股市的波动。

仅研究均值状态下的影响效应似乎并不全面，多数情况下，我们更关心极端情况下投资者情绪与股市收益或股市波动之间的关系，即投资者情绪的变化是否可能导致股市出现极端行情。对此，本节将会基于分位数回归法，在极端市场状态下，再次对比中美投资者情绪对股票市场的影响效应。

首先是"持有更多效应"与"价格压力效应"的对比。基于表6-4的回归结果可以看出，当市场超额收益处于不同水平，甚至是极端高或极端低的情况下，中国投资者情绪与股市超额收益之间均保持显著的正相关关系，即高涨的投资者情绪显著推高股市超额收益，而低迷的投资者情绪则对股市收益上行造成压力。相比而言，美国股市中的"持有更多效应"与"价格压力效应"则并不显著。

表6-4 式（6-10）的分位数回归结果（中美股市对比）

分位点	变量	参数	参数估计值	标准误	检验统计量	p 值
	回归1：中国市场					
$\tau=0.05$	$\Delta SENT\_CHINA_t \cdot I_t$	$\beta_1(\tau)$	0.25579 **	0.0981	2.60753	0.011
	$\Delta SENT\_CHINA_t \cdot (1-I_t)$	$\beta_2(\tau)$	0.82339 ***	0.0531	15.50261	0.000
$\tau=0.10$	$\Delta SENT\_CHINA_t \cdot I_t$	$\beta_1(\tau)$	0.41459 ***	0.0938	4.42155	0.000
	$\Delta SENT\_CHINA_t \cdot (1-I_t)$	$\beta_2(\tau)$	0.83171 ***	0.0633	13.13385	0.000
$\tau=0.25$	$\Delta SENT\_CHINA_t \cdot I_t$	$\beta_1(\tau)$	0.39572 ***	0.1013	3.90739	0.000
	$\Delta SENT\_CHINA_t \cdot (1-I_t)$	$\beta_2(\tau)$	0.76949 ***	0.0871	8.83745	0.000
$\tau=0.50$	$\Delta SENT\_CHINA_t \cdot I_t$	$\beta_1(\tau)$	0.48033 ***	0.0853	5.63359	0.000
	$\Delta SENT\_CHINA_t \cdot (1-I_t)$	$\beta_2(\tau)$	0.75415 ***	0.0999	7.54751	0.000
$\tau=0.75$	$\Delta SENT\_CHINA_t \cdot I_t$	$\beta_1(\tau)$	0.65907 ***	0.1432	4.60113	0.000
	$\Delta SENT\_CHINA_t \cdot (1-I_t)$	$\beta_2(\tau)$	0.58669 ***	0.0981	5.98281	0.000
$\tau=0.90$	$\Delta SENT\_CHINA_t \cdot I_t$	$\beta_1(\tau)$	0.68173 ***	0.2070	3.29425	0.001
	$\Delta SENT\_CHINA_t \cdot (1-I_t)$	$\beta_2(\tau)$	0.62084 ***	0.1429	4.34611	0.000
$\tau=0.95$	$\Delta SENT\_CHINA_t \cdot I_t$	$\beta_1(\tau)$	0.46697 *	0.2622	1.78069	0.079
	$\Delta SENT\_CHINA_t \cdot (1-I_t)$	$\beta_2(\tau)$	0.73496 ***	0.1778	4.13489	0.000

续表

回归2：美国市场						
分位点	变量	参数	参数估计值	标准误	检验统计量	p 值
$\tau=0.05$	$\Delta SENT\_US_t \cdot I_t$	$\beta_1(\tau)$	1.49330	1.3588	1.09896	0.275
	$\Delta SENT\_US_t \cdot (1-I_t)$	$\beta_2(\tau)$	1.51678	1.0152	1.49414	0.139
$\tau=0.10$	$\Delta SENT\_US_t \cdot I_t$	$\beta_1(\tau)$	1.04711	0.9869	1.06100	0.292
	$\Delta SENT\_US_t \cdot (1-I_t)$	$\beta_2(\tau)$	0.82065	1.1201	0.73269	0.466
$\tau=0.25$	$\Delta SENT\_US_t \cdot I_t$	$\beta_1(\tau)$	0.47597	0.4712	1.01010	0.315
	$\Delta SENT\_US_t \cdot (1-I_t)$	$\beta_2(\tau)$	0.52955	0.8483	0.62422	0.534
$\tau=0.50$	$\Delta SENT\_US_t \cdot I_t$	$\beta_1(\tau)$	0.33239	0.4209	0.78964	0.432
	$\Delta SENT\_US_t \cdot (1-I_t)$	$\beta_2(\tau)$	0.82077	0.5380	1.52564	0.131
$\tau=0.75$	$\Delta SENT\_US_t \cdot I_t$	$\beta_1(\tau)$	-0.25964	0.3918	-0.66264	0.509
	$\Delta SENT\_US_t \cdot (1-I_t)$	$\beta_2(\tau)$	0.47403	0.5910	0.80208	0.425
$\tau=0.90$	$\Delta SENT\_US_t \cdot I_t$	$\beta_1(\tau)$	-0.67265**	0.3044	-2.21014	0.030
	$\Delta SENT\_US_t \cdot (1-I_t)$	$\beta_2(\tau)$	0.85130	0.7058	1.20609	0.231
$\tau=0.95$	$\Delta SENT\_US_t \cdot I_t$	$\beta_1(\tau)$	-0.93839**	0.3734	-2.51286	0.014
	$\Delta SENT\_US_t \cdot (1-I_t)$	$\beta_2(\tau)$	-0.01920	0.7338	-0.02616	0.979

注：***、**、*分别代表在1%、5%、10%的显著性水平下显著。

其次是对比极端市场行情下中美两国股市中的"弗里德曼效应"。分析当两国的市场收益极端高或极端低的情况下，情绪波动对股市超额收益的影响，回归结果见表6-5。

表6-5 式（6-11）的分位数回归结果（中美股市对比）

回归1：中国市场						
分位点	变量	参数	参数估计值	标准误	检验统计量	p 值
$\tau=0.05$	$\Delta SENT\_CHINA_t^2 \cdot I_t$	$\alpha_3(\tau)$	-1.9511*	0.9931	-1.9647	0.053
	$\Delta SENT\_CHINA_t^2 \cdot (1-I_t)$	$\alpha_4(\tau)$	-1.3113*	0.7664	-1.7111	0.064
$\tau=0.10$	$\Delta SENT\_CHINA_t^2 \cdot I_t$	$\alpha_3(\tau)$	-1.9286*	1.0843	-1.7786	0.079
	$\Delta SENT\_CHINA_t^2 \cdot (1-I_t)$	$\alpha_4(\tau)$	-1.4019**	0.6621	-2.1173	0.037

续表

回归1：中国市场						
分位点	变量	参数	参数估计值	标准误	检验统计量	p 值
$\tau=0.25$	$\Delta SENT\_CHINA_t^2 \cdot I_t$	$\alpha_3(\tau)$	-0.7332	1.4123	-0.5191	0.605
	$\Delta SENT\_CHINA_t^2 \cdot (1-I_t)$	$\alpha_4(\tau)$	-1.2085	0.8347	-1.4478	0.151
$\tau=0.50$	$\Delta SENT\_CHINA_t^2 \cdot I_t$	$\alpha_3(\tau)$	-0.8016	0.5494	-1.4592	0.148
	$\Delta SENT\_CHINA_t^2 \cdot (1-I_t)$	$\alpha_4(\tau)$	-0.7117	0.8387	-0.8486	0.399
$\tau=0.75$	$\Delta SENT\_CHINA_t^2 \cdot I_t$	$\alpha_3(\tau)$	-1.2772	0.7673	-1.6646	0.010
	$\Delta SENT\_CHINA_t^2 \cdot (1-I_t)$	$\alpha_4(\tau)$	-1.1684	0.9330	-1.2523	0.214
$\tau=0.90$	$\Delta SENT\_CHINA_t^2 \cdot I_t$	$\alpha_3(\tau)$	-1.4158	2.1774	-0.6502	0.517
	$\Delta SENT\_CHINA_t^2 \cdot (1-I_t)$	$\alpha_4(\tau)$	-0.6411	1.3565	-0.4726	0.638
$\tau=0.95$	$\Delta SENT\_CHINA_t^2 \cdot I_t$	$\alpha_3(\tau)$	-1.2502	2.8110	-0.4448	0.658
	$\Delta SENT\_CHINA_t^2 \cdot (1-I_t)$	$\alpha_4(\tau)$	-1.9281	1.4193	-1.3585	0.178

回归2：美国市场						
分位点	变量	参数	参数估计值	标准误	检验统计量	p 值
$\tau=0.05$	$\Delta SENT\_US_t^2 \cdot I_t$	$\alpha_3(\tau)$	12.8116	93.2382	0.1374	0.891
	$\Delta SENT\_US_t^2 \cdot (1-I_t)$	$\alpha_4(\tau)$	-102.9751	80.3648	-1.2814	0.204
$\tau=0.10$	$\Delta SENT\_US_t^2 \cdot I_t$	$\alpha_3(\tau)$	13.2032	86.9737	0.1518	0.880
	$\Delta SENT\_US_t^2 \cdot (1-I_t)$	$\alpha_4(\tau)$	-36.0733	71.9781	-0.5012	0.618
$\tau=0.25$	$\Delta SENT\_US_t^2 \cdot I_t$	$\alpha_3(\tau)$	-14.8982	40.1028	-0.3715	0.711
	$\Delta SENT\_US_t^2 \cdot (1-I_t)$	$\alpha_4(\tau)$	-1.4345	54.3295	-0.0264	0.979
$\tau=0.50$	$\Delta SENT\_US_t^2 \cdot I_t$	$\alpha_3(\tau)$	-20.5499	27.7935	-0.7390	0.462
	$\Delta SENT\_US_t^2 \cdot (1-I_t)$	$\alpha_4(\tau)$	-9.9633	45.0876	-0.2210	0.826
$\tau=0.75$	$\Delta SENT\_US_t^2 \cdot I_t$	$\alpha_3(\tau)$	-15.2886	34.0565	-0.4489	0.655
	$\Delta SENT\_US_t^2 \cdot (1-I_t)$	$\alpha_4(\tau)$	-16.5608	31.8118	-0.5206	0.604
$\tau=0.90$	$\Delta SENT\_US_t^2 \cdot I_t$	$\alpha_3(\tau)$	-8.5657	34.8533	-0.2458	0.806
	$\Delta SENT\_US_t^2 \cdot (1-I_t)$	$\alpha_4(\tau)$	-24.8631	38.6065	-0.6440	0.521
$\tau=0.95$	$\Delta SENT\_US_t^2 \cdot I_t$	$\alpha_3(\tau)$	-10.1213	47.155	-0.2146	0.831
	$\Delta SENT\_US_t^2 \cdot (1-I_t)$	$\alpha_4(\tau)$	-21.3852	52.915	-0.4041	0.687

注：***、**、* 分别代表在1%、5%、10%的显著性水平下显著。

根据表 6-5 可以看出，在不同分位点处，非线性分位数回归结果存在显著的差异。首先是针对中国股市，$\alpha_3(\tau)$、$\alpha_4(\tau)$ 估计值的显著性分析。与传统 OLS 回归结果不同的是，只有在市场收益处于极端低水平时（$\tau \leqslant 0.1$），情绪波动才能在 10% 的显著性水平下，显著地影响股市超额收益，也就是说只有当市场行情显现出"熊市"特征时，其超额收益率才会对投资者的情绪波动较为敏感，而在其他市场状态下，情绪波动对股市超额收益率没有显著影响。对比美国股市的分析结果可以看出，不论美国市场超额收益率处于何种水平，投资者情绪波动与股市超额收益率之间的关系均不显著。

最后是观察 $\alpha_3(\tau)$、$\alpha_4(\tau)$ 的大小及符号。根据非线性分位数回归结果可以看出，无论中国股票市场处于何种状态，$\alpha_3(\tau) < 0$ 以及 $\alpha_4(\tau) < 0$ 均成立。也就是说，"弗里德曼效应"对股市收益的影响始终要强于"创造空间效应"，具体表现为乐观的、悲观的情绪波动始终会降低股市超额收益。

总而言之，只有在"熊市"，即股市超额收益处于极低水平时，中国投资者的情绪波动才会显著地降低股市超额收益，而在其他市场状态下，虽然投资者非理性情绪的反复波动会给股票价格带来上行阻力，但作用并不显著，假设 3 中的假设得以验证。相比而言，美国股市超额收益的变动始终未受到投资者情绪的干扰，从这个角度来看，美国投资者情绪波动对股票市场收益的影响程度要小于中国投资者情绪波动对股市收益的干扰，即相比中国股票市场，美国股市的运作要更为有效，其市场中的投资者在交易的过程中也表现得更为理性。

对于"创造空间效应"的强弱对比，在第 5 章中也曾通过分析得出：中国投资者情绪的波动在一定程度上会加剧股市波动，这样的结论为"创造空间效应"的存在提供了一定的支撑，但就回归系数及其显著性来看，中国股市中的"创造空间效应"似乎并不明显。但依据 OLS 只能揭示股市超额收益的波动率处于均值水平时，各参数的估计值，而无法了解在不同波动程度下，投资者情绪的波动对股市超额收益波动的影响程度。因此，为了使得假设中的假设更具说服力，也为了对比当中美股市处于极端行情时，情绪波动对股市波动的影响，将采用非线性分位数回归法，对式（6-12）进行回归，回归结果见表 6-6。

表6-6 式（6-12）的分位数回归结果（中美股市对比）

分位点	变量	参数	参数估计值	标准误	检验统计量	p 值
			回归1：中国市场			
$\tau = 0.05$	$\Delta SENT\_CHINA_t^2 \cdot I_t$	$\lambda_3(\tau)$	0.03602	0.0344	1.04601	0.299
	$\Delta SENT\_CHINA_t^2 \cdot (1-I_t)$	$\lambda_4(\tau)$	0.14046 ***	0.0305	4.61223	0.000
$\tau = 0.10$	$\Delta SENT\_CHINA_t^2 \cdot I_t$	$\lambda_3(\tau)$	0.03313	0.0338	0.98091	0.329
	$\Delta SENT\_CHINA_t^2 \cdot (1-I_t)$	$\lambda_4(\tau)$	0.17823 ***	0.0341	5.21988	0.000
$\tau = 0.25$	$\Delta SENT\_CHINA_t^2 \cdot I_t$	$\lambda_3(\tau)$	0.02810	0.0446	0.62950	0.531
	$\Delta SENT\_CHINA_t^2 \cdot (1-I_t)$	$\lambda_4(\tau)$	0.18654 ***	0.0285	6.55142	0.000
$\tau = 0.50$	$\Delta SENT\_CHINA_t^2 \cdot I_t$	$\lambda_3(\tau)$	0.01624	0.0682	0.23803	0.812
	$\Delta SENT\_CHINA_t^2 \cdot (1-I_t)$	$\lambda_4(\tau)$	0.18053 ***	0.0242	7.46327	0.000
$\tau = 0.75$	$\Delta SENT\_CHINA_t^2 \cdot I_t$	$\lambda_3(\tau)$	0.03339	0.0901	0.37047	0.712
	$\Delta SENT\_CHINA_t^2 \cdot (1-I_t)$	$\lambda_4(\tau)$	0.16634 ***	0.0474	3.51324	0.000
$\tau = 0.90$	$\Delta SENT\_CHINA_t^2 \cdot I_t$	$\lambda_3(\tau)$	0.05420	0.0906	0.59819	0.551
	$\Delta SENT\_CHINA_t^2 \cdot (1-I_t)$	$\lambda_4(\tau)$	0.09916	0.0752	1.31842	0.191
$\tau = 0.95$	$\Delta SENT\_CHINA_t^2 \cdot I_t$	$\lambda_3(\tau)$	-0.05176	0.0854	-0.60642	0.546
	$\Delta SENT\_CHINA_t^2 \cdot (1-I_t)$	$\lambda_4(\tau)$	0.02852	0.1021	0.27930	0.781
			回归2：美国市场			
分位点	变量	参数	参数估计值	标准误	检验统计量	p 值
$\tau = 0.05$	$\Delta SENT\_US_t^2 \cdot I_t$	$\lambda_3(\tau)$	1.8232	2.7664	0.6591	0.512
	$\Delta SENT\_US_t^2 \cdot (1-I_t)$	$\lambda_4(\tau)$	4.1833	4.0648	1.0292	0.306
$\tau = 0.10$	$\Delta SENT\_US_t^2 \cdot I_t$	$\lambda_3(\tau)$	1.1776	2.4039	0.4899	0.626
	$\Delta SENT\_US_t^2 \cdot (1-I_t)$	$\lambda_4(\tau)$	4.2938	4.6436	0.9247	0.358
$\tau = 0.25$	$\Delta SENT\_US_t^2 \cdot I_t$	$\lambda_3(\tau)$	1.5823	2.1316	0.7423	0.460
	$\Delta SENT\_US_t^2 \cdot (1-I_t)$	$\lambda_4(\tau)$	2.9346	4.9538	0.5924	0.555
$\tau = 0.50$	$\Delta SENT\_US_t^2 \cdot I_t$	$\lambda_3(\tau)$	0.8568	3.3915	0.2527	0.801
	$\Delta SENT\_US_t^2 \cdot (1-I_t)$	$\lambda_4(\tau)$	1.9968	6.6696	0.2994	0.765
$\tau = 0.75$	$\Delta SENT\_US_t^2 \cdot I_t$	$\lambda_3(\tau)$	0.0390	6.4377	0.0061	0.995
	$\Delta SENT\_US_t^2 \cdot (1-I_t)$	$\lambda_4(\tau)$	-2.5515	10.272	-0.2484	0.804

续表

回归2：美国市场

分位点	变量	参数	参数估计值	标准误	检验统计量	p 值
$\tau=0.90$	$\Delta SENT\_US_t^2 \cdot I_t$	$\lambda_3(\tau)$	1.4020	12.939	0.1084	0.914
	$\Delta SENT\_US_t^2 \cdot (1-I_t)$	$\lambda_4(\tau)$	11.7202	14.835	0.7900	0.432
$\tau=0.95$	$\Delta SENT\_US_t^2 \cdot I_t$	$\lambda_3(\tau)$	17.0884	11.492	1.4870	0.141
	$\Delta SENT\_US_t^2 \cdot (1-I_t)$	$\lambda_4(\tau)$	16.9328	16.462	1.0286	0.307

注：***、**、*分别代表在1%、5%、10%的显著性水平下显著。

基于表6-6的回归结果，认为在不同分位点处的回归结果存在显著的差异。因此，可以依据以上非线性分位数回归的结果，分别考察在不同的超额收益波动程度下，假设4中的假设是否可能成立，即中国投资者情绪的波动是否会显著加剧股市超额收益的波动，并与美国市场的分析结果作对比。

通过分析 $\lambda_3(\tau)$、$\lambda_4(\tau)$ 估计值的显著性，观察发现，在中国市场中，当股市波动较为平缓时（$\tau \leq 0.75$），悲观的投资者情绪波动对股市波动有显著的影响，表现为低迷的情绪波动将会明显加剧股市超额收益的波动；但乐观的情绪波动则不会对股市波动带来显著的作用。也就是说，当股市走势较稳时，悲观情绪的波动将会刺激股市出现较大的波动。对比美国股市的分析结果可以看出，不论美国股市是震荡还是平稳，其投资者的情绪波动均不会带来显著影响，即美国股市中始终不存在明显的"创造空间效应"。

6.4 本章小结

本章首先采用中国投资者情绪周度数据，基于分位数回归法分析了极端市场状态下中国投资者情绪对股市的影响。然后同样基于分位数回归法，对比了极端市场环境下中美两国投资者情绪对股票市场影响效应的强弱，得出以下结论。

（1）当股市超额收益水平极端高（"牛市"）或极端低（"熊市"）时，中国股市中仍存在明显的"持有更多效应"和"价格压力效应"，且"持有更多效应"要强于"价格压力效应"，具体表现为，中国投资者情绪与股市超额收益之间均保持显著的正相关关系，即高涨的投资者情绪显著推高股市超额收益，而低迷的投资者情绪则对股市收益上行造成压力。相比而言，美国股市中的"持有更多效应"与"价格压力效应"则并不明显。

（2）只有当股市超额收益处于极低水平（"熊市"）时，中国投资者情绪波动才会显著地降低股市超额收益，而在其他市场状态下，虽然投资者非理性情绪的反复波动会给股票价格带来上行阻力，但作用并不显著，即"弗里德曼效应"并不明显。相比而言，美国投资者情绪波动对股市超额收益的变动影响不显著。

（3）当中国股市波动较为平缓时（$\tau \leqslant 0.75$），悲观的投资者情绪波动对股市波动有显著的影响，表现为低迷的情绪波动将会明显加剧股市超额收益的波动；但乐观的情绪波动则不会对股市波动带来显著的作用。也就是说，当股市走势较稳时，悲观情绪的波动将会刺激股市出现较大的波动。对比美国股市的分析结果，可以看出，不论美国股市是震荡还是平稳，其投资者的情绪波动均不会带来显著影响，即美国股市中始终不存在明显的"创造空间效应"。

第 7 章 总结与展望

本章对全书的研究做系统性的总结,并对未来进一步的研究方向进行阐述。具体安排如下:7.1 节概括了本书的主要研究结论;7.2 节对本书的实证结论做原因分析并提出相应的对策建议;7.3 节基于本书的研究,提出未来进一步的可能研究方向。

7.1 主要结论

投资情绪对股票市场收益的影响已经成为行为金融研究的热点问题。作为新兴的股票市场,中国市场的成熟度和完善程度比较低,散户众多,机构投资者不够理性,并且存在较强的卖空约束和政府干预,导致投资者非理性程度较高,股市经常因为投资者情绪的波动而产生巨幅波动,股市均态与极端态呈现的二元市场结构已成中国股市运行的常态特征。因此在如此背景下,分析二元市场结构下投资者情绪对中国股市收益的影响具有重要的理论和现实意义。基于此,本书以投资者情绪为研究主题,通过构建数理模型和实证检验探讨二元市场结构下投资者情绪对股市收益波动的影响。本书主要得出以下研究结论。

(1) 基于修正的 DSSW 噪声交易模型推导了投资者情绪对中国股票市场收益的影响机理。

本书对 DSSW 噪音交易理论模型的假设条件进行相应调整,并基于调整后的 DSSW 模型推演国内投资者情绪对股市收益的影响机理,由此提出了四个假设,分别是:假设 1 投资者的情绪会显著影响股市收益,且与股市平均收益呈正向变动,即当中国股市收益处于均态水平时,"持有更多效应"要强于"价格压力效应"。假设 2 同期股市收益与投资者情绪具有相关关系,但在不同的收益水平下,回归结果存在差异:在股市收益较低时,低迷投资者情绪对收益上升的阻碍作用会大于高涨投资者情绪的助推作用；在股市收益较高时，高涨投资者情绪对股市收益的助推作用则更为显著，尤其是在股市收益的最高点附近。即投资者情绪对股市影响的强弱可能会因市场环境不同而产生差异。假设3　投资者情绪的波动会降低股市超额收益，即中国股市中也存在明显的"弗里德曼效应"。假设4　投资者情绪的频繁波动会导致投资者决策的不确定性上升，使得股市风险也随之增加，表现为股市收益率的波动率增大，即"创造空间效应"也存在于中国股市中。

（2）构建了投资者情绪指标监控体系，提出了筛选情绪代理指标的优化方法。

以往关于投资者情绪的研究，表征投资者情绪所选用的代理指标均较为繁杂，对变量的选取具有较强的主观性，缺乏对入选代理变量表征能力的验证说明，且对于不适合的代理变量，也无相应的剔除操作，使得构造出的情绪指标缺乏一定的科学程序与依据。本书提出了一套合理的投资者情绪代理变量客观评判程序，从而更恰当地对投资者情绪进行描述，以期为投资者情绪综合指数的构建提供一定的研究方法论基础，以及为投资者情绪领域的未来研究提供一定的参考。

本书把20个以周为频率的投资者情绪代理指标按照市场行为、市场结构、特殊股组合表现、估值指标、机构投资者行为指标以及主观情绪指标六大类别进行分类，构建了中国股票市场投资者情绪代理指标监控体系，以使投资者情绪代理变量的跟踪体系更为清晰。本书创新性地引入了大宗交易平均溢价折价率指标和新财富最佳分析师指数，分别用于识别市场中机构投资者的情绪以及证券分析师对后市的预期。

本书设计的投资者情绪代理变量筛选程序具体有5个步骤，分别是：①明确表征情绪的代理变量范围，并分类说明其与投资者情绪的关系。②投资者情绪代理变量入选的合理性检验。③分析投资者情绪代理变量与股票指数间的"领先—滞后"关系。④投资者情绪代理变量与股指间的相关性分析。⑤投资者情绪代理变量间的相关性分析。对以上20个投资者情绪代理指标按照提出的筛选方法进行优化，得到最终入选的投资者情绪代理变量 $LPM(0)$、$CAI(0)$、$HPBI(0)$、$HPEI(0)$、$NIPO(+6)$。

（3）分别采用主成分分析法、偏最小二乘法以及LASSO回归算法三种方法构建中国股市投资者情绪综合测度指数，通过严密的实证对比分析，认为LASSO回归法更适合用于构造投资者情绪综合测度指数。

关于投资者情绪综合测度指数的构造，目前，多数的学术研究以及金融机构的投资策略中，主要是基于主成分分析法，主成分分析法虽然能最大限度地提取出变量中非重复的信息，但由于合成主成分因子的代理指标中，可能仍混杂着大量与投资者真实情绪无关的偏差信息，导致模型的精度降低。为了解决主成分分析法的缺陷，本章在构造投资者情绪综合测度指数方面做了两个创新性的尝试，其一是采用偏最小二乘法来重新构建投资者情绪综合指数。其二是将LASSO回归法应用于投资者情绪综合测度指数的构造中，并从合理性检验、稳健性对比以及对中证流通指数收盘价的解释能力三个角度对以上三种方法所构建的投资者情绪复合指数进行对比。结果发现，三种方法在合理性及稳健性层面上并不存在显著的差异，但在对中证流通指数收盘价的解释能力方面，基于LASSO回归法构造的投资者情绪综合测度指数，其解释效果要明显优于其余两种方法。因此，相比主成分分析法和偏最小二乘法来说，LASSO回归法更适合用于构造投资者情绪综合测度指数，它的主要优势在于，在拟合广义线性模型的同时还可进行变量筛选和复杂度调整，从而在降低模型复杂程度的同时，最大限度地保证所构建的投资者情绪综合测度指数能够真实地衡量投资者情绪。

（4）分别基于普通最小二乘法和分位数回归方法实证分析二元市场结构下投资者情绪对股市收益波动的具体影响。

①基于普通最小二乘回归法，检验了均态市场下中国投资者情绪对股市的影响并对比分析了中美两国投资者情绪对股票市场的影响。得出以下结论。

首先，均态市场环境下，中国股市高涨与低落的投资者情绪均与股市收益呈显著的正相关关系，据此认为中国股市中的确存在"持有更多效应"与"价格压力效应"，且表现为"持有更多效应"强于"价格压力效应"。对比美国市场，当美国股市收益处于均态水平时，其变动较容易受到悲观投资者情绪的影响，投资者情绪越倾向于悲观，则股市超额收益越低。且同样表现为"持有更多效应"稍强于"价格压力效应"。其次，均态市场环境下，中国投资者情绪波动与股市超额收益之间存在显著的关系，表现为情绪波动将降低股市平均超额收益，即"弗里德曼效应"确实存在于中国市场。但美国投资者情绪波动与股市超额收益之间则不存在显著的关系，即美国股市的"弗里德曼效应"不明显。最后，均态市场环境下，中国股市悲观的情绪波动会加剧股市超额收益的平均波动且影响较为显著，但乐观情绪的作用却并不显著。相比之下，美国股市波动则并没有受到投资者情绪波动的显著影响。中国股市存在较为明显的"创造空间效应"，但美国股市则不存在

"创造空间效应"。

②基于分位数回归法分析了极端市场状态下，中国投资者情绪对股市的影响。并对比分析了中美两国投资者情绪对股票市场影响的强弱。从而得出以下结论。

首先，当股市超额收益水平极端高（"牛市"）或极端低（"熊市"）时，中国投资者情绪与股市超额收益之间均保持显著的正相关关系，即高涨的投资者情绪显著推高股市超额收益，而低迷的投资者情绪则对股市收益上行造成压力。中国股市中仍存在明显的"持有更多效应"和"价格压力效应"，且"持有更多效应"要强于"价格压力效应"。相比而言，美国股市中的"持有更多效应"与"价格压力效应"则并不显著。其次，当中国股市超额收益处于极端高（"牛市"）或极端低水平（"熊市"）时，"弗里德曼效应"均显著存在，但一般表现为低迷投资者情绪波动对股市超额收益的不利影响，乐观情绪的作用仅在某种条件下的市场中（股市超额收益处于适中水平）成立。相比而言，美国股市则不存在"弗里德曼效应"。最后，中国股市也存在"创造空间效应"，但仅表现于稳定市场环境下，低迷的投资者情绪对股市超额收益波动的非线性影响。美国股市中则不存在显著的"创造空间效应"。

7.2 对策建议

7.2.1 实证结果原因分析

基于以上结论可以认为，本书所构建的投资者情绪综合测度指数能够较好地表征中国股市噪声交易者的投资者情绪。并且作为新兴市场代表的中国股市，其投资者情绪变动与市场态势之间存在较为显著的关系，尤其是在市场处于极端行情时；而作为成熟市场代表的美国股市，投资者情绪的变动虽然会影响股市收益波动，但是影响并不显著。对比中美两国的分析结果，认为中国投资者情绪对股市收益波动的影响程度的确大于美国投资者情绪对股市收益波动的影响。其原因可能有以下3点。

（1）两国投资者结构不同。实证结果表明，中国股市超额收益的变化会受到投资者情绪的显著影响，这在一定程度上论证了中国股票市场的效率要相对低于美国股票市场。究其原因,中美投资者结构不同是造成两国股票市场效率存在较大差异的主要根源:美国股市是一个典型的"机构市",共同基金和私人养老基金构成了美国资本市场最坚实有力的两大类机构投资资金,也就是说,美国股票市场主要是以机构主导的价值投资,其机构投资行为更多的是依据价值面信息进行判断,而不是对极高超额收益的盲目追逐,因此,美国股市投资者的交易行为整体上偏于理性;相反,中国股市是一个典型的"散户市",个人投资者在交易时往往忽略基本面信息,其较容易受到极端市场行情的影响从而作出错误判断,且散户情绪更易相互传染,从而滋生了股票市场的羊群效应。

(2)两国投资者专业程度不同。实证结果表明,在市场处于极端负收益或震荡行情的条件下,中国股市存在明显的"创造空间效应"和"弗里德曼效应",而美国投资者的交易行为则未受极端行情的显著影响,这在一定程度上说明美国投资者要比中国投资者更为理性,即两者对股票市场的认知水平与了解程度存在差异。美国投资者通常以长期价值投资为主,故一般会先对该上市公司的主营业务、经营状况、会计报表等信息进行深入了解从而对其投资价值进行评估与分析之后再决定是否投资,从而不易被市场上的情绪影响。而我国投资者可划分为"庄家"和"散户"两大投资主体,"庄家"通常是指持有大量流通股的股东,其掌握更多的资源,可以影响甚至控制某只股票在二级市场的股价,庄家以获取收益为基础,但过程中会侵犯到其他投资者的正常收益;"散户"指的是投入股市资金量较小的个人投资者,其往往以短期投机为主,掌握资源少且在投资决策过程中可能会忽略股票本身的价值,因此,中国股市的收益及波动容易受到投资者情绪的影响。

(3)两国股市运行机制不同。美国股票市场中不存在涨跌幅限制,且其股票交易实行 $T+0$ 制度,因此,极端行情对投资者情绪的影响,或是投资者因情绪而导致的错误判断可以随股市的波动当天消化,使得投资者情绪持续时间较短且不会对股市收益造成显著影响。而中国股市设定10%的涨跌幅限制,并实行 $T+1$ 交易制度,使得突发事件或股市异常波动等对投资者情绪的影响存在一定的延续时间,但是,投资者情绪如果不能在当天通过股票价格波动得到完全释放,则可能会在第二天甚至连续多天在股票价格上反映出来,从而对股市收益带来显著性影响。

7.2.2 相关建议

1. 加强投资者情绪自我治理，培育投资者成熟的投资信念

从本书的实证结论中可以看出，中国投资者的非理性情绪对股市收益影响较为显著。正如本杰明·格雷厄姆所言："无法控制情绪的人不会从投资中获利。"在股票的交易过程中，人性中固有的贪心和恐惧潜意识地被无限放大。投资者的非理性情绪是贪心和恐惧的根本原因。由于情绪具有贪婪性，投资者会经常重仓甚至满仓交易，这样不仅会让资金处于非常危险的状态，而且也会让投资者情绪处于恐慌状态。价格波动与情绪波动息息相关，有时会导致投资者心态失衡，无法维持适度的平和与镇静，从而很难实现客观的决策。投资者只有善于控制情绪，才有机会理解股票市场真正的内在价值。所以投资者要积极学习投资股票相关基本面知识和技术分析手段，并且加强投资情绪自我管理，培育成熟的投资理念。

2. 投资者情绪应该成为监管部门制定政策重点关注问题之一

大量理论和实证表明，投资者情绪会影响股市波动，投资者情绪指数可以看作股票市场行情走势的"风向标"。因此，监管部门应该重视投资者情绪测度指数的构建工作，充分利用各种情绪代理指标去构建能够较好准确反映市场情绪的指数。从而可以利用投资者情绪指数掌握投资者的心理活动与心理预期，对投资者进行适当的调控与合理引导。具体而言，当投资者情绪过于乐观时，为了避免股市过热引发的市场泡沫，监管部门要采取措施遏制投资者情绪；相反，当投资者情绪过于悲观时，为了避免市场陷入低迷状态，监管部门要采取措施提高投资者信心。监管部门要特别注意对投资者情绪会形成重大影响的事件，一旦事件发生，监管部门要立即采取措施，稳定投资者情绪，促进证券市场稳定而有序地运行。

3. 推动壮大坚持长期价值投资的机构投资者

本书的实证结果已经证明，中国投资者情绪波动对股市的影响大于美国投资者情绪波动对股市的影响。其中一个重要原因是中国股票市场发展至今，个体投资者仍占据主导地位，而中国股市频繁出现的大幅波动，严重的投资者行为和个体投资者众多被认为是其主要原因。2001年，管理层提出了超常规发展机构投资者的战略思想，提议重点发展以证券投资基金为代表的机构投资者；特别是从2006年起大盘指数急剧攀升，机构投资者的迅速发展，逐渐成为市场中的重要力量。但受我国股票市场缺陷性、机构投资者的不规范性等因素的影响，我国股市由个人投资主导向机构投资主导的转变过程中，股市的波动频率和幅度都没有下降。因此，中国应继续优化机构投资者结构，确保机构投资者的质量。在证券投资基金和券商继续发展的同时，应鼓励保险公司、养老基金、企业年金等坚持长期价值投资的机构投资者参与股票市场的投资。

4. 完善卖空交易机制

卖空交易指的是投资者出售自己并不拥有的证券的行为。国外成熟的资本市场基本都存在卖空机制，卖空机制是完整市场中不可缺少的一部分。卖空不仅增加了市场上股票的供应量，还降低了投资者因市场供不应求而不得不以较高价格买入股票的风险；与此同时，卖空者的对冲行为还增加了市场的需求。卖空机制的存在可以激活市场的交易行为，扩大市场的供给和需求规模，从而提高市场的流动性。目前，国内虽然推出了融资融券业务，但是融券卖空机制尚不成熟，未能充分发挥对冲功能，其主要原因是大股东、机构等出借意愿不强，可供券源的数量很少，而大多数机构买方宁愿选择股指期货进行风险对冲，而股指期货的资金门槛高，我国投资者中占主导地位的散户投资者不得不知难而退。因此，应当逐步鼓励证券出借，增大券源数量、降低融券交易成本，来活跃和完善卖空交易机制。

5. 加强和完善上市公司信息披露事务管理制度

从本书的研究结果看，投资者情绪的波动会加剧中国股市的波动。而投资者尤其是散户投资者之所以情绪会波动频繁，其中一个重要原因就是投资者与上市公司之间的信息不对称，很多上市公司不会及时公正地披露上市公司的全部信息。正是因为信息透明度不够，投资者缺乏专业金融知识和公司内部实际情况掌握，特别是当渠道不明的"好消息"传开，投资者受到鼓舞，"羊群效应"也煽动着更多的投资者积极地投入市场。高涨的投资者情绪给众人营造了一种"好势头"，管理者正好有了"藏匿"负面消息的契机和动机。当公司的信息透明度较高时，投资者有渠道能够获得公司的基本面信息，减少对公司业绩前景和投资战略的错误判断。而在另外一方面，较高的公司信息透明度能够降低融资成本，加速股东与管理者的信息交流，投资者监督管理者的成本也随之降低。

总之，我国股票市场还处于快速发展阶段，个体投资者的比例很高，并且各个投资者的投资专业水平高低不齐，相关的法律法规也并不完善，从而非常容易导致中国股票市场经常出现大幅震荡。所以必须认清我国证券市场的本质，不断学习投资专业知识和投资技能，提高长期投资比例及限制机构投资者的投机行为，加强和完善上市公司的信息披露制度，逐渐提高我国证券市场的稳定性。

7.3 研究展望

中国股票市场是一个新兴的股票市场，与西方发达国家成熟的市场相比，投资者具有更多的非理性特征，市场上也呈现出浓厚的投机情绪氛围。中国股市的独特特征一方面为研究投资者情绪对股市收益的影响提供良好的市场条件，另一方面也需要更为深入地研究投资者情绪与股票收益之间的深刻关系。本书在众多学者的研究基础上，通过建立修正的噪声交易模型并实证分析了二元市场结构下投资者情绪对股市收益波动影响，并得出了相关的研究结论。

本书在研究方法上有所创新，对原有理论模型做了改进，实证部分有创新之处，但是由于水平和时间有限，还存在不足之处，未来可在以下3个方面作出改进。

1. 筛选投资者情绪代理指标方法的进一步优化

本书虽然建立了一套筛选投资者情绪代表指标的优化方法，但是未来依然可以做更深入的研究。可以根据市场特征的变化，调节情绪代理变量的结构，并优化情绪代理指标的参数；可以进一步通过优化代理变量的频率、区间跨度、滞后期等参数，做到"主动"和"量化"相结合，以此来解决代理变量有效性不稳定的问题。

2. 基于数据挖掘技术的网络投资者情绪指标的构建

本书用三种方法构建了投资者情绪综合指数，并得出了LASSO回归法更适合用于构造投资者情绪综合测度指数的结论。但是本书没有考虑网络投资者情绪，未来可以借助数据挖掘技术从网络舆论的视角对投资者情绪综合指标的构建及应用研究进行探索性尝试。

3. 开展投资者情绪综合指数的应用研究

可以尝试应用投资者情绪综合指数来构建投资组合策略和进行金融风险管理。这两个方向应该具有较高的实用价值，值得开展这方面的研究。

参 考 文 献

[1] 阿荣,罗喆.金融市场中的 DSSW 模型改进研究 [J].中央民族大学学报(自然科学版),2015,8(3):28-31.

[2] [美]埃里森.高级回归分析 [M].吴晓刚,译.上海:格致出版社,上海人民出版社,2011.

[3] [美]安德瑞·史莱佛.并非有效的市场:行为金融学导论 [M].赵英军,译.北京:中国人民大学出版社,2015.

[4] [美]彼得·阿特沃特.情绪冰与火 [M].田玉海,译.大连:东北财经大学出版社,2013.

[5] [英]罗伯特·索利斯.实证金融研究方法:以金融和银行业为例 [M].曲春青,译.大连:东北财经大学出版社,2014.

[6] 曹芳,朱永忠.基于多重共线性的 Lasso 方法 [J].江南大学学报(自然科学版),2012,11(1):87-90.

[7] 陈建宝,丁军军.分位数回归技术综述 [J].统计与信息论坛,2008,23(3):89-96.

[8] 陈军,陆江川.基于 DSSW 模型投资者情绪与股价指数关系研究 [J].预测,2010(4):53-57.

[9] 陈其安,赖琴云,陈亮,等.基于噪音交易者的风险资产定价模型及其应用 [J].系统工程理论与实践,2010,30(3):385-395.

[10] 程昆,刘仁和.投资者情绪与股市的互动研究 [J].上海经济研究,2005(11):88-95.

[11] 程琬芸,林杰.社交媒体的投资者涨跌情绪与证券市场指数 [J].管理科学,2013(5):111-119.

[12] 池丽旭,张广胜,庄新田,等.投资者情绪指标与股票市场——基于扩展卡尔曼滤波方法的研究 [J].管理工程学报,2012,26(3):122-128,165.

[13] 池丽旭.中国证券市场投资者情绪与非理性行为偏差研究 [D].

沈阳：东北大学，2010.

[14] [美] 达摩达尔·N. 古扎拉蒂. 计量经济学基础（上、下册）[M]. 4 版. 费剑平，孙春霞，等译. 北京：中国人民大学出版社，2005.

[15] [英] 蒂姆·黑尔. 聪明的投资者（实战版）[M]. 中国农业大学期货与金融衍生品研究中心培训部，译. 北京：人民邮电出版社，2014.

[16] 董孝伍，张信东，刘维奇. 投资者情绪与股票市场收益的互动关系——基于分位数回归的研究 [J]. 经济管理，2013（6）：103 - 111.

[17] 段江娇，刘红忠，曾剑平. 中国股票网络论坛的信息含量分析 [J]. 金融研究，2017（10）：178 - 192.

[18] [美] 范·萨普，斯蒂恩伯格. 个人投资者交易心理 [M]. 从来，译. 太原：山西人民出版社，2015.

[19] [美] 弗兰克·J. 法博兹，塞尔吉奥·M. 福卡尔迪，彼特·N. 科姆. 数量化股票投资：技术与策略 [M]. 赵胜民，等译. 厦门：厦门大学出版社，2015.

[20] 高大良. 投资者情绪及其对股票市场收益的影响研究 [D]. 长沙：湖南大学，2013.

[21] 高铁梅. 计量经济分析方法与建模：EViews 应用及实例 [M]. 北京：清华大学出版社，2009.

[22] 高鑫. 基于投资者情绪的行为资产定价模型及其实证研究 [D]. 北京：北京科技大学，2017.

[23] 韩泽县，任有泉. 投资者情绪与证券市场收益 [M]. 北京：中国时代经济出版社，2006.

[24] 韩泽县. 投资者情绪与中国证券市场的实证研究 [D]. 天津：天津大学，2005.

[25] [美] 汉弗莱·B. 尼尔. 逆向思考的艺术：与众不同的投资获利之道 [M]. 丁圣元，译. 北京：地震出版社，2010.

[26] [美] 郝令昕，丹尼尔·Q. 奈曼. 分位数回归模型 [M]. 肖东亮，译. 上海：格致出版社，上海人民出版社，2017.

[27] 贺炎林. 我国股市横截面收益特征及成因研究 [D]. 天津：天津大学，2007.

[28] [美] 赫什·史莱佛. 超越恐惧和贪婪：行为金融学与投资心理诠释 [M]. 贺学会，等译. 上海：上海财经大学出版社，2005.

[29] [美] 赫什·史莱佛. 资产定价的行为方法 [M]. 王闻，译. 北

京：中国人民大学出版社，2007.

［30］胡才泓．机构投资者情绪及投资行为对股价同步性影响的实证研究［D］．南昌：江西财经大学，2014.

［31］胡昌生，池阳春．投资者情绪：理性与非理性［J］．金融评论，2012（6）：46－102.

［32］胡昌生，池阳春．投资者情绪与资产价格异常波动研究［M］．武汉：武汉大学出版社，2014.

［33］胡昌生，池阳春．投资者情绪、资产估值与股票市场波动［J］．金融研究，2013（10）：181－193.

［34］扈文秀，刘刚，章伟果，等．基于因素嵌入的非理性资产价格泡沫生成及膨胀演化研究［J］．中国管理科学，2016，24（5）：31－37.

［35］花贵如．投资者情绪对企业投资行为的影响研究［M］．大连：东北财经大学出版社，2015.

［36］黄德龙，文凤华，杨晓光．投资者情绪指数及中国股市的实证［J］．系统科学与数学，2009，29（1）：1－13.

［37］黄少安，刘达．投资者情绪理论与中国封闭式基金折价［J］．南开经济研究，2005，2005（4）：76－80.

［38］黄文，王正林．数据挖掘：R语言实战［M］．北京：电子工业出版社，2014.

［39］江晓东．非理性与有限理性：中国股市投资者行为实证研究［M］．上海财经大学出版社，2006.

［40］蒋玉梅，王明照．投资者情绪与股票收益：总体效应与横截面效应的实证研究［J］．南开管理评论，2010，13（3）：150－160.

［41］蒋玉梅．证券市场投资者情绪及其影响效应研究［D］．上海：同济大学，2010.

［42］金秀，邹吉娥．投资者情绪与股票收益间的关系研究［J］．东北大学学报（自然科学版），2014，35（1）：139－143.

［43］［美］卡巴科弗．R语言实战［M］．2版．王小宁，等译．北京：人民邮电出版社，2016.

［44］康宁．分位数回归模型及在金融经济中的应用［D］．合肥：合肥工业大学，2016.

［45］柯郑林．Lasso及其相关方法在多元线性回归模型中的应用［D］．北京：北京交通大学，2011.

[46] 赖凯声，陈浩，钱卫宁，周傲英. 微博情绪与中国股市：基于协整分析 [J]. 系统科学与数学，2014，34（5）：565-575.

[47] 李进芳. 带信息的情绪资产定价研究 [J]. 系统工程理论与实践，2016，36（5）：1156-1168.

[48] 李倩星. R 语言实战：编程基础、统计分析与数据挖掘宝典 [M]. 北京：电子工业出版社，2016.

[49] 李心丹. 行为金融学：理论及中国的证据 [M]. 上海：上海三联书店，2004.

[50] 李正欣，郭建胜，惠晓滨. 基于共同主成分的多元时间序列降维方法 [J]. 控制与决策，2013（4）：54-59.

[51] 李忠民. 金融家、金融行为与金融监管研究 [M]. 北京：经济科学出版社，2009.

[52] [美] 理查德·H. 塞勒. 行为金融学新进展（Ⅱ）[M]. 贺京同，译. 北京：中国人民大学出版社，2017.

[53] [美] 理查德·H. 塞勒. 行为金融学新进展 [M]. 贺京同，译. 北京：中国人民大学出版社，2014.

[54] 林清泉，赵文荣. 投资者情绪与股票市场波动：基于隐性情绪指数视角 [M]. 北京：中国人民大学出版社，2012.

[55] 刘超，韩泽县. 投资者情绪和上证综指关系的实证研究 [J]. 北京理工大学学报（社会科学版），2006，8（2）：57-60.

[56] 刘力，张峥，熊德华，等. 行为金融学与心理学 [J]. 心理科学进展，2003，11（3）：249-255.

[57] 陆军，陆江川. 基于 DSSW 模型投资者情绪与股价指数关系研究 [J]. 预测，2010，29（4）：53-57.

[58] [美] 露西·阿科特，理查德·迪弗斯. 行为金融：心理、决策和市场 [M]. 戴国强，等译. 北京：机械工业出版社，2012.

[59] 满敬銮，杨薇. 基于多重共线性的处理方法 [J]. 数学理论与应用，2010（2）：105-109.

[60] 邱俊鹏. 分位数回归的贝叶斯估计与应用研究 [D]. 天津：南开大学，2013.

[61] 饶育蕾，刘达锋. 行为金融学 [M]. 上海：上海财经大学出版社，2003.

[62] 饶育蕾. 行为金融学 [M]. 2版. 上海：复旦大学出版社，2005.

[63] 任远. 股指期货与现货指数领先滞后关系——基于沪深300指数期货合约与沪深300指数的实证分析 [J]. 中国证券期货, 2010 (7).

[64] 马若微, 张娜. 我国股票市场投资者情绪SENT指数的构建——基于上证A股公司的面板数据 [J]. 中央财经大学学报, 2015 (7): 42-49.

[65] 史永东, 王镇. 投资者情绪影响动量效应吗?——来自上证A股的经验证据 [J]. 投资研究, 2015 (9): 90-103.

[66] [法] 古斯塔夫·勒庞. 乌合之众: 大众心理研究 [M]. 陈剑, 译. 南京: 译林出版社, 2016.

[67] 宋军, 吴冲锋. 基于分散度的金融市场的羊群行为研究 [J]. 经济研究, 2001 (11): 21-27.

[68] 宋顺林, 易阳, 谭劲松. AH股溢价合理吗——市场情绪、个股投机性与AH股溢价 [J]. 南开管理评论, 2015, 18 (2): 92-102.

[69] 宋泽芳, 李元. 投资者情绪与股票特征关系 [J]. 系统工程理论与实践, 2012, 32 (1): 27-33.

[70] 谭松涛. 行为金融理论: 基于投资者交易行为的视角 [J]. 管理世界, 2007 (8): 140-150.

[71] 唐梦云. 我国证券市场投资者情绪的测度及其对市场收益的影响研究 [D]. 长沙: 湖南师范大学, 2014.

[72] 汪强. 我国投资者情绪研究 [M]. 北京: 经济科学出版社, 2013.

[73] 汪天都. 技术分析、有效市场与行为金融 [M]. 上海: 复旦大学出版社, 2014.

[74] 王保蘅. 最轻松的投资心理学 [M]. 北京: 北京工业大学出版社, 2013.

[75] 王斌会. 多元统计分析及R语言建模 [M]. 4版. 广州: 暨南大学出版社, 2016.

[76] 王博. 基于投资者情绪的资产定价理论及实证研究 [J]. 北京工商大学学报 (社会科学版), 2014, 29 (3): 89-97.

[77] 王春峰, 赵威, 房振明. 新股投资者情绪度量及其与新股价格行为关系 [J]. 系统工程, 2007, 25 (7): 1-6.

[78] 王浩成. 股票交易情境中人格及情绪对投资决策行为的影响 [D]. 北京: 北京科技大学, 2015.

[79] 王惠文. 偏最小二乘回归方法及其应用 [M]. 北京: 国防工业出

版社，1999.

[80] 王美今，孙建军. 中国股市收益、收益波动与投资者情绪 [J]. 经济研究，2004（10）：75－83.

[81] 王新宇. 分位数回归理论及其在金融风险测量中的应用 [M]. 北京：科学出版社，2010.

[82] 王宜峰，王燕鸣. 投资者情绪在资产定价中的作用研究 [J]. 管理评论，2014（6）：42－55.

[83] 王镇，郝刚. 投资者情绪指数的构建研究——基于偏最小二乘法 [J]. 金融理论与实践，2014（7）：1－6.

[84] 王镇. 投资者情绪对中国股市收益影响的实证研究 [D]. 大连：东北财经大学，2015.

[85] [英] 威廉·福布斯. 行为金融 [M]. 孔东民，译. 北京：机械工业出版社，2011.

[86] 魏成龙. 中小投资者利益保护研究 [M]. 北京：中国经济出版社，2016.

[87] 文凤华，肖金利，黄创霞，等. 投资者情绪特征对股票价格行为的影响研究 [J]. 管理科学学报，2014，17（3）：60－69.

[88] [美] 沃尔特·恩德斯. 应用计量经济学：时间序列分析 [M]. 杜江，译. 北京：机械工业出版社，2012.

[89] 吴雪. 分位数回归模型和金融风险尾部相关性的实证分析 [D]. 江西：南昌大学，2012.

[90] 伍燕然，韩立岩. 不完全理性、投资者情绪与封闭式基金之谜 [J]. 经济研究，2007（3）：117－129.

[91] 谢军，杨春鹏，闫伟. 高频环境下股指期货市场情绪冲击效应 [J]. 系统工程，2012（9）：27－36.

[92] 徐凌峰，叶庆祥. 证券分析师的预测行为统计分析 [J]. 统计科学与实践，2003（11）：25－26.

[93] 许启发，张金秀，蒋翠侠. 基于非线性分位数回归模型的多期 VAR 风险测度 [J]. 中国管理科学，2015，23（3）：56－105.

[94] 薛斐. 基于情绪的投资者行为研究 [D]. 上海：复旦大学，2005.

[95] 薛斐. 投资者情绪与投资者行为研究 [M]. 上海：上海财经大学出版社，2008.

[96] 薛文骏，王大中，倪中新. 投资者情绪对股票收益非对称影响的实证研究 [J]. 金融纵横，2014 (6)：64-69.

[97] 闫伟. 基于投资者情绪的行为资产定价研究 [D]. 广东：华南理工大学，2012.

[98] 阎石. 投资者的处置效应研究：基于有限理性在行为金融中的应用 [M]. 北京：科学出版社，2013.

[99] 杨光兵. 市场异象、投资者情绪与股票资产定价研究——来自中国股票市场的证据 [D]. 北京：对外经济贸易大学，2013.

[100] 杨国栋. 基于变量筛选的偏最小二乘回归方法及其应用 [D]. 长沙：中南大学，2013.

[101] 杨墨竹. 基于投资者情绪视角的交易所交易型开放式指数基金市场异象研究 [D]. 大连：东北财经大学，2012.

[102] 杨元泽. 封闭式基金的折价能否作为投资者情绪有效衡量——基于深圳股票市场的实证研究 [J]. 中央财经大学学报，2010 (5)：26-31.

[103] 易丹辉. 时间序列分析：方法与应用 [M]. 北京：中国人民大学出版社，2011.

[104] 易志高，茅宁. 中国股市投资者情绪测量研究：CICSI 的构建 [J]. 金融研究，2009 (11)：174-184.

[105] 尹海员. 行为金融学 [M]. 西安：陕西师范大学出版社，2015.

[106] 于全辉. 投资者情绪与证券市场价格互动关系研究 [D]. 重庆：重庆大学，2009.

[107] 俞红海，李心丹，耿子扬. 投资者情绪、意见分歧与中国股市 IPO 之谜 [J]. 管理科学学报，2015 (3)：78-89.

[108] [美] 詹姆斯·D·汉密尔顿. 时间序列分析（上册）[M]. 夏晓华，译. 北京：中国人民大学出版社，2015.

[109] [美] 詹姆斯·D·汉密尔顿. 时间序列分析（下册）[M]. 夏晓华，译. 北京：中国人民大学出版社，2015.

[110] [美] 詹姆斯·蒙蒂尔. 行为金融：洞察非理性心理和市场 [M]. 赵英军，译. 北京：中国人民大学出版社，2007.

[111] 张俊生，卢贤义，杨熠. 噪声理论能解释我国封闭式基金折价交易现象吗——与薛刚、顾锋、黄培清三位先生商榷 [J]. 财经研究，2001，27 (5)：59-64.

[112] 张乐. 行为金融与中国证券市场的噪声交易研究 [M]. 北京：

中国社会科学出版社,2013.

[113] 张强,杨淑娥. 噪音交易、投资者情绪波动与股票收益 [J]. 系统工程理论与实践,2009,29 (3): 40-47.

[114] 张圣平,熊德华,张峥,等. 现代经典金融学的困境与行为金融学的崛起 [J]. 金融研究,2003 (4): 44-56.

[115] 张晟嘉. 投资者情绪与资产价格异常波动研究 [D]. 武汉:武汉大学,2012.

[116] 张树京. 时间序列分析简明教程 [M]. 北京:清华大学出版社,2003.

[117] 张贤达. 时间序列分析——高阶统计量方法 [M]. 北京:清华大学出版社,1996.

[118] 张兴凤. 基于 Lasso 的我国股票价格影响因素分析 [D]. 成都:西南财经大学,2016.

[119] 张峥,徐信忠. 行为金融学研究综述 [J]. 管理世界,2006 (9): 155-167.

[120] 张宗新,王海亮. 投资者情绪、主观信念调整与市场波动 [J]. 金融研究,2013 (4): 142-155.

[121] 赵文,刘菊芹. 探析我国封闭式基金折价之谜——基于行为金融学的实证研究 [J]. 天津商业大学学报,2014,34 (2): 26-31.

[122] 朱爱萍. 公平披露对市场信息不对称的影响:基于流动性、交易者行为和信息泄露的研究 [M]. 北京:经济科学出版社,2012.

[123] 朱顺泉. 经济金融计量及其 R 语言应用 [M]. 北京:清华大学出版社,2016.

[124] 朱伟骅,廖士光. 投资者行为与市场波动 [M]. 上海:上海人民出版社,2012.

[125] 邹平. 金融计量学 [M]. 3 版. 上海:上海财经大学出版社,2014.

[126] Ackert L, Deaves R. *Behavioral Finance: Psychology, Decision-making, and Markets* [M]. Cengage Learning, 2009.

[127] Ackert L F. *Traditional and Behavioral Finance* [M]. John Wiley & Sons, Inc., 2014.

[128] Aissia D B. Home and foreign investor sentiment and the stock returns [J]. *Quarterly Review of Economics & Finance*, 2016 (59): 71-77.

[129] Atukeren E, Korkmaz T, Cevik E İ. Spillovers between business confidence and stock returns in Greece, Italy, Portugal, and Spain [J]. *International Journal of Finance & Economics*, 2013, 18 (3): 205 – 215.

[130] Atwater P. *Moods and Markets* [M]. Financial Times Prent. Int, 2012.

[131] Baker, H. Kent, and John R. *Nofsinger, eds. Behavioral Finance: Investors Corporations, and Markets* [M]. John Wiley & Sons, 2010.

[132] Baker M, Ruback R S, Wurgler J. *Behavioral Corporate Finance* [M]//Handbook of Empirical Corporate Finance. Elsevier, 2007: 145 – 186.

[133] Baker M, Stein J C. Market liquidity as a sentiment indicator [J]. *Journal of Financial Markets*, 2004, 7 (3): 271 – 299.

[134] Baker M, Wurgler J. *Behavioral Corporate Finance: An Updated Survey* [M]//Handbook of the Economics of Finance. Elsevier, 2013 (2): 357 – 424.

[135] Baker M, Wurgler J. Investor sentiment and the cross-section of stock returns [J]. *The Journal of Finance*, 2006, 61 (4): 1645 – 1680.

[136] Baker M, Wurgler J, Yuan Y. Global, local, and contagious investor sentiment [J]. *Journal of Financial Economics*, 2012, 104 (2): 272 – 287.

[137] Barber B M, Ho T, Odean T. *Call for Papers – Special Issue of Management Science: Behavioral Economics and Finance* [M]. INFORMS, 2010.

[138] Barber B, Odean T. Do investors trade too much? [J]. *American Economic Review*, 1999, 89 (5): 1279 – 1298.

[139] Barberis N C. Thirty years of prospect theory in economics: A review andassessment [J]. *The Journal of Economic Perspectives*, 2013, 27 (1): 173 – 195.

[140] Barberis N, Huang M, Santos T. Prospect theory and asset prices [J]. *The Quarterly Journal of Economics*, 2001, 116 (1): 1 – 53.

[141] Barberis N. Psychology and the financial crisis of 2007 — 2008 [J]. *Social Science Electronic Publishing*, 2011, 33 (2): 4 – 22.

[142] Barberis N, Shleifer A, Vishny R. A model of investor sentiment [J]. *Journal of Financial Economics*, 1998, 49 (3): 307 – 343.

[143] Barberis N, Thaler R. A survey of behavioral finance [J]. *Handbook of the Economics of Finance*, 2003 (1): 1053 – 1128.

[144] Barberis N, Xiong W. What drives the disposition effect? An analysis of a long-standing preference-based explanation [J]. *The Journal of Finance*, 2009, 64 (2): 751-784.

[145] Baumann E. Keynes, J. M. The general theory of employment, interest and money [J]. *Studies in Philosophy & Social Science*, 1936: 3 (10): 115-132.

[146] Beaumont R, Daele M V, Frijns B, et al. Investor sentiment, mutual fund flows and its impact on returns and volatility [J]. *Managerial Finance*, 2008, 34 (11): 772-785.

[147] Ben-Rephael A, Kandel S, Wohl A. Measuring investor sentiment with mutual fund flows [J]. *Social Science Electronic Publishing*, 2012, 104 (2): 363-382.

[148] Black F, Kaplan R S. Yes, Virginia, there is hope: Tests of the Value Line ranking system [J]. *Financial Analysts Journal*, 1973: 10-92.

[149] Black F. Noise [J]. *Journal of Finance*, 1986, 41 (3): 529-543.

[150] Bollen J, Mao H, Zeng X. Twitter mood predicts the stock market [J]. *Journal of Computational Science*, 2011, 2 (1): 1-8.

[151] Bondt W F M, Thaler R. Does the Stock Market Overreact? [J]. *Journal of Finance*, 1985, 40 (3): 793-805.

[152] Brown G W, Cliff M T. Investor sentiment and asset valuation [J]. *The Journal of Business*, 2005, 78 (2): 405-440.

[153] Brown G W, Cliff M T. Investor sentiment and the near-term stock market [J]. *Journal of Empirical Finance*, 2004, 11 (1): 1-27.

[154] Brown S J, Goetzmann W N, Ibbotson R G. Offshore hedge funds: survival and performance, 1989—1995 [J]. *Journal of Business*, 1999, 72 (1): 91-117.

[155] Buchinsky M. Quantile regression, Box-Cox transformation model, and the US wage structure, 1963—1987 [J]. Journal of Econometrics, 1995, 65 (1): 109-154.

[156] Bu H, Pi L. Does investor sentiment predict stock returns? The evidence from Chinese stock market [J]. *J. Systems Science & Complexity*, 2014, 27 (1): 130-143.

[157] Calafiore P J. *Two Essays on the Impact of Rational and Irrational Investor Sentiments on Equity Market Return and Volatility*: *Evidence from US and Brazil* [D]. University of Texas – Pan American, 2010.

[158] Chang Y Y C, Faff R W, Hwang C Y. Local and global sentiment effects, and the role of legal, trading and information environments [J]. *Trading and Information Environments* (February 28, 2011), 2011.

[159] Chen H, Chong T L, Duan X. A principal component approach to measuring investor sentiment in China [J]. *Quantitative Finance*, 2010, 10 (4): 339 –347.

[160] Chen M P, Chen P F, Lee C C. Asymmetric effects of investor sentiment on industry stock returns: panel data evidence [J]. *Emerging Markets Review*, 2013 (14): 35 –54.

[161] Chen N, Kan R, Miller M H. Are the discounts on closed-end funds a sentiment index? [J]. *The Journal of Finance*, 1993, 48 (2): 795 –800.

[162] Copeland T E, Mayers D. The value line enigma (1965—1978): A case study of performance evaluation issues [J]. *Journal of Financial Economics*, 1982, 10 (3): 289 –321.

[163] Corredor P, Ferrer E, Santamaria R. Investor sentiment effect in stock markets: Stock characteristics or country-specific factors? [J]. *International Review of Economics & Finance*, 2013, 27 (3): 572 –591.

[164] Curtis G. Modern portfolio theory and behavioral finance [J]. *The Journal of Wealth Management*, 2004, 7 (2): 16 –22.

[165] Daniel Kahneman, Mark W. Riepe. Aspects of investor psychology [J]. *The Journal of Portfolio Management*, 1998, 24 (4): 52 –65.

[166] Daniel K D, Hirshleifer D, Subrahmanyam A. Overconfidence, arbitrage, and equilibrium asset pricing [J]. *The Journal of Finance*, 2001, 56 (3): 921 –965.

[167] Daniel K, Hirshleifer D, Subrahmanyam A. Investor psychology and security market under-and overreactions [J]. *The Journal of Finance*, 1998, 53 (6): 1839 –1885.

[168] Daouk H, Charoenrook A. A Study of Market – Wide Short – Selling Restrictions [J]. *Working Papers*, 2005 (51180).

[169] Da Z, Engelberg J, Gao P. The Sum of All FEARS Investor Senti-

ment and Asset Prices [J]. *Social Science Electronic Publishing*, 2015, 28 (10): 1-32.

[170] De Long J B, Shleifer A, Summers L H, et al. Noise trader risk in financial markets [J]. *Journal of political Economy*, 1990: 703-738.

[171] Dwight R, Scott H, Raymond M. *Noise traders, market sentiment, and futures price behavior* [Z]. Document inédit, 1997.

[172] Efron B, Hastie T, Johnstone I, et al. Least angle regression [J]. *The Annals of statistics*, 2004, 32 (2): 407-499.

[173] Elton E J, Gruber M J, Grossman S. Discrete expectational data and portfolio performance [J]. *The Journal of Finance*, 1986, 41 (3): 699-713.

[174] Fama E F. Efficient capital markets: II [J]. *The Journal of Finance*, 1991, 46 (5): 1575-1617.

[175] Fama E F, French K R. A five-factor asset pricing model [J]. *Journal of Forinancial Enconomics*, 2015, 116 (1): 1-22.

[176] Fama E F, French K R. Dissecting anomalies [J]. *The Journal of Finance*, 2008, 63 (4): 1653-1678.

[177] Fama E F, French K R. The cross-section of expected stock returns [J]. *The Journal of Finance*, 1992, 47 (2): 427-465.

[178] Fama E F. Market efficiency, long-term returns, and behavioral finance [J]. *Journal of Forinancial Enconomics*, 1998, 49 (3): 283-306.

[179] Fama E F. The behavior of stock-market prices [J]. *Journal of Business*, 1965, 38 (1): 34-105.

[180] Fisher K L, Statman M. Consumer confidence and stock returns [J]. *The Journal of Portfolio Management*, 2003, 30 (1): 115-127.

[181] Fisher K L, Statman M. Hedging Currencies with Hindsight and Regret [J]. *The Journal of Investing*, 2005, 14 (2): 15-19.

[182] Fisher K L, Statman M. Investor sentiment and stock returns [J]. *Financial Analysts Journal*, 2000, 56 (2): 16-23.

[183] Forbes W. *Behavioural Finance* [M]. Wiley, 2009.

[184] Frank L L E, Friedman J H. A statistical view of some chemometrics regression tools [J]. *Technometrics*, 1993, 35 (2): 109-135.

[185] Frazzini A, Lamont O A. Dumb money: mutual fund flows and the cross-section of Kumar A, Lee C. Retail investor sentiment and return comove-

ments [J]. *The Journal of Finance*, 2006, 61 (5): 2451 – 2486.

[186] Frieder L, Subrahmanyam A. Brand perceptions and the market for common stock [J]. *Journal of financial and Quantitative Analysis*, 2005, 40 (1): 57 – 85.

[187] Friend I, Blume M, Crockett J. *Mutual Funds and Other Institutional Investors: a New Perspective* [M]. McGraw – Hill Companies, 1970.

[188] Gebka B. *The Non-linear and Linear Impact of Investor Sentiment on Stock Returns: An Empirical Analysis of the US Market* [M]. Recent Advances in Estimating Nonlinear Models. Springer New York, 2014: 281 – 299.

[189] Greenspan A. *The Age of Turbulence: Adventures in a New World* [M]. Penguin, 2008.

[190] Grinblatt M, Han B. Prospect theory, mental accounting, and momentum [J]. *Journal of Financial Economics*, 2005, 78 (2): 311 – 339.

[191] Heilmann K, V. Läger, Oehler A. *The Disposition Effect – Evidence about the Investors Aversion to Realize Losses: A Contribution to Behavioral Finance through the Use of Experimental Call Markets* [M]//Operations Research Proceedings. Springer Berlin Heidelberg, 2001.

[192] Hilliard J, Narayanasamy A, Zhang S. Market sentiment as a factor in asset pricing [J]. *Social Science Electronic Publishing*, 2016.

[193] Hirshleifer D. Behavioral finance [J]. *Annual Review of Financial Economics*, 2015 (7): 133 – 159.

[194] Hirshleifer D, Jian M, Zhang H. Superstition and financial decision making [J]. *Management Science*, 2016.

[195] Hirshleifer D, Teoh S H. How psychological bias shapes accounting and financial regulation [J]. *Behavioural Public Policy*, 2016, 1 (1): 87 – 105.

[196] Hong H, Scheinkman J, Xiong W. Asset float and speculative bubbles [J]. *The Journal Of Finance*, 2006, 61 (3): 1073 – 1117.

[197] Hong H, Stein J C. A unified theory of underreaction, momentum trading, and overreaction in asset markets [J]. *The Journal of Finance*, 1999, 54 (6): 2143 – 2184.

[198] Hotelling H. Analysis of a complex of statistical variables into principal components [J]. *Journal of Educational Psychology*, 1933, 24 (6): 417.

[199] Huang D, Jiang F, Tu J, et al. Investor sentiment aligned: A powerful predictor of stock returns [J]. *The Review of Financial Studies*, 2014, 28 (3): 791 – 837.

[200] Huang E J. The role of institutional investors and individual investors in financial markets: Evidence from closed-end funds [J]. *Review of Financial Economics*, 2015 (26): 1 – 11.

[201] Huang X. *Essays in Behavioral Finance* [M]. University of California, Berkeley, 2014.

[202] Ibbotson R G, Sindelar J L, Ritter J R. The market's problems with the pricing of initial public offerings [J]. *Journal of Applied Corporate Finance*, 1994, 7 (1): 66 – 74.

[203] Jagannathan R, Wang Z. The conditional CAPM and the cross-section of expected returns [J]. *The Journal of finance*, 1996, 51 (1): 3 – 53.

[204] Jegadeesh N, Kim J, Krische S D, et al. Analyzing the analysts: when do recommendations add value? [J]. *The Journal of Finance*, 2004, 59 (3): 1083 – 1124.

[205] Jegadeesh N, Titman S. Returns to buying winners and selling losers: Implications for stock market efficiency [J]. *The Journal of Finance*, 1993, 48 (1): 65 – 91.

[206] Kahneman D, Tversky A. *Prospect Theory: An Analysis of Decisions under Risk* [C]. RePEc, 1979: 263 – 291.

[207] Karabulut Y. *Can Facebook Predict Stock Market Activity?* [C]// AFA 2013 San Diego Meetings Paper. 2013.

[208] Karhunen K K. On linear methods in probability and statistics [J]. *Ann. Acad. Sci. Fennicae. Ser. AI Math. – Phys*, 1947 (37): 1 – 79.

[209] Kelly B, Pruitt S. The three – pass regression filter: A new approach to forecasting using many predictors [J]. *Journal of Econometrics*, 2015, 186 (2): 294 – 316.

[210] Kim M, Ritter J R. Valuing ipos [J]. *Journal of Financial Economics*, 1999, 53 (3): 409 – 437.

[211] Kim T H, Ha A. Investor sentiment and market anomalies [J]. *SSRN Electronic Journal*, 2010.

[212] Kling G, Gao L. Chinese institutional investors' sentiment [J].

Journal of International Financial Markets Institutions & Money, 2008, 18 (4): 374 - 387.

[213] Koenker R, Bassett GW. Regression quantiles [J]. *Econometrica: Journal of the Econometric Society*, 1978: 33 - 50.

[214] Koenker R, Hallock K F. Quantile regression [J]. Journal of Economic Perspectives, 2001, 15 (4): 143 - 156.

[215] Koenker R, Machado J A F. Goodness of fit and related inference processes for quantile regression [J]. *Journal of the American Statistical Association*, 1999, 94 (448): 1296 - 1310.

[216] Koenker R W, Portnoy S. *Quantile regression* [M]. University of Illinois at Urbana - Champaign, 1997.

[217] Kyle A S. Continuous auctions and insider trading [J]. *Econometrica: Journal of the Econometric Society*, 1985: 1315 - 1335.

[218] Labidi C, Yaakoubi S. Investor sentiment and aggregate volatility pricing [J]. *The Quarterly Review of Economics and Finance*, 2016 (61): 53 - 63.

[219] Lee C M C, Shleifer A, Thaler R H. Investor sentiment and the closed-end fund puzzle [J]. *Journal of Finance*, 1991, 46 (1): 75 - 109.

[220] Lee W Y, Jiang C X, Indro D C. Stock market volatility, excess returns, and the role of investor sentiment [J]. *Journal of Banking & Finance*, 2002, 26 (12): 2277 - 2299.

[221] Lemmon M, Portniaguina E. Consumer confidence and asset prices: some empirical evidence [J]. *Review of Financial Studies*, 2006, 19 (4): 1499 - 1529.

[222] Leo, Breiman. Better Subset Regression Using the Non-negative Garrote [J]. *Technometrics*, 1995, 37 (4): 373 - 384.

[223] Liao C. *Essays in Behavioral Finance* [D]. University of Toronto (Canada), 2014.

[224] Liao T L, Huang C J, Wu C Y. Do fund managers herd to counter investor sentiment? [J]. *Journal of Business Research*, 2011, 64 (2): 207 - 212.

[225] Li C A, Chen H K, Chang J S, et al. Does investor sentiment affect stock returns of initial public offerings in taiwan: A quantile regression analysis

[J]. *International Research Journal of Finance & Economics*, 2010 (57): 140 – 155.

[226] Liu P, Smith S D, Syed A A. Stock price reactions to the Wall Street Journal's securities recommendations [J]. *Journal of Financial and Quantitative Analysis*, 1990, 25 (3): 399 – 410.

[227] Li X. *Essays in Behavioral and Computational Finance* [D]. Department of Economics, 2017.

[228] Ljungqvist A, Nanda V, Singh R. Hot markets, investor sentiment, and IPO pricing [J]. *CEPR Discussion Papers*, 2006, 79 (4): 1667 – 1702.

[229] Lutz C. Behavioral effects in financial markets [J]. *Journal of the Acoustical Society of America*, 2011, 87 (1): 420.

[230] Lutz C. The asymmetric effects of investor sentiment [J]. *Macroeconomic Dynamics*, 2016, 20 (6): 1477 – 1503.

[231] Ma J, Wohar M E. *Recent Advances in Estimating Nonlinear Models* [M]. Springer, 2014.

[232] Malkiel B G, Fama E F. Efficient capital markets: A review of theory and empirical work [J]. *The Journal of Finance*, 1970, 25 (2): 383 – 417.

[233] Markowitz H. Portfolio selection [J]. *The Journal of Finance*, 1952, 7 (1): 77 – 91.

[234] Mei J, Xiong W, Scheinkman J A. Speculative trading and stock prices: evidence from Chinese A – B share premia [J]. *Social Science Electronic Publishing*, 2009, 10 (2): 225 – 255.

[235] Montier J. *Behavioural Finance: Insights into Irrational Minds and Markets* [M]. John Wiley, 2002.

[236] Neal R, Wheatley S M. Do measures of investor sentiment predict returns? [J]. *Journal of Financial and Quantitative Analysis*, 1998, 33 (4): 523 – 547.

[237] Ni Z X, Wang D Z, Xue W J. Investor sentiment and its nonlinear effect on stock returns – New evidence from the Chinese stock market based on panel quantile regression model [J]. *Economic Modelling*, 2015, 50 (4): 266 – 274.

[238] Nooijen S J, Broda S A. Predicting Equity Markets with Digital Online Media Sentiment: Evidence from Markov-switching Models [J]. *Journal of*

Behavioral Finance, 2016, 17 (4): 321 – 335.

[239] Odean T. Are investors reluctant to realize their losses? [J]. *The Journal of finance*, 1998, 53 (5): 1775 – 1798.

[240] Odean T. *What Is Behavioral Finance?* [M]. Handbook of Finance, 2000: 1 – 9.

[241] Pontiff J. Excess volatility and closed-end funds [J]. *American Economic Review*, 1997, 87 (1): 155 – 169.

[242] Qiu L, Welch I. *Investor Sentiment Measures* [R]. National Bureau of Economic Research, 2004.

[243] Ritter J R. Behavioral finance [J]. *Pacific – Basin Finance Journal*, 2003, 11 (4): 429 – 437.

[244] Roger Koenker. *Quantile Regression* [M]. Cambridge University Press, 2005.

[245] Sanders D R, Irwin S H, Leuthold R M. Noise traders, market sentiment, and futures price behavior [J]. *Working Paper*, 1997.

[246] Sayim M. *The Role of Investor Sentiments on Stock Market Returns and Volatility: Evidence from Turkey and the US* [D]. Alliant International University, Alliant School of Management, San Diego, 2012.

[247] Scheinkman J A, Xiong W. Overconfidence and speculative bubbles [J]. *Journal of Political Economy*, 2003, 111 (6): 1183 – 1219.

[248] Schindler M. *Rumors in Financial Markets: Insights into Behavioral Finance* [M]. John Wiley & Sons, 2007.

[249] Schmeling M. Investor sentiment and stock returns: some international evidence [J]. *Journal of empirical finance*, 2009, 16 (3): 394 – 408.

[250] Shefrin H. Behavioral corporate finance [J]. *Journal of applied corporate finance*, 2001, 14 (3): 113 – 126.

[251] Shefrin H. *Beyond greed and fear: Understanding behavioral finance and the psychology of investing* [M]. Oxford University Press on Demand, 2002.

[252] Shiller R J. From efficient markets theory to behavioral finance [J]. The Journal of Economic Perspectives, 2003, 17 (1): 83 – 104.

[253] Shiller R J. *Irrational Exuberance* [M]. Second Edition. Princeton University Press, 2009.

[254] Shiller R J. The new financial order [J]. *Journal of Economic Histo-

ry, 2004, 64 (2): 536 -539.

[255] Shleifer A. *Inefficient markets: An introduction to behavioural finance* [M]. OUP Oxford, 2000.

[256] Shleifer A. Psychologists at the gate: A review of Daniel Kahneman's "Thinking, Fast and Slow" [J]. *Journal of Economic Literature*, 2012, 50 (4): 1080 -1091.

[257] Shleifer A, Summers L H. The noise trader approach to finance [J]. *Journal of Economic Perspectives*, 1990, 4 (2): 19 -33.

[258] Siegel J J. Equity risk premia, corporate profit forecasts, and investor sentiment around the stock crash of October 1987 [J]. *Journal of Business*, 1992: 557 -570.

[259] Siganos A, Vagenas - Nanos E, Verwijmeren P. Facebook's daily sentiment and international stock markets [J]. *Journal of Economic Behavior & Organization*, 2014 (107): 730 -743.

[260] Slovic P. Psychological study of human judgment: Implications for investment decision making [J]. *The Journal of Finance*, 1972, 27 (4): 779 - 799.

[261] Solt M E, Statman M. How Useful is the Sentiment Index [J]. *Financial Analysts Journal*, 1988, 44 (5) : 45 -55.

[262] Spyros Spyrou. Sentiment changes, stock returns and volatility: evidence from NYSE, AMEX and NASDAQ stocks [J]. *Applied Financial Economics*, 2012, 22 (19): 1631 -1646.

[263] Stambaugh R F, Yu J, Yuan Y. The short of it: Investor sentiment and anomalies [J]. *Journal of Financial Economics*, 2012, 104 (2): 288 - 302.

[264] Statman M. *What Is Behavioral Finance?* [M]. Handbook of Finance, 2008: 1 -9.

[265] Stickel S E. The effect of value line investment survey rank changes on common stock prices [J]. *Journal of Financial Economics*, 1985, 14 (1): 121 -143.

[266] Tetlock P C. Giving Content to Investor Sentiment: The Role of Media in the Stock Market [J]. *Social Science Electronic Publishing*, 2007, 62 (3): 1139 -1168.

[267] Thaler R H. *Advances in Behavioral Finance* [M]. Princeton University Press, 2005.

[268] Thaler R H, Ganser L J. *Misbehaving: The Making of Behavioral Economics* [M]. New York: WW Norton, 2015.

[269] Thaler R H. Mental accounting matters [J]. *Journal of Behavioral Decision Making*, 1999, 12 (3): 183 – 206.

[270] Thaler R H. The End of Behavioral Finance [J]. *Financial Analysts Journal*, 1999, 55 (6): 12 – 17.

[271] Thaler R H. The psychology of choice and the assumptions of economics [J]. *Laboratory Experimentation in Economics: Six Points of View*, 1987: 99 – 130.

[272] Tibshirani R. Regression shrinkage and selection via the lasso [J]. *Journal of the Royal Statistical Society. Series B (Methodological)*, 1996: 267 – 288.

[273] Tibshirani R, Saunders M, Rosset S, et al. Sparsity and smoothness via the fused lasso [J]. *Journal of the Royal Statistical Society: Series B (Statistical Methodology)*, 2005, 67 (1): 91 – 108.

[274] Torres T H R. *Essays in Behavioral and Corporate Finance* [D]. University of California, Berkeley, 2012.

[275] Tversky A, Kahneman D. Judgment under uncertainty: heuristics and biases [J]. *Science*, 1974, 185 (4157): 1124.

[276] Verma R, Verma P. Noise trading and stock market volatility [J]. *Journal of Multinational Financial Management*, 2007, 17 (3): 231 – 243.

[277] Wang Y H, Keswani A, Taylor S J. The relationships between sentiment, returns and volatility [J]. *International Journal of Forecasting*, 2006, 22 (1): 109 – 123.

[278] Weiss G N F, Irresberger F, Kknig F E. Crisis Sentiment and Insurer Performance [J]. *SSRN Electronic Journal*, 2013.

[279] Wold S, Martens H, Wold H. *The multivariate calibration problem in chemistry solved by the PLS method* [M]. Matrix Pencils. Springer Berlin Heidelberg, 1983: 286 – 293.

[280] Womack K L. Do brokerage analysts' recommendations have investment value? [J]. *The journal of finance*, 1996, 51 (1): 137 – 167.

参考文献

[281] Yang C, Zhang R. Dynamic sentiment asset pricing model [J]. *Economic Modelling*, 2014, 37 (574): 362 – 367.

[282] Yuan Y. Essays on behavioral finance [J]. *Dissertations & Theses – Gradworks*, 2008.

[283] Yu J, Yuan Y. Investor sentiment and the mean-variance relation [J]. *Journal of Financial Economics*, 2011 (100): 367 – 381.

[284] Yu, Zhixiang. *Investor Sentiment and Fund Market Anomalies: Evidence from Closed – End Fund, Exchange – Traded Fund and Real Estate Investment Rrust* [D]. Durham University, 2013.

[285] Zhang X, Fuehres H, Gloor P A. Predicting Stock Market Indicators Through Twitter "I hope it is not as bad as I fear" [J]. *Procedia – Social and Behavioral Sciences*, 2011, 26 (26): 55 – 62.

[286] Zweig M E. An investor expectations stock price predictive model using closed-end fund premiums [J]. *The Journal of Finance*, 1973, 28 (1): 67 – 78.